SCHEGGE

PAOLO ARMAROLI

Conte e Mattarella

SUL PALCOSCENICO E DIETRO LE QUINTE DEL QUIRINALE

Un racconto sulle istituzioni

La Vela

Via Bonagiunta Urbiciani, 205

55100 Lucca

P. Iva: 01920680467

Tel. 0583 398405

Cell. 348 5563152

www.edizionilavela.it

info@edizionilavela.it

ISBN 978-88-99661-73-1

A Silvano Tosi e a Mario Galizia,
Maestri indimenticabili

Indice

Il sovrano, in una monarchia costituzionale come la nostra, ha tre diritti: quello di essere consultato, quello di incoraggiare, quello di mettere in guardia.

(Walter Bagehot, *La Costituzione inglese*)

Sta ad ogni modo che, nel nostro progetto, il Presidente della Repubblica non è l'evanescente personaggio, il motivo di pura decorazione, il maestro di cerimonie che si volle vedere in altre costituzioni. Mentre il Primo Ministro è il capo della maggioranza e dell'esecutivo, il Presidente della Repubblica ha funzioni diverse, che si prestano meno ad una definizione giuridica di poteri. Egli rappresenta ed impersona l'unità e la continuità nazionale, la forza permanente dello Stato al di sopra delle mutevoli maggioranze. È il grande consigliere, il magistrato di persuasione e di influenza, il coordinatore di attività, il capo spirituale, più ancora che temporale, della Repubblica.

(Relazione del presidente della commissione dei 75, Meuccio Ruini, al progetto di Costituzione)

Anche noi italiani amiamo la libertà ma abbiamo a cuore anche la serietà.

(Risposta di Sergio Mattarella al premier britannico Boris Johnson)

La simpatia... un sentimento da presidente del Consiglio: si ottiene a buon mercato dopo le catastrofi.

(Albert Camus)

I capi di governo sono fantastici. Spesso sembra che siano gli ultimi a sapere quello che la gente vuole.

(Aung San Suu Kyi)

Conte e Mattarella

1

Provando e riprovando. Come all'Accademia del Cimento

Il 23 maggio 2018 Sergio Mattarella riceve al Quirinale Giuseppe Conte, indicato da Luigi Di Maio e Matteo Salvini come presidente del Consiglio, e gli conferisce l'incarico di formare il governo. Ma prima il capo dello Stato gli prende le misure. Lo sonda. Lo esamina. Per farsi un'idea di chi realmente ha di fronte. Come don Abbondio, la gente s'interroga: "Carneade, chi era costui?". Ma il presidente della Repubblica nel frattempo ha preso le sue brave informazioni. E deve aver pensato che questi tempi moderni sono assai diversi da quelli di una volta.

E già. Perché un tempo per diventare politicamente qualcuno se ne doveva fare tanta di strada. I partiti non erano gli ectoplasmi del giorno d'oggi: giganti a livello istituzionale ma nani dai piedi d'argilla nella società. C'erano le scuole di partito, che non solo indottrinavano al meglio ma fornivano i primi rudimenti di politica spicciola ai neofiti. C'era tutta una trafila da seguire. Adempiendo le funzioni pubbliche con disciplina e onore, come stabilisce l'articolo 54 secondo comma della Costituzione: consigliere di quartiere, consigliere comunale, consigliere provinciale, consigliere regionale. E poi, ma solo dopo esser cresciuti a pane e politica, eventualmente il grande salto a Montecitorio o a Palazzo Madama.

Ma durante la prima legislatura, per lo più, zitti e mosca. Con la emme minuscola ma anche, per scimmiottare l'ecumenico Walter Veltroni, con la emme maiuscola. Sì, perché soprattutto nel PCI valeva la regola della *seniority rule*. I pivelli dovevano limitarsi ad ascoltare gli alti papaveri del partito e a schiacciare i bottoni del voto seguendo a puntino le indicazioni del capogruppo. Che, come Nerone, metteva il pollice della mano destra all'insù per indicare sì, all'ingiù per indicare no e il palmo della mano orizzontalmente sospeso a mezz'aria, come il caciocavallo di crociana memoria, per indicare ni. Ovverosia astensione.

Oggigiorno, tutto è cambiato. Per fare dell'ironia, un'amara ironia, si potrebbe dire con un certo fondamento che il neorealismo si è trasferito dalla cinematografia alla politica. Come nel dopoguerra gli attori non erano più dei signori professionisti ma venivano presi dalla strada, così i politici adesso sono presi pure loro dalla strada. Intesa, si capisce, come società civile. Senza un minimo di gavetta. Insomma, per stare a Max Weber, la politica rischia di essere né una professione vera e propria e men che meno una vocazione. Ora vanno di moda i dilettanti, più o meno allo sbaraglio. Ma sarebbe perfettamente inutile gettare loro la croce addosso. Perché, nel poco bene e nel molto male, la classe politica oggi come ieri non è che lo specchio fedele di quella società che, chissà perché, ci ostiniamo ancora a definire civile.

Nel riguardarselo, Mattarella sa che Conte non è un Carneade. È un professore ordinario di diritto privato all'Università di Firenze. Pur risiedendo a Roma, fa puntualmente lezione. Garbato, non alza mai la voce. E intrattiene buoni rapporti sia con gli studenti, che non lo hanno mai contestato, sia con i colleghi. E tutto questo grazie a un'arma segreta che verrà sempre più fuori, con prepotenza, con l'andare del tempo. Ha il dono di mimetizzarsi. Di assumere, come Zelig, le sembianze dei suoi interlocutori. Come Fregoli, si può permettere il lusso di cambiarsi d'abito di continuo. Secondo le circostanze e le convenienze. Rimanendo, tutto sommato, sempre sé stesso.

E poi Conte è un avvocato che, a poco a poco, si è fatto un nome anche grazie al fatto di frequentare le persone giuste. A cominciare da Guido Alpa, un Maestro del diritto civile. Insomma, deve aver rimuginato tra sé e sé Mattarella, questo giovane professore ne ha fatta di strada. È partito da Volturara Appula, un paesello sperduto del Foggiano, e passo dopo passo si è fatto onore. Né si può dire che sia il classico professore con la testa tra le nuvole, ben contento di starsene solo soletto in una torre d'avorio. Macché.

Dal 18 settembre 2013 al 27 febbraio 2018, quando rassegna le sue dimissioni, Conte è componente del Consiglio di presidenza della giustizia amministrativa, divenendone in seguito il vicepresidente. E di sicuro non lo avrà investito della carica lo Spirito santo. Avrà goduto, che diamine, di un qualche appoggio. Di che genere, non saprei dire. Non avendo mai avuto, pur essendo stato deputato per caso, dimestichezza con il Potere. Che sia un po' vanesio, ci sta.

Non gli è passata per l'anticamera del cervello l'idea di taroccare il curriculum, come qualche malpensante ha insinuato perfino al di là dell'Oceano. Ma che lo abbia "abbellito", però appena appena, come quella donna incinta, si può capire. Perché nell'edulcorare, lui non è secondo a nessuno. Felice d'esistere com'è. E d'altra parte, dall'alto della sua saggezza, Mattarella se non è mai stato indulgente con sé stesso, di solito lo è con gli altri. Senza esagerare. E deve aver concluso bonariamente che, dopo tutto, nessuno è perfetto.

Due uomini a sangue ghiaccio, Mattarella e Conte. Ma quanto diversi! L'uno misura le parole, le centellina e starei per dire che le usa come una sorta d'imperativo kantiano. Una, una sola parola, definisce esattamente il suo pensiero. E, come Alcide De Gasperi, quando ha finito di parlare non ha nient'altro da aggiungere. Non svelo un segreto se dico che non è un fine dicitore. Come ho avuto occasione di dire più volte, le sue parole vanno lette più che ascoltate per farsene una precisa idea.

Nulla a che vedere, tanto per non fare nomi e cognomi, con Sandro Pertini, un teatrante sputato. Che nei messaggi di fine d'anno curava tutti i particolari. Le inquadrature.

Le movenze. Le parole. I toni ora bassi e ora alti. I suoni alternati con i silenzi. Come le colonne di un tempio si alternano agli spazi vuoti. E veramente era convinto di imitare il presidente degli Stati Uniti Franklin Delano Roosevelt, famoso per quei suoi discorsi al caminetto. Ricordate? “Niente fa più paura della paura”.

A pensar male, andreottianamente si fa peccato ma s’indovina. Avrebbe voluto essere rieletto, Pertini, a dispetto della sua bella età. E poi mai e poi mai Mattarella direbbe, come Pertini, di questo o quel presidente del Consiglio da lui nominato: “È un bravo ragazzo. A quel posto l’ho voluto io”. Quasi che i partiti non contassero un accidente.

L’altro, Conte, è agli antipodi. Lui non centellina le parole. No, parla parla parla. Ma si direbbe che lo fa per diluire il proprio pensiero. Per ridurlo a coriandoli. E per disperderlo per l’aere. Come non mi stanco di ripetere, il motto che gli si addice è “*Loquor ergo sum*”. Sì, proprio così: “Parlo e perciò sono”. Una variante, tutto sommato, del cartesiano “Cogito ergo sum”. Come si comporta con le parole, Conte si comporta nello scritto. I suoi decreti legge, ma soprattutto i suoi famosi o famigerati DPCM, decreti del presidente del Consiglio dei ministri, occupano centinaia di pagine della “Gazzetta Ufficiale”.

Assai più del presidente del Brasile Jair Messias Bolsonaro, Conte è il responsabile del disboscamento della foresta amazzonica. Visto e considerato che la carta è prodotta dal legno. E giù articoli di decreti lunghi come lenzuola. E giù commi e sottocommi, croce e delizia degli addetti ai lavori. I soliti chierici con i loro latinorum incomprensibili. E giù FAQ, acronimo di *Frequently asked questions*, a non finire. Sovente a cura del Ministero dell’Interno. Perché l’inglese per i provinciali è d’obbligo. FAQ che meritoriamente si propongono lo scopo di interpretare le disposizioni normative. Ma che hanno il difetto di esprimersi il più delle volte come la Sibilla cumana. Con il risultato che l’incertezza del diritto regna sovrana. E con l’aggravante che la tradizionale anarchia di noi italiani, una volta tanto, consegue all'anarchia normativa dei Palazzi del Potere.

Sul *Corriere della Sera* del 14 maggio 2020 Sabino Cassese, un autorevole giurista al quale nulla sfugge benché sia rinchiuso da mane a sera nella sua operosa bottega artigiana, ha sottolineato che dal 23 febbraio 2020 il governo ha adottato 11 decreti legge e Conte, solo soletto, ha stilato altrettanti DPCM. Che, per chi non lo sapesse, non sono UFO. Ossia oggetti non identificati. Anche se poco ci manca. Ma, ripeto, decreti del presidente del Consiglio dei ministri. Non basta. Cassese ha aggiunto che "negli ultimi sei-sette mesi le Camere hanno dovuto fronteggiare già quattro proposte 'omnibus', cioè contenenti centinaia di norme disparate, relative a tutti i settori".

Cassese conclude in bellezza. Osserva che alcune norme del decreto legge "Rilancio", e i nomignoli affibbiati ai decreti paiono usciti da un'agenzia pubblicitaria, "sembrano scritte da un teologo medievale (vi si prevedono piani che contengono programmi operativi, che dispongono misure, ma nell'ambito di altri programmi operativi previsti da altre leggi) e se occorre attendere decreti attuativi, notifiche alla Commissione europea, decisioni degli organi collegiali, stati di avanzamento lavori, controlli amministrativi che rallentano i funzionari onesti e non frenano quelli disonesti". Insomma, un rompicapo. Un delirio. Certo, la responsabilità è soprattutto di una burocrazia il cui lessico fa inorridire. Ma la nostra benemerita classe politica, siamo giusti, ci mette del suo.

Non a caso il ministro per la Pubblica amministrazione, Fabiana Dadone, nel gennaio del 2020 si è precipitata a Firenze e ha chiesto aiuto alla benemerita Accademia della Crusca. Ha bussato e le è stato aperto. Ma il timore è che se son rose sfioriranno. Si può però star sicuri che su tutti i decreti che ci sono piovuti sul gobbo restano indelebili le impronte digitali del facondo Conte. Il quale ha pensato bene d'infilare nel sullodato decreto "Rilancio", ma poi se Dio vuole c'è stato un provvisorio ripensamento, la proroga di altri sei mesi dello stato di emergenza. Con il risultato, avverte Cassese, che si potrà decidere in deroga alle disposizioni vigenti. Insomma, per usare il titolo di una pellicola cinematografica, potremmo malinconicamente constatare che se tutto va bene siamo rovinati.

Oltre che uomini a sangue ghiaccio, Mattarella e Conte hanno un'altra caratteristica comune. Sono entrambi giuristi. Ma giuristi di discipline assai diverse. Diritto civile da una parte e diritto costituzionale e parlamentare dall'altra. Mentre se lo guardava per farsene un'idea, Mattarella avrà pensato ai presidenti del Consiglio che si sono avvicendati dalla fine della guerra a oggi. I non politici, dopo tutto, sono stati pochi. Si contano sulle dita di una mano: Carlo Azeglio Ciampi, Lamberto Dini, Romano Prodi e Mario Monti. Ma in fin dei conti nessuno di loro era sceso dalla luna, come per l'appunto Conte.

Poi Mattarella avrà riflettuto sui presidenti del Consiglio giuristi con tanto di tocco e toga. Antonio Segni, professore di diritto processuale civile. Giovanni Leone, professore di procedura penale. Aldo Moro, professore di Istituzioni di diritto e procedura penale. Francesco Cossiga, professore di diritto costituzionale e di diritto regionale. Giuliano Amato, professore di diritto costituzionale comparato. Professore di diritto privato solo lui, Conte. E la differenza con il diritto costituzionale di lì a poco verrà fuori. A tal punto che il meschino rischierà di rompersi l'osso del collo.

Finito l'esame, un vero e proprio esame universitario, Mattarella lo promuove. O meglio, lo rinvia di qua a qualche giorno, quando tornerà sul Colle presumibilmente non a mani vuote. Ed ecco l'agognato incarico, accettato – come da consuetudine – con riserva. Le cose sembrano andare per il meglio. Anche perché tra Mattarella e Conte c'è una grammatica comune: la grammatica giuridica. Una grammatica ignota ai due protagonisti del momento: il capo grillino Luigi Di Maio e il leader leghista Matteo Salvini. Vocati alla politica, almeno così ritengono modestamente i due.

Ma assolutamente digiuni di diritto. E tanto meno di diritto costituzionale. Che si alimenta non solo di atti ma anche di fatti. Di prassi, di consuetudini, di convenzioni. E su questa disciplina, finito l'esame, Mattarella avrà avuto forse l'impressione che il presidente incaricato zoppichi un po'.

L'importante, per Mattarella, è che una prima pietra dell'edificio governativo sia stata poggiata. Sì, ma quanta fatica. Le elezioni politiche si sono svolte il 4 marzo 2018. E l'incarico lo ha conferito solo il 23 maggio, più di due mesi e mezzo dopo. Ed è bene mettere le mani avanti. Chissà come andrà a finire. Questa la domanda che si sarà fatto Mattarella nel congedarlo. Che non ha mai preteso di essere uomo della Provvidenza. Come il Mussolini evocato da Papa Ratti, Pio XI. Ma uomo previdente, Mattarella lo è di sicuro. Come ha dimostrato un'infinità di volte. Sì, ripeto, ma quanta fatica. Perché le cose sono andate per le lunghe? Tanti i motivi. Per cominciare, la legge elettorale denominata con stucchevole latinorum Rosatellum. Che sembra fatta apposta per tirarla per le lunghe.

Difatti è una legge per due terzi proporzionale con liste bloccate e per il restante terzo maggioritaria, con collegi uninominali a un turno. E chi dice proporzionale, per adattare alle circostanze un vecchio proverbio sulle donne, dice danno. Fotografa la situazione politica ma ha il difetto di contribuire all'ingovernabilità. Tutto il contrario del Mattarellum. Così battezzato da Giovanni Sartori per irridere fiorentinamente l'attuale capo dello Stato, al quale risale la paternità. Una legge elettorale, il Mattarellum, che ci regalò un bipolarismo inedito dalle nostre parti. Un bipolarismo grazie al quale, come nel Regno Unito, i cittadini possono scegliersi direttamente il governo. Senza attendere che provvedano alla bisogna i partiti dopo le elezioni, con tutto comodo. Con le pastette arcinote ai tempi della cosiddetta Prima Repubblica.

Il secondo motivo delle lungaggini è che il bipolarismo è ormai un ricordo del tempo che fu. Adesso abbiamo tre poli – Cinque stelle, Centrodestra e PD – o quattro, se vogliamo aggiungere i quattro gatti di LEU. O cinque, con l'Italia viva di Matteo Renzi, l'uomo dei penultimatum a getto continuo. Tanto per tenere sulla graticola il presidente del Consiglio. E, per lo più, questi poli si guardano in cagnesco. Più nelle carotidi che negli occhi. Insomma, per dirla con i politologi, hanno un potenziale di coalizione bassissimo. E questo rende tutto maledettamente più difficile. Dulcis in fundo, Mattarella ha dovuto fare i conti con partiti che giocavano un po' a rimpiattino. Si studiano, si studiano e aspettano che gli altri facciano la prima mossa. Risultato, uno stallo assoluto che fa sì che tutto sia rinviato alle calende greche. La solita, collaudata, tecnica del rinvio.

Ora, Mattarella non solo è un costituzionalista con i fiocchi. Ma è anche un uomo di mondo che conosce i suoi polli. Stando così le cose, si rende conto che va perduto un po' di tempo se si vuole davvero arrivare alla meta. Ecco che si arma di una pazienza degna di Giobbe e s'iscrive all'Accademia del Cimento, il cui motto è: "Provando e riprovando". E lui prova e riprova, con tanti girotondi al Quirinale. Visto e considerato che dopo un primo ciclo di consultazioni è buio pesto, non si arrende. Procede così a un secondo giro di consultazioni. Perché come san Tommaso vuole toccare con mano, sondare gli umori di questa allegra brigata. Insomma, le inventa di tutte. Ed è inutile qui rammentarle per filo e per segno. L'importante è che alla fine esca una fumata bianca dal comignolo del Quirinale. O, almeno, così pare il 23 maggio del 2018. Però mai dire gatto finché non ce l'hai nel sacco.

Vediamo in dettaglio la montagna alla quale Mattarella si è trovato di fronte. Il guaio è che le elezioni del 4 marzo 2018 non hanno assegnato ad alcun partito la palma della vittoria. E non potrebbe essere diversamente, dal momento che i poli non sono due ma tre o quattro o cinque. E chi più ne ha più ne metta. Perché se a volte non siamo alla scomposizione dell'atomo, poco ci manca. Alla Camera il centrodestra ottiene 260 seggi, il M5S 221 e il centrosinistra 112. I numeri al Senato sono rispettivamente 135, 112 e 57. Un bel problema.

Mattarella si mette subito al lavoro. Tra il 4 e il 5 aprile svolge un primo ciclo di consultazioni. Con un nulla di fatto. A conclusione del primo giro dichiara: "Le elezioni che abbiamo celebrato un mese fa hanno visto un ampio aumento di consenso per due partiti – uno dei quali alleato con altri – ma non hanno assegnato a nessuna parte politica la maggioranza dei seggi in Parlamento, né alla Camera né al Senato, dove sono presenti tre schieramenti politici". Il riferimento è ai Cinque stelle e alla Lega, com'è chiaro. E, a complicare le cose, sta il fatto che la Lega – come rileva il capo dello Stato – fa parte dello schieramento di centrodestra.

Dopo di che, Mattarella così conclude la sua dichiarazione: "Nessun partito, né schieramento politico dispone, quindi, da solo, dei voti necessari per formare un governo e sostenerlo. È indispensabile, quindi – in base alle regole della nostra democrazia – che vi siano delle intese tra più parti politiche per formare una coalizione che possa avere la maggioranza in Parlamento e quindi far nascere e sostenere un governo". Mattarella predica bene dall'alto del Quirinale, ricordando ai tanti smemorati di Collegno in libera circolazione nel Belpaese quali sono le regole della democrazia e quali quelle della nostra forma di governo parlamentare, che si fonda sul rapporto fiduciario tra potere esecutivo e potere legislativo. Il guaio è che i nostri eroi disseminati nei partiti danno l'impressione di razzolare piuttosto male e di abbracciare la tecnica del rinvio in mancanza di meglio.

Mattarella non si dà per vinto. Dopo aver fatto trascorrere diversi giorni con la speranza che la situazione decanti, tra il 12 e il 13 aprile svolge un secondo giro di consultazioni. Anche queste senza esito. Ed ecco il monito del Presidente contenuto nelle sue dichiarazioni del 13 aprile: "Dall'andamento delle consultazioni di questi giorni emerge con evidenza che il confronto tra i partiti politici per dar vita in Parlamento a una maggioranza che sostenga un governo non ha fatto progressi. Ho fatto presente alle varie forze politiche la necessità per il nostro Paese di avere un governo nella pienezza delle sue funzioni". E così conclude: "Attenderò alcuni giorni, trascorsi i quali valuterò in che modo procedere per uscire dallo stallo che si registra".

Ovviamente Mattarella le prova tutte, sottoponendosi alle fatiche di Sisifo. Ricominciando daccapo. Così il 18 aprile, magari con la speranza che la data del 18 aprile 1948 porti fortuna, il Presidente conferisce al presidente del Senato Maria Elisabetta Alberti Casellati un mandato esplorativo. Ora, di mandati esplorativi in passato ne sono stati conferiti a bizzeffe. O al presidente della Camera o, più spesso, al presidente del Senato. Che, ai sensi dell'articolo 86 primo comma della Costituzione, esercita le funzioni del presidente della Repubblica in ogni caso che quest'ultimo non possa adempierle. Personalmente, sulla figura del mandato esplorativo ho sempre nutrito qualche dubbio. Perché se il commissario alle crisi ministeriali è il presidente della Repubblica, non si capisce perché debba delegare ad altri almeno una parte dell'incombenza. Anche se va detto che i tre Presidenti formano – come si è rilevato tra il serio e il faceto – una sorta di Trimurti istituzionale.

Un mandato esplorativo per così dire delimitato, quello conferito alla Casellati. Perché Mattarella precisa che al presidente del Senato il capo dello Stato "ha affidato il compito di verificare l'esistenza di una maggioranza parlamentare tra i partiti della coalizione di Centrodestra e il Movimento Cinque Stelle e di un'indicazione condivisa per il conferimento dell'incarico di presidente del Consiglio per costituire il Governo".

Incarico delimitato, perciò, ai due vincitori delle elezioni del 4 marzo. E dato che la pazienza ha un limite, l'inquilino del Colle concede alla Casellati pochi giorni di tempo. Giorni contati, insomma. Ma dopo ben due giri di consultazioni la Casellati si arrende. Sembra dire: "*Ad impossibilia nemo tenetur*". Ma di sicuro non si arrende Mattarella che, per par condicio, il 23 aprile dà analogo incarico al presidente della Camera Roberto Fico.

Si noti la differenza. Alla Casellati, esponente di Forza Italia, Mattarella affida la verifica di una eventuale maggioranza di governo formata da Centrodestra e Cinque Stelle. Mentre a Fico, pentastellato, affida la verifica di una possibile maggioranza di governo formata da Cinque stelle e Pd. E questo per non escludere in partenza nessuna combinazione ministeriale. Ma Fico, sia detto con il senno di poi, prende un abbaglio. Il 26 aprile, dopo aver conferito con il capo dello Stato, rilascia una dichiarazione di "esito positivo" del mandato esplorativo ricevuto. Ma si tratterà solo, come dicono gl'inglesi, di un *wishful thinking*. Ma sì, un desiderio scambiato per realtà. Perciò tutto deve ricominciare da zero. O giù di lì. Ma il tempo, forse, non è trascorso invano.

Il 7 maggio Mattarella deve aver pensato, per darsi coraggio, all'opera teatrale di Woody Allen che ha per titolo *Provaci ancora, Sam*. E così svolge un terzo giro di consultazioni. Al termine del quale, persa la pazienza, le cose non le manda a dire. Così tiene a mettere per bene i puntini sulle "i". Non è possibile dar vita a nessuna combinazione ministeriale? E allora, esclusa l'ipotesi di un governo di minoranza, occorre comunque dar vita a un nuovo governo. Un governo neutrale rispetto alle forze politiche. Un governo, per così dire, di servizio.

Resta inteso, precisa Mattarella soppesando le parole, che "laddove si formasse nei prossimi mesi una maggioranza parlamentare, questo governo si dimetterebbe, con immediatezza, per lasciare campo libero a un governo politico". In mancanza di nessuna futura intesa, questo governo sarebbe a termine. Durerebbe fino a dicembre 2018. "Per andare subito dopo a nuove elezioni". A tal fine Mattarella afferma che chiederà ai ministri l'impegno a non candidarsi alle elezioni. L'ipotesi alternativa, avverte il capo dello Stato, "è quella di indire nuove elezioni subito, appena possibile, gestite dal nuovo governo". Al più presto, a luglio.

Uomo della previdenza, è di solare evidenza che a questo punto Mattarella non intende rimanere con un pugno di mosche. Di fronte all'irresolutezza di un'intera classe politica, si rende conto che al momento opportuno dovrà sfilarsi un asso dalla manica. Senza la pretesa di William Ewart Gladstone, scoperto da Benjamin Disraeli, che a metterglielo nel polsino fosse stato Domineddio in persona.

E l'asso nella manica, manco a dirlo, si chiama Carlo Cottarelli. Quel Cottarelli che Mattarella vorrebbe far scendere in campo quanto prima. Resta per ora in frigorifero perché Cinque stelle e Lega, dopo aver soppesato il pro e il contro, sono a un passo dall'accordo. Ma Cottarelli viene prontamente scongelato dopo che il 27 maggio Conte fa un bel capitombolo discendendo a precipizio le scale del Quirinale. E rimesso dopo appena qualche giorno di nuovo in frigorifero. Facendolo passare per la porta di servizio del Colle, quando, felice come una Pasqua, Conte risorge dalle ceneri come l'Araba fenice. Ma solo perché Conte e i suoi sponsor sono andati a Canossa e non hanno più insistito per avere Paolo Savona al ministero dell'Economia. Un capitan Findus, Cottarelli, dalla testa ai piedi. Ben contento di tornare un libero cittadino, vagabondo per il mondo.

2

Alla ricerca del terzo uomo

Il 9 maggio, anniversario della fondazione dell'Impero, i due aspiranti alleati – Di Maio e Salvini – chiedono un po' di tempo al Presidente. Che glielo concede, convinto che le sue dichiarazioni abbiano sortito effetto. E, manco a dirlo, vede giusto. Così il 14 maggio svolge nuove consultazioni con le sole delegazioni del M5S e della Lega. Il 21 e 22 maggio Mattarella concede un bis a lor signori.

Ma con un'aggiunta significativa. All'incontro presenziano i presidenti dei due rami del Parlamento. Vedi caso, proprio le personalità che prima dello scioglimento delle Camere esprimono al capo dello Stato un parere obbligatorio ma non vincolante. Per dirla tutta, c'è una bella differenza tra un professionista della politica come Mattarella, per il quale il diritto costituzionale non ha segreti, e i dilettanti più o meno allo sbaraglio, apprendisti stregoni vittime dei propri artifici. In queste ultime battute, Mattarella gioca come il gatto con topolini piccini picciò, alla fine rimasti con un palmo di naso. Ma ben contenti di assaporare di lì a poco il profumo del Potere. Il guaio è, come si è detto, che quella di Conte è una falsa partenza.

Ma prima d'indagare sui rapporti tra i due interlocutori lì sul Colle, sul palcoscenico del Quirinale, sarà bene indagare sulla nascita dell'uomo nuovo Conte. E qui bisogna scomodare il latino. Sì, *tot capita tot sententiae.* Per quanto ne sappiamo, almeno due sono le versioni che si sono susseguite nell'arco di pochi giorni. Secondo una prima versione, a presentare Conte a Di Maio, e quest'ultimo a Salvini, sarebbe stato Alfonso Bonafede.

Uomo del profondo Sud, nato a Mazara del Vallo nel 1976, Bonafede si trasferisce nel 1995 a Firenze, si laurea in Giurisprudenza e fa l'avvocato. Nel frattempo conosce a Giurisprudenza il professor Conte ed è ben lieto di esserne assistente volontario presso la sua cattedra di diritto privato. Dove volontario, per chi non lo sapesse, vuol dire lavorare senza un becco di un quattrino. A dispetto della Costituzione, che abbaiando alla luna all'articolo 36 così stabilisce: "Il lavoratore ha diritto ad una retribuzione proporzionata alla quantità e alla qualità del suo lavoro e in ogni caso sufficiente ad assicurare a sé e alla sua famiglia un'esistenza libera e dignitosa". Una delle tante gride di manzoniana memoria sempre attuali nel nostro Belpaese. Anche perché un po' da sempre le Università si direbbe che godano lo status di Repubbliche a sé stanti.

Conte prende a benvolere questo ragazzo che si mantiene agli studi facendo un po' il vocalist, come già al suo paese, e un po' il PR. E quest'ultimo, sicuro di fare una bella figura, ricambia il favore presentando il Professore a Di Maio in vista di un prestigioso incarico. Ma, prima dello svolgimento delle elezioni politiche del 4 marzo, ancora tutto è in mente dei. Il 27 febbraio 2018 il capo politico pentastellato a ogni modo candida Conte al Ministero della Pubblica amministrazione qualora il partito vinca le elezioni.

Si sa, da cosa nasce cosa. Ecco un presidente del Consiglio incaricato per caso. Starei per dire, a sua insaputa. Perché coloro che si avviano a diventare i due consoli, Di Maio e Salvini, sono d'accordo nello spartirsi il potere. Ma sono in disaccordo su chi dei due debba ricoprire la carica di inquilino di Palazzo Chigi. E tra i due litiganti, alla fine il terzo, Conte, gode. Gode? Si fa per dire. Perché il Professore si adatta a fare il prestanome. Arrendevole come pare a prima vista. Fermo restando che a impugnare lo scettro del comando saranno loro. E solo loro due.

Adesso facciamo un passo indietro e diamo conto della seconda versione di come sarebbero andate le cose. I due "compari" giallo-verdi finiscono per intendersi. S'incontreranno a Milano – al Pirellone, sede della Regione, secondo alcuni, al Gallia, albergo famoso perché è lì che si conclude il calciomercato, secondo altri – con due candidati da esaminare ben bene. Uno è il cocco di Di Maio, e cioè Conte, l'altro è Giulio Sapelli, economista di chiara fama passato da un incarico prestigioso a un altro, spuntato all'improvviso e sponsorizzato non si sa bene da chi. Da Salvini, forse? Può darsi, ma non è affatto sicuro.

L'esame comincia e finisce in un battibaleno. O giù di lì. In effetti, non c'è partita. Vince il match Conte non ai punti ma per ko. Meglio ancora, per abbandono del campo. Per forza. Da una parte c'è un Conte in quinci e quindi. Elegante, prodigo di parole al miele, arrendevole quanto basta e disponibile a indossare i panni dei due interlocutori. Ben lieto di recitare, se del caso, la parte del Cireneo che canta e porta la croce. Dall'altra c'è un Sapelli che fa di tutto, ma proprio di tutto, per essere scartato. Si presenta con aria spavalda, da quel simpatico guascone che è. Mette bene i puntini sulle "i". Pone condizioni, tra le quali quella della nomina al ministero dell'Economia e delle finanze di Domenico Siniscalco. Mette in chiaro che la responsabilità non è che l'altra faccia del potere. E se lui va a Palazzo Chigi, intende esercitare le sue prerogative.

Non basta. Conte veste come un gagà, con tanto di pochette al taschino della giacca, un lord Brummel che fa colpo sugli esaminatori. Mentre Sapelli si presenta, come si dice a Firenze, un po' alla io boia. Vestito come capita. Tant'è che qualche bello spirito ha sentenziato che alla fine a prevalere fu più l'estetica che la concezione del mondo dei due. Una battuta, si capisce. Ma, come tutte le battute, con un fondo di verità. Il bello è che in fatto di estetica né Di Maio né Salvini possono essere paragonati a un Petronio, *arbiter elegantiarum*.

A questo punto un interrogativo è più che legittimo. Mattarella poteva fare a meno di iscriversi all'Accademia del Cimento? E, persa la pazienza, mandare tutti a quel paese e sciogliere le Camere? No, non poteva e non voleva compiere un gesto del genere. E per diversi motivi. Come si è detto, la prassi nel diritto costituzionale ha la sua brava importanza. E nella storia istituzionale della nostra Repubblica non si è mai dato il caso di uno scioglimento a pochi mesi dalle elezioni politiche.

La v legislatura è durata quattro anni, dal 1968 al 1972. La vi quattro anni, dal 1972 al 1976. La vii tre anni, dal 1976 al 1979. L'viii quattro anni, dal 1979 al 1983. La xii due anni, dal 1994 al 1996. La xv due anni, dal 2006 al 2008. A conti fatti, come minimo due anni. E battere quest'ultimo record negativo sarebbe stato quanto meno imprudente. Perché hai visto mai che le cose con le nuove elezioni non cambino se non in peggio e tutto diventi ancora più difficile?

Questo interrogativo, che Mattarella non può non essersi posto, conduce dritti dritti all'esperienza degli ultimi anni della Repubblica di Weimar. Una storia istituzionale, quella della Repubblica tedesca del 1919, sulla quale il capo dello Stato ha avuto occasione di riflettere in più occasioni. A Friedrich Ebert succede nel 1925 alla presidenza della Repubblica Paul von Hindenburg, che verrà rieletto nel 1932. Un eroe nazionale. La coalizione di Weimar, costituita dai socialdemocratici, dal centro cattolico e dai liberali, poco alla volta va in crisi. Dal 1930 a 1933 si succedono diversi scioglimenti parlamentari in conseguenza di un'instabilità ministeriale aggravata dalla crisi economica.

Fu così che Adolf Hitler, nel gennaio del 1933, ottenne l'ambita carica di cancelliere. Intendiamoci, da noi non c'è alcun Hitler che batte alle porte. Ma la situazione economica, a seguito dell'insorgenza del coronavirus su scala mondiale, è quella che abbiamo sotto gli occhi. E Mattarella, ben prima della pandemia, è dell'idea che dobbiamo procedere con prudenza. Un passo alla volta. Pena un salto nel buio. E poi non è un caso che la spina nel fianco della Repubblica tedesca del primo dopoguerra fu proprio la rappresentanza proporzionale.

3

Quella falsa partenza

Quel 23 maggio di due anni fa, ottenuto da Mattarella l'incarico di formare il governo, Conte discende con levità le scale del Quirinale che poco prima aveva salito con qualche patema d'animo. Sicuro di avere la vittoria in pugno. Però è la logica delle cose a farlo riflettere. Dopo tutto, Di Maio e Salvini si sono accordati su un contratto come quello tedesco. Ma con l'aggravante di essere scritto in italiano. Fior di giuristi hanno testimoniato allora che i due indirizzi politici giallo-verdi erano in parte sovrapponibili. Ma le differenze tra pentastellati e leghisti, che hanno piantato in asso Silvio Berlusconi e Giorgia Meloni, restano eccome.

Insomma, l'accordo più che sulle cose sembra fatto sulle parole. Viene alla mente il trattato di Uccialli, stipulato il 2 maggio 1889 tra il Regno d'Italia e l'Impero d'Etiopia. E una diversa interpretazione del trattato scritto in italiano e in aramaico portò al disastro di Adua il 1° marzo 1896. Certo, la storia non si ripete mai due volte allo stesso modo. Ma è un fatto che il primo governo Conte cadrà il 20 agosto 2019 perché quanto più la Lega saliva, tanto più i Cinque stelle scendevano. La qual cosa spiega le baruffe chiozzotte degli ultimi mesi di governo e il tentativo di spostare l'asse politico ministeriale a favore di chi giganteggiava nei sondaggi. In un'altalena sempre più vistosa.

Prima di procedere oltre, va sottolineata una questione di carattere squisitamente costituzionale. Da quel signore che è, Mattarella notoriamente tiene alle forme. E a più forte ragione, essendo del ramo, tiene alle forme costituzionali. Da che mondo è mondo, nei regimi parlamentari la soluzione delle crisi ministeriali avviene più o meno allo stesso modo. Così è stato ai tempi dello Statuto albertino. Così è stato in età repubblicana. Il capo dello Stato procede alle consultazioni di rito con i capigruppo parlamentari e con i segretari di partito. Dopo di che, può verificarsi un altro giro di consultazioni ed eventualmente il conferimento di un mandato esplorativo. Che, per il vero, ha destato sempre una qualche perplessità.

Quindi, stando alla consuetudine, il capo dello Stato conferisce a una personalità, parlamentare o no che sia, l'incarico di formare il governo. Quest'ultimo procede a sua volta alle consultazioni. Prima con tutti i partiti rappresentati in Parlamento e poi con i partiti che presumibilmente formeranno la maggioranza. Se tutto va avanti senza ostacoli, il presidente incaricato con i rappresentanti della futura maggioranza si accorda su un programma di governo. Dopo di che si reca di nuovo al Quirinale, scioglie positivamente la riserva e presenta al capo dello Stato la lista dei ministri. Se quest'ultimo non muove obiezioni, nomina senz'altro il presidente del Consiglio e, su proposta di quest'ultimo, i ministri. Questa è la regola introdotta in via di prassi che, con l'andare del tempo, si è consolidata in consuetudine.

Ma stavolta tutto va storto, con comprensibile disappunto di Mattarella. Difatti la sullodata prassi è stata bellamente rivoltata come un guanto. Così dapprima Di Maio e Salvini si sono confrontati ben bene. Dando però l'impressione di tenersi distinti e distanti l'uno dall'altro. Poi hanno misurato con il metro della politica quello che li distingue e quello che eventualmente può unirli in qualche misura. Solo dopo hanno buttato giù un contratto che, hanno tenuto a precisare i due causidici allevati alla scuola dei sofisti, non ha nulla a che vedere con i programmi politici del tempo che fu. A loro dire, cose vecchie come il cucco.

Solo alla fine, dopo l'imbeccata di Bonafede e l'esame milanese fatto dai due, improvvisatisi professori (gli piacerebbe...), a Conte e Sapelli, costoro hanno tirato fuori dal cilindro un coniglio – in senso metaforico, si capisce – di nome Conte. Prontamente offerto a Mattarella per l'incarico. Spedito al Quirinale come un pacco postale. Possibilmente di sola andata. Cioè senza essere rimandato indietro con le pive nel sacco.

Ora, conoscendo il personaggio, pensate che un iter come quello appena ricordato possa essere andato a genio a Mattarella? Nemmeno per sogno. E avrà provato una qualche compassione nei confronti di un Conte che si adatta a recitare la parte di futuro presidente del Consiglio a sua insaputa. A cose fatte, nelle quali non ha mai messo il becco. A cominciare dal famoso contratto al quale, a suo dire, avrebbe dato appena un'occhiata. Del resto, non si è avvocati civilisti per nulla. La verità è che tutti – i due futuri vicepresidenti del Consiglio e il futuro presidente del Consiglio per finta, almeno nelle intenzioni – hanno chiuso un occhio e addirittura entrambi su tutto pur di accedere per la prima volta nella stanza dei bottoni. Una stanza che ospitò all'alba della Repubblica un Pietro Nenni che cercò i bottoni senza trovarli. E, quando finalmente se li trovò a portata di mano, dovette malinconicamente constatare che non servivano neppure per chiamare l'usciere.

Congedato Conte il 23 maggio 2018, Mattarella avrà ripensato a quei due mesi e mezzo trascorsi dopo le elezioni del 4 marzo. E avrà concluso, con un misto di curiosità e di scetticismo, pressappoco così: "E adesso vediamo come i nostri eroi se la caveranno". Una battuta, se pronunciata per davvero, profetica. Perché di lì a poco i nostri eroi (si fa per dire, beninteso) saranno così furbi da fare un bel buco nell'acqua. Ma ecco, in poche battute, la dinamica degli eventi.

Il giorno dopo, il 24 maggio, Conte procede a Montecitorio alle consultazioni con le forze politiche rappresentate in Parlamento. Una mera formalità, visto e considerato che i giochi sono già belli e fatti grazie a quell'anomalo iter di cui si è detto. Tre giorni dopo, il 27 maggio, Conte si reca di nuovo al Quirinale e si appresta a sciogliere positivamente la riserva. L'avvocato pugliese appare sicuro di sé. I due danti causa gli hanno messo in mano la lista dei ministri e gli hanno detto – rubando la battuta a quel diavolaccio di Matteo Renzi, che una ne fa e cento ne pensa – all'incirca così: "Stai sereno". Non l'avessero mai detto! Sul palcoscenico del Colle tutto, ma proprio tutto, va storto.

Conte era sicuro che Mattarella non avrebbe mosso obiezioni alla lista dei ministri che gli aveva appena presentato. Riteneva con una qualche superficialità che il capo dello Stato fosse per l'occasione niente più che un mero notaio. Ma sì, diciamolo pure, un puro e semplice passacarte. Con il risultato di prendersi una bella lezione di diritto costituzionale impartitagli dall'inquilino del Colle.

In una dichiarazione del 27 maggio, al termine del colloquio con Conte, Mattarella, affacciatosi nella loggia alla Vetrata, afferma tra l'altro: "Avevo fatto presente, sia ai rappresentanti dei due partiti, sia al presidente incaricato, senza ricevere obiezioni, che, per alcuni ministeri, avrei esercitato un'attenzione particolarmente alta sulle scelte da compiere. Questo pomeriggio il professor Conte – che apprezzo e che ringrazio – mi ha presentato le sue proposte per i decreti di nomina dei ministri che, come dispone la Costituzione, io devo firmare, assumendomene la responsabilità istituzionale".

E ancora: "In questo caso il Presidente della Repubblica svolge un ruolo di garanzia che non ha mai subito, né può subire, imposizioni. Ho condiviso e accettato tutte le proposte per i ministri, tranne quella del ministro dell'Economia. La designazione del ministro dell'Economia costituisce sempre un messaggio immediato, di fiducia o di allarme, per gli operatori economici e finanziari. Ho chiesto, per quel ministero, l'indicazione di un autorevole esponente politico della maggioranza, coerente con l'accordo di programma. Un esponente che – al di là della stima e della considerazione per la persona – non sia visto come sostenitore di una linea, più volte manifestata, che potrebbe provocare, probabilmente, o, addirittura, inevitabilmente, la fuoruscita dell'Italia dall'euro. Cosa ben diversa da un atteggiamento vigoroso, nell'ambito dell'Unione europea, per cambiarla in meglio dal punto di vista italiano".

A questo punto la seguente dichiarazione del capo dello Stato rientra perfettamente nella logica delle cose: "A fronte di questa mia sollecitazione, ho registrato – con rammarico – indisponibilità a ogni altra soluzione, e il presidente del Consiglio incaricato ha rimesso il mandato". Con la seguente postilla: "È mio dovere, nello svolgere il compito di nomina dei ministri – che mi affida la Costituzione – essere attento alla tutela del risparmio degli italiani". È quello che va sotto il nome di "caso Savona".

Paolo Savona è un brillante economista tenuto in grande considerazione da uomini come Ugo La Malfa. Professore universitario di politica economica. Già ministro dell'Industria nel governo Ciampi. Onusto di prestigiosi incarichi in Italia e all'estero. Autore di un'infinità di pubblicazioni. Basterà ricordare la *Lettera agli amici tedeschi e italiani. Come funziona il meccanismo economico europeo* e *La Rivoluzione democratica di Heine e la Costituzione per la pace perpetua di Kant.*

Il guaio è, come sosteneva quella malalingua di Leo Longanesi, che chi si firma è perduto. E le sue tesi critiche sull'Unione europea in un momento delicato come questo finirebbero per gettare benzina sul fuoco. Tuttavia Mattarella si lascia aperte tutte le porte, nessuna esclusa. Tant'è vero che la sua dichiarazione del 27 maggio si conclude con queste parole: "Sono stato informato di richieste di forze politiche di andare a elezioni ravvicinate. Si tratta di una decisione che mi riservo di prendere, doverosamente, sulla base di quanto avverrà in Parlamento. Nelle prossime ore assumerò un'iniziativa". A questo punto Di Maio e Salvini, per non parlare dell'incolpevole Conte, temono che per loro tutto sia perduto.

Del resto, Conte dovrebbe sapere che l'articolo 92, secondo comma, della Costituzione è sempre stato interpretato in guisa pressoché univoca. Esso recita: "Il Presidente della Repubblica nomina il presidente del Consiglio dei ministri e, su proposta di questo, i ministri". Ora, sulla proposta non ci piove. Essa spetta senza ombra di dubbio al presidente del Consiglio. Anche se, tenuto conto del fatto che i nostri governi di norma sono di coalizione, quella lista non è tutta – per non dire quasi mai – farina del suo sacco.

Ma come interpretare quella "nomina"? Più che un potere in positivo, quello del capo dello Stato è un potere in negativo. Non può imporre questo o quel ministro. Anche se Francesco Cossiga nel biennio picconatorio impose a Giulio Andreotti, che si accingeva a formare il suo VII e ultimo ministero, i nomi di Mino Martinazzoli e di Francesco D'Onofrio come, rispettivamente, ministro e sottosegretario alle Riforme istituzionali. E Andreotti *pro bono pacis* non disse di no, sebbene a lui le riforme costituzionali non piacessero neppure dipinte. Tant'è che quando l'incorreggibile Cossiga inviò alle Camere il famoso messaggio sulle riforme istituzionali prossime venture, Andreotti si rifiutò di firmarlo, allegando non ricordo più quale scusa. E girò l'incombenza al guardasigilli Claudio Martelli, che non fece una piega. Perché nel partito guidato da Bettino Craxi le riforme istituzionali, a cominciare dall'elezione popolare diretta del capo dello Stato patrocinata ai tempi suoi da Léon Blum, erano di gran moda.

Insomma, il capo dello Stato non può imporre il nome di un ministro, magari indicandone perfino la casella. Perché la cosa sarebbe un'interferenza in quella politica generale del governo che – ai sensi dell'articolo 95 primo comma della Costituzione – il presidente del Consiglio dirige e della quale è responsabile. Ma l'inquilino del Quirinale può esercitare all'occorrenza un sostanziale potere di veto. E in ogni caso può "consigliare" al presidente del Consiglio incaricato di spostare un ministro da una casella a un'altra.

Tanto per non fare nomi e cognomi, Oscar Luigi Scalfaro "consigliò" a Silvio Berlusconi di spostare Cesare Previti dalla Giustizia alla Difesa. E, con il senno di poi, Berlusconi fece bene a seguire il "suggerimento" del presidente della Repubblica. Anche se la cosa non gli piacque affatto. Perché tra Scalfaro e Berlusconi notoriamente non correva buon sangue. Per ragioni temperamentali più ancora che politiche e istituzionali. L'uno, un signore piemontese dai modi cerimoniosi del tempo che fu. L'altro, un milanese pimpante che bada al sodo ogni cosa gli salti in testa.

Ma i casi di rifiuto, più o meno perentorio, di nomina di questo o quel ministro proposto dai presidenti del Consiglio sono innumerevoli. Così Sandro Pertini nell'agosto del 1979 rifiuta a Francesco Cossiga, in procinto di formare il suo primo governo, la nomina di Clelio Darida alla Difesa. Scalfaro rifiuta a Berlusconi nel giugno del 2001, alla vigilia del suo secondo ministero, la nomina di Roberto Maroni alla Giustizia, sostituito prontamente da Roberto Castelli, pure lui leghista. E nel febbraio del 2014 Giorgio Napolitano "suggerisce" a Matteo Renzi di non insistere sul nome di Nicola Gratteri alla Giustizia, sostituito da Andrea Orlando. Ce n'è abbastanza per concludere che la prassi si è consolidata in consuetudine. A tutti questi casi, poi, vanno aggiunti quelli che sono invece sfuggiti ai radar dell'opinione pubblica. Per il semplice fatto che appartengono agli arcana imperii. Anche se da noi i segreti, il più delle volte, sono quelli di Pulcinella.

Forse Conte aveva fatto affidamento su quell'apparente fragilità dell'inquilino del Colle, ignorando che dentro è costruito con il fil di ferro. Sia consentito un ricordo personale. Quando Mattarella fu eletto il 31 gennaio 2015 presidente della Repubblica al quarto scrutinio con 665 voti, quasi due terzi del Parlamento in seduta comune integrato dai delegati regionali, mi telefonò Rosetta Russo Jervolino, cara amica dai tempi in cui presiedeva con autorevolezza e signorilità la commissione Affari costituzionali di Montecitorio, della quale facevo parte. E mi sparò a bruciapelo: "Lo sai perché Matteo Renzi, nella sua duplice veste di segretario del Partito Democratico e di presidente del Consiglio, ha sponsorizzato Mattarella alla suprema carica dello Stato?". Rispondo: "Perché è stato un autorevole deputato di lungo corso, più volte ministro, giudice costituzionale e molto altro ancora". "Sicuro", mi dice. E aggiunge, con l'aria di chi la sa lunga: "Ma soprattutto perché non lo conosce". Proprio così. Un paradosso solo all'apparenza.

Il fatto è che Matteo Renzi è un maledetto toscano dal carattere impossibile. Come capita sovente agli uomini di carattere. Ma lui esagera. Salvo fare marcia indietro se gli conviene. Come quando disse che se avesse perso il referendum costituzionale si sarebbe ritirato a vita privata. E con lui Maria Elena Boschi. Per la serie: cari bugiardi. Del resto, se un uomo politico dicesse sempre la verità, tutta la verità, nient'altro che la verità, dovrebbe sui due piedi cambiare mestiere.

Orbene, Renzi ha avuto la sbadataggine di fare un'infinità di mosse come presidente del Consiglio che hanno finito per irritare Mattarella. Forse Renzi pensava che tutto gli fosse consentito, visto e considerato che a insediare Mattarella alla massima carica dello Stato era stato proprio lui. E, per dirla tutta, forse si illudeva di condizionarlo in qualche misura. Ora, nell'irritare il prossimo, Renzi non è secondo a nessuno. Ma ha fatto con ogni evidenza i conti con un oste che ha tenuto il punto. Con il risultato che per l'ex sindaco di Firenze fu l'inizio della fine. Finché il 12 dicembre del 2016 fu costretto a lasciare la poltrona di Palazzo Chigi in favore di Paolo Gentiloni. Da lui stesso appoggiato e con il quale si sono guastati i rapporti perché con i suoi continui "suggerimenti" ha finito per rendergli la vita impossibile.

Qualcosa del genere era già accaduta in passato con altri protagonisti. In previsione delle elezioni del successore di Sandro Pertini al Quirinale, il segretario della DC Ciriaco De Mita si fa il giro delle sette chiese partitiche allo scopo di piazzare alla suprema magistratura dello Stato un candidato del proprio partito. Arrivato alle Botteghe Oscure, sede del PCI, De Mita si confida con il segretario Alessandro Natta. Come un piazzista, De Mita formalmente ha un pacchetto di sei o sette candidati. Tutti, manco a dirlo, rigorosamente DC.

Ma il suo vero candidato è Leopoldo Elia. Uno dei maggiori costituzionalisti italiani che ha dato sempre eccellente prova in ogni incarico ricoperto: giudice e presidente della Corte costituzionale, senatore, deputato, ministro per le Riforme elettorali e istituzionali nel governo Ciampi, dove, per interim, ha ricoperto anche l'incarico di ministro degli Esteri. Natta inclina la testa da una parte per guardare meglio negli occhi il suo interlocutore e poi gli dice: "No, Elia no. È troppo intelligente. Piuttosto puntiamo su Cossiga". Ritenuto altrettanto intelligente ma assai più malleabile. Sbagliando, con ogni evidenza, di grosso. Come i fatti s'incaricheranno di dimostrare.

Andò proprio così. Cossiga fu eletto il 3 luglio del 1985 al primo scrutinio con 752 voti su 977 votanti. Dopo le dimissioni di Pertini il 29 giugno, anticipate di qualche giorno rispetto alla scadenza naturale dell'8 luglio. Dimissioni rassegnate per tigna. Perché – come ebbe a dirmi per telefono il giorno stesso delle dimissioni – il Sardo, quello lì, era stato "fiduciato" dal Parlamento, mentre lui dal Parlamento era stato bellamente sfiduciato. La verità è che, al pari di non pochi predecessori e successori, anche lui teneva moltissimo alla rielezione. A dispetto delle ottantotto primavere sulle spalle.

Orbene, De Mita non fece mai mistero che al Quirinale Cossiga ci era andato per merito suo. E gli doveva pure una qualche riconoscenza. Nonostante la lunga militanza nella stessa DC, anche De Mita con ogni evidenza non conosceva bene Cossiga. Che per un quinquennio non spiccicò verbo o giù di lì, adattandosi a recitare la parte del sardo muto. Tant'è che Indro Montanelli in uno dei suoi micidiali "Controcorrente" sul *Giornale* se ne uscì pressappoco con questa fulminante battuta: se Cossiga dovesse starsene muto come un pesce in continuazione, il Quirinale gli starebbe largo; gli basterebbero due Camere e cucina.

Tanto poco Cossiga se ne dolse da proporgli a stretto giro la nomina a senatore a vita, che lui rifiutò perché intendeva essere fino all'ultimo soltanto un giornalista. Analoga offerta Cossiga fece a Nilde Iotti. Ma anche lei rifiutò, nel timore che l'offerta fosse un espediente per toglierle la poltrona di presidente della Camera dei deputati. Il biennio picconatorio cominciò quando, a cominciare da De Mita, Cossiga pensò bene di mandare tutti quanti a quel paese. In un crescendo rossiniano. Si fingeva un po' pazzerello – ma ciclotimico lo era davvero, al pari di Montanelli – nella convinzione che solo così si possono dire verità amare.

Torniamo a Conte. Quella dichiarazione di Mattarella del 27 maggio 2018 per Conte e per i due compagni d'avventura fu avvertita come una Caporetto senza Piave. A Conte non rimane che discendere mestamente e senza speranza le scale del Quirinale che aveva salito poco prima con tanta baldanza. Una scena che, se si scambia la sua discesa con la risalita dell'esercito austroungarico in rotta, ricorda il Bollettino della Vittoria del 4 novembre 1918. Firmato Armando Diaz. Però materialmente scritto, a quanto pare, da Alessandro Lessona, ufficiale addetto al suo comando. Come ha ricordato nelle sue Memorie.

Per anni genitori poco acculturati imposero patriotticamente ai loro pargoli il nome di Firmato. Sì, il Bollettino della Vittoria in questo caso cade a proposito. Ricordate? L'ultimo periodo una volta era imparato a memoria dagli studenti delle scuole di ogni ordine e grado del Regno: "I resti di quello che fu uno dei più potenti eserciti del mondo risalgono in disordine e senza speranza le valli che avevano discese con orgogliosa sicurezza". E poco male se l'italiano era un po' claudicante.

E allora addio sogni di gloria. Proprio quando la formazione del governo a Conte sembrava a portata di mano, il patatrac. Una vera e propria imparata di creanza in puro stile partenopeo, quella di Mattarella. Impreziosita da puntuali citazioni della Costituzione e della prassi. Per il presidente incaricato è una doccia fredda. E a questo punto non gli rimane che tornare politicamente nell'anonimato. Dal punto di vista squisitamente politico, si capisce. Non gli rimane che tornare ai diletti studi, alle lezioni all'Ateneo fiorentino e all'avvocatura.

Però, come usa dire, mai dire mai. Anche se, come si dice al luna park, altro giro, altra corsa. Difatti appena il giorno dopo, il 28 maggio, Mattarella conferisce l'incarico di formare un governo tecnico a Carlo Cottarelli. Senza ricorrere a un altro giro di consultazioni. Perché ormai il tempo stringe e in un modo o nell'altro si deve addivenire a una decisione. Ecco che, inopinatamente, Cottarelli si appresta ad avere il suo quarto d'ora di celebrità. Abbagliato dalle luci della ribalta.

4

La manovra diversiva del Colle: Cottarelli, capitan Findus

Il 28 maggio 2018 Cottarelli accetta con la consueta riserva il conferimento dell'incarico appena conferitogli da Mattarella. E quella "riserva" non è sottolineata solo in omaggio a una prassi consolidata. La verità è che Cottarelli è un tecnico di assoluto prestigio ma poco addentro ai misteri e ai segreti della politica. Per di più, poco versato, a quanto pare, nelle questioni costituzionali. Un handicap, di questi tempi. Ma sa quanto basta per sospettare che la sua è una missione impossibile. Per non dire suicida. E non è il solo, purtroppo, a supporlo. Perché quella di Mattarella ha tutta l'aria di una manovra diversiva. Volta a indurre i due maggiori partiti ad addivenire a più miti consigli.

In realtà, Cottarelli non sa neppure come cominciare la sua avventura. Piovuto dalla luna, quali mai forze politiche potranno fargli credito e aprirgli le porte di Palazzo Chigi? Insomma, non sa a quale parte rivolgersi e da che parte rigirarsi. A meno che non sia lo stesso Mattarella a scodellargli la minestra. Con una lista dei ministri che solo lui potrebbe avere già in testa, essendosi preparato nel corso delle settimane al peggio.

Ma qui il rischio è forte. C'è il rischio che, una volta presentatosi alle Camere per chiederne la fiducia, non solo non la ottenga – e questo lo metteva nel conto –, ma addirittura non trovi uno straccio di gruppo parlamentare che gli dica di sì. Magari solo perché mosso a compassione. A questo punto lo scioglimento delle Camere sarebbe una soluzione obbligata. Ma, sia chiaro, il governo elettorale sarebbe un ministero palatino vero e proprio. E una soluzione del genere non mi pare che sia nelle corde di Mattarella. Come Luigi Einaudi, geloso delle sue prerogative. Ma altresì consapevole che gli sconfinamenti sono ammissibili solo in casi di *extrema ratio*.

Per dirla con Ennio Flaiano, la situazione politica in Italia è grave ma non è seria. Mai come in tale frangente. Indispettito dal fatto che Mattarella in zona Cesarini ha mandato a monte i suoi sogni di gloria, Di Maio pensa bene di coprirsi di ridicolo. E, con lui, il compagno di merende Alessandro Di Battista. In piazza fanno fuoco e fiamme. E annunciano urbi et orbi di essere seriamente intenzionati a mettere in stato d'accusa il presidente della Repubblica per attentato alla Costituzione. E perché non anche – *melius abundare quam deficere* – per alto tradimento? La motivazione è risibile. Di più, per usare un aggettivo che piaceva a Giovanni Spadolini, demenziale. Andrebbe posto in stato d'accusa davanti alla Corte costituzionale – udite, udite – per aver rispettato a puntino la Costituzione e la prassi consolidata. Per aver detto di no – un no non in assoluto, si badi – al professor Paolo Savona al ministero dell'Economia.

La cosa finisce come doveva finire: nel ridicolo. A conti fatti, Di Maio e i suoi cari si ritrovano soli soletti. Fanno marcia indietro perché Salvini, con quel fiuto del tempo andato, si rende subito conto che si tratta di una buffonata. E dice chiaro e tondo che non li avrebbe seguiti in un'operazione di corto respiro e dall'esito scontato. Lì per lì, Di Maio ci rimane male. Andato per suonarle di santa ragione, finisce per essere bellamente suonato. Per sua disgrazia, è costretto ad andare appena il giorno dopo a Canossa. È costretto a riconoscere che la sua sortita non ha né capo né coda. E, con la testa cosparsa di cenere, chiede umilmente scusa a Mattarella. Probabilmente dopo aver seguito con un qualche profitto un corso serale accelerato di diritto costituzionale, che gli avrà dimostrato come avesse torto marcio.

Nel frattempo la situazione precipita. Cottarelli, dopo aver ascoltato questa e quella campana senza molto costrutto, è sul punto di gettare la spugna. Ma resta impavido in pista solo per dar modo a Mattarella di accertare se Di Maio e Salvini hanno ancora voglia di scherzare o intendono fare sul serio. È evidente che i due non chiedono altro che unirsi in matrimonio. Ma zitti zitti, piano piano. A Cottarelli vanno gli onori delle armi. Il consigliere per la stampa e la comunicazione della Presidenza della Repubblica, Giovanni Grasso, il 31 maggio legge il seguente comunicato: "Il Presidente della Repubblica, Sergio Mattarella, ha espresso il proprio ringraziamento al dottor Carlo Cottarelli per la serietà, il senso delle istituzioni e la costante attenzione all'interesse nazionale che hanno caratterizzato l'impegno svolto nell'espletamento dell'incarico affidatogli".

Intendiamoci, Cottarelli, direttore dell'Osservatorio sui conti pubblici italiani, è un economista di assoluto valore. Non a caso Mattarella aveva puntato proprio su di lui per la poltronissima di Palazzo Chigi. Ma è un po' destino di Cottarelli essere cercato da tutti e poi, per la sua proverbiale ritrosia, non essere preso da nessuno. Neppure fosse, sia detto con tutto il rispetto che merita, la reincarnazione di Genoveffa la Racchia. Nell'intervista pubblicata dal *Corriere della Sera* del 3 giugno 2020, alla domanda di Enrico Marro se rispondano al vero le voci che lo vorrebbero commissario per il Recovery fund, Cottarelli così risponde: "Non me lo ha detto nessuno. Quindi credo che non sia vero". Ma poi, tanto per farsi del male, aggiunge: "Prima di tutto bisognerebbe chiedersi se serve un altro commissario". A riprova, se mai ve ne fosse bisogno, che lui non solo gli incarichi non li sollecita, ma addirittura li schifa. Ben felice di essere libero come l'aria.

Lo stesso 31 maggio, quando l'uno esce e l'altro entra, Mattarella conferisce di nuovo l'incarico di formare il governo al miracolato Conte, che non sta nella pelle per la gioia. Anche se a Palazzo Chigi non lo aspettano giorni particolarmente luminosi. Almeno in un primo tempo. Certo, nessun pasto è gratis, come avvertiva Milton Friedman. Ogni cosa ha un prezzo. E il prezzo pagato da Conte, ma soprattutto da Di Maio e Salvini, è lo spostamento di Savona dal ministero dell'Economia al ministero per gli Affari europei. A scanso d'equivoci e di ripensamenti, Conte accetta l'incarico senza la rituale riserva e presenta al capo dello Stato la lista dei ministri.

Sono passati quattro giorni dal 27 maggio, quando Conte è costretto a rinunciare all'incarico, al 31 maggio, quando il neo presidente del Consiglio presenta la lista dei ministri. La morale della favola è presto detta. Se il diritto costituzionale fosse alla portata degli alti papaveri della politica, Di Maio si sarebbe risparmiata una figuraccia. E i due che di lì a poco s'insedieranno – oltre che a Palazzo Chigi come vicepresidenti del Consiglio –, rispettivamente ai ministeri dello Sviluppo economico e del Lavoro e delle politiche sociali l'uno e al ministero dell'Interno l'altro, avendo il dono dell'ubiquità, non avrebbero fatto perdere giorni preziosi all'inquilino del Quirinale.

5
Habemus papam

Finalmente. Il 1° giugno i ministri del governo Conte I (poi ci sarà, dal 5 settembre 2019, il Conte II, meglio noto come la Vendetta, consumata nei confronti di Salvini) giurano nelle mani del capo dello Stato. E, per ciò stesso, entrano nell'esercizio delle loro funzioni. Sono trascorsi 88 giorni dalle elezioni del 4 marzo 2018. 65 i componenti del governo, tra ministri, viceministri e sottosegretari. I Cinque stelle fanno la parte del leone con 33 componenti. Ma anche la Lega non sfigura con 24 membri doc, sebbene abbia una consistenza in voti e in seggi all'incirca la metà dei Cinque stelle. Tra alti e bassi, ma più bassi che alti negli ultimi mesi, il governo durerà 461 giorni. Fino al 5 settembre 2019. E Conte e Aldo Moro prima di lui saranno gli unici presidenti del Consiglio pugliesi.

Conte si presenta prima al Senato, il 5 giugno. In omaggio alla regola dell'alternanza secondo la quale se il governo precedente si è presentato prima alla Camera, come in effetti è avvenuto anche questa volta, il governo successivo si presenterà prima al Senato. In ossequio a un bicameralismo assolutamente paritario che non ha eguale nell'orbe terracqueo. E poi, il giorno dopo, Conte si presenta alla Camera per chiedere anche a questo ramo del Parlamento la fiducia.

Non essendo parlamentare, Conte per la prima volta entra nell'aula di Palazzo Madama e nell'aula di Montecitorio nella sua veste di presidente del Consiglio. Si guarda un po' smarrito attorno, sapendo che tutti gli occhi sono puntati su di lui. Quelli della maggioranza, che lo incoraggia. E quelli dell'opposizione, che non vede l'ora di sbertucciarlo ben bene. Dalle dichiarazioni programmatiche appena esposte, che impressione fa? Chi è veramente il marziano Conte? Quali ascendenze culturali e ideali può vantare? A quali dei suoi predecessori può essere in qualche misura paragonato? *Nomina sunt numina.* Le parole hanno qualcosa di divino. E, soprattutto, sono rivelatrici. Qual è il lessico che predilige il professor Conte, l'avvocato Conte, il presidente del Consiglio per caso, si direbbe tale a sua insaputa? Mettiamoci in ascolto e traiamo le prime, approssimative conclusioni.

Come si sa, se ne son dette tante sulle dichiarazioni programmatiche dei presidenti del Consiglio. Giovanni Malagodi le ha definite brevi considerazioni sull'universo. Amintore Fanfani ha sostenuto che sono libri dei sogni. Finiti nel cassetto. Di solito spaziano da qui all'eternità, quasi che gli inquilini di Palazzo Chigi fossero politicamente immortali e non durassero in media poco più di un anno. Poco più tempo di quanto una donna ci mette a partorire. Ma torniamo a Conte. Che cosa ci suggeriscono le sue parole? In effetti, non poco. Per cominciare, confermerà col tempo una caratteristica che salta subito agli occhi da una disamina del suo discorso iniziale. L'impressione è che un po' annacqui il suo pensiero, non saprei se di proposito o no, in un fiume di parole. Diciamocela tutta: una qual certa propensione alla logorrea, pur nell'ortodossia sintattica del suo dire, Conte ce l'ha.

E ora veniamo al merito del suo esordio parlamentare. Per non sbagliare, perché errare è umano e perseverare è diabolico, il presidente del Consiglio rivolge un deferente saluto a Sergio Mattarella. Hai visto mai che il capo dello Stato lo prenda in simpatia e possa affrancarsi dai suoi due carcerieri, che non lo perdono mai di vista? Meglio tardi che mai, Conte ha capito che lassù, sul colle più alto di Roma, abita un personaggio che è la viva voce della Costituzione. Per dirla con Piero Calamandrei. Ed è bene non mettersi in competizione con lui quando si tratta di dare una corretta interpretazione alla Legge fondamentale della Repubblica. Con il rischio, nessuno lo sa più di Conte, di uscirne con le ossa rotte.

Conte tiene poi a enfatizzare le qualità del governo da lui presieduto, visto e considerato che la pubblicità è l'anima del commercio. Un governo che ha un progetto per il cambiamento dell'Italia. La faremo più bella e più grande che pria, diceva Ettore Petrolini nei panni di Nerone parlando di Roma. Al che i "bene, bravo" si sprecavano. Perché, sosteneva il grande attore romano, se uno è bravo, anche se non dice niente è sempre bravo. E poi bisogna onestamente riconoscere che Conte con umiltà dice la sacrosanta verità quando afferma che lui i contenuti del programma di governo ovviamente li condivide sin dalla fase della loro elaborazione. Ma, se le parole hanno un senso, aggiunge che questa condivisione l'ha manifestata in forma discreta. Probabilmente perché non ha dato un determinante contributo alla sua stesura.

Umiltà sì, ma *cum grano salis.* Perché, gratta gratta, salta fuori quel *miles gloriosus* che si rivelerà a pieno agli sgoccioli del suo primo ministero, e si manifesterà alla grande in occasione del suo secondo governo. Soprattutto quando insorgerà la mala bestia del coronavirus. Con un presenzialismo, televisivo più che parlamentare, mero surrogato di un presidenzialismo quanto meno di là da venire. E infatti evoca non a caso l'articolo 95 della Costituzione, nella consapevolezza – l'ha imparato a proprie spese – che sapere di diritto costituzionale vuol dire avere una marcia in più. E l'articolo 95 al primo comma recita: "Il presidente del Consiglio dirige la politica generale del Governo e ne è responsabile. Mantiene l'unità di indirizzo politico ed amministrativo, promuovendo e coordinando l'attività dei ministri".

Questa citazione della nostra Carta si presta a una doppia lettura. Conte un po' lo fa per farsi e darsi coraggio, dal momento che a Palazzo Chigi deve vedersela con quei due cerberi di Di Maio e Salvini. Che lo considerano il vicepresidente dei due vicepresidenti del Consiglio. E per ora gli tocca abbassare il capo. È memorabile – in occasione del dibattito fiduciario alla Camera del giorno dopo – la richiesta di Conte a Di Maio, in una sorta di gioco dei mimi, di poter dire una certa cosa. E il capo politico pentastellato che muove il dito indice a dritta e a manca come un tergicristallo per dire di no. Anche se, a onor del vero, Conte ha sempre smentito di aver chiesto il permesso per dire o per fare alcunché. L'altra lettura è speculare. Nel citare l'articolo 95 della Costituzione, Conte si rivolge alla nuora rappresentata dai senatori affinché le due suocere insediatesi a Palazzo Chigi capiscano. Sebbene non ci sia peggior sordo di chi non intenda sentire.

Nella sua veste di presidente del Consiglio, Conte si rende garante dell'attuazione del contratto per il governo del cambiamento. Ma quante parolone enfatiche. E già, perché il cambiamento di per sé non è né positivo né negativo. Dipende. Si può cambiare in meglio. Ma si può cambiare anche in peggio. Dice niente il dialogo, immaginato da Giacomo Leopardi, di un venditore d'almanacchi e di un passeggere? La speranza è che la situazione volga al meglio. Ma chi può dire che così sarà? A ogni buon conto, sono tante le cose che saltano agli occhi. Conte evoca lo spirito di servizio. E la locuzione non è nuova. Ai tempi della cosiddetta Prima Repubblica questa espressione la si ritrovava spesso e volentieri in bocca a esponenti democristiani.

Lo è Conte? Sì e no. Sì, perché dà l'idea di un cattolico democratico. Di un uomo di centro che guarda a sinistra, per ripetere una famosa frase usata da Alcide De Gasperi. No, perché Conte ci appare un postideologico. Che per non dispiacere a nessuno, finisce per confondersi con i suoi interlocutori. Un Fregoli. Un trasformista. Uno Zelig. Ma starei per dire che si comporta così in maniera innocente. Senza la malizia, tanto per non fare nomi e cognomi, di un Agostino Depretis. Insomma, un don Camaleo, per usare il titolo di un libro di Curzio Malaparte. Un camaleonte, insomma.

Se ci pensate, Depretis può essere considerato per certi versi un prototipo di Giulio Andreotti. Un po' cinico come l'altro. Un battutista principe come l'altro. Dotato di un'astuzia volpina come l'altro. Tanto è vero che quando Depretis intravedeva la mala parata, si fingeva malato all'ultimo stadio. E come si fa a dire no, di grazia, a un povero vecchio che trascina le gambe a fatica e sta più di là che di qua? E con questi trucchi da teatrante, andreottianamente tirava a campare per non tirare le cuoia. Ai due "figuri" Conte assomiglia? Beh, un po' sì. Anche se ha molto da imparare. Per esempio, nella replica al Senato cita alla rinfusa tutti i senatori intervenuti nel dibattito. Errore, errore grave. Andreotti era tutta un'altra cosa. Replicava a ciascuno degli intervenuti. E meno importanti erano gli oratori e più li lisciava per il verso giusto. In special modo quelli dell'opposizione. Per ingraziarseli.

Sul quotidiano *Il Dubbio* molti costituzionalisti – da Enzo Cheli a Fulco Lanchester, da Beniamino Caravita a Giuseppe Morbidelli – si sono esercitati a prendere le misure a Conte e a fargli l'analisi del sangue. Con quali risultati? Altalenanti. Ricordo in particolare l'intervento di Francesco Damato, un giornalista di lungo corso che ha una memoria di ferro degna di Pico della Mirandola, un archivio ambulante che mette paura e ha una invidiabile dimestichezza con la classe parlamentare della Prima, della Seconda e, si fa per dire, della Terza Repubblica. Orbene, Damato ha sostenuto che Conte avrebbe qualche tratto in comune con Aldo Moro, una sua vecchia conoscenza. A me, francamente, non pare. L'unica cosa in comune, a mio modo di vedere, è che entrambi sono pugliesi. L'uno di Volturara Appula, di ascendenza sicuramente latina, nel Foggiano. L'altro di Maglie, provincia di Lecce. Tutto qui.

Ma forse Damato ha una qualche ragione. Moro aveva la pressione bassa e carburava solo nel tardo pomeriggio. Ai tempi in cui era presidente del Consiglio, convocava il Consiglio dei ministri a tarda sera. E, parlando di continuo con quel suo linguaggio tutto particolare – fatto di parentesi tonde, quadre e graffe, e chi ci capiva era bravo – prendeva i ministri per stanchezza e finiva per avere sempre ragione.

Da buon avvocato qual è, non si può dire che a Conte manchi la parola. Basta non abusarne. Sia nell'orale sia nello scritto. E invece Conte un po' se ne approfitta. Forse ispirandosi a Moro, anche lui confida di prendere gl'interlocutori per stanchezza. Ma il meglio del peggio Conte lo dà nello scritto. Strano, molto strano, perché di solito i professori universitari se la cavano piuttosto bene. Perché sbagliando s'impara. E a volte, come sosteneva un battutista insuperabile come Leo Longanesi, sbagliando s'impera. Certo, gli undici decreti legge e gli undici DPCM adottati fino a metà maggio, e poi cresciuti di numero di mese in mese, non sono tutti farina del suo sacco. Ci mancherebbe. Ma una guardatina prima di apporvi la sua riverita firma, non sarebbe stata male.

Rimane un dubbio amletico. Quando parla, Conte intende manifestare fino in fondo il proprio pensiero o al contrario si propone di celarlo in qualche misura? Ma perché ci permettiamo di insinuare questo? Per il semplice motivo che se davvero ha una qualche ascendenza democristiana, allora tutto è chiaro. Difatti, nel dissimulare le loro idee, nessuno era più bravo di certi illustri democristiani. Per brevità, basterà ricordare tre personaggi fuori dal comune. Sotto questo profilo, si capisce.

Il primo è Attilio Piccioni, segretario della DC nella seconda metà degli anni Quaranta. Nel corso di una delle tante complicate crisi ministeriali, è attorniato dai giornalisti che gli chiedono lumi. "Onorevole, come finirà?", gli domandano. Lui se ne sta soprappensiero per qualche secondo e poi se la cava con un enigmatico "Mah!" che lascia di stucco i suoi interlocutori. Come lo si può interpretare questo dannato "Mah"? Piccioni se n'era appena andato ma rimugina sui dubbi dei giornalisti. E, impietositosi, torna sui propri passi con questi memorabili detti: "Sia chiaro, ragazzi, io non ho detto niente". E pensò bene a questo punto di tagliare la corda nel timore di essere lapidato.

Il secondo è Tommaso Morlino, che è stato anche presidente del Senato. Perfino se gli chiedevi l'ora, mai e poi mai rispondeva a tono. In compenso, si fa per dire, ti attaccava un terribile bottone con un tale lessico da lasciare storditi. Il terzo è Arnaldo Forlani, che non era da meno. A un amico che gli domandava se la sua logorrea aveva uno scopo, lui rispondeva che l'importante era non farsi capire. Per prudenza? Ma certo. Conte si riconosce in questi illustri personaggi? Tiro a indovinare: forse che sì, forse che no.

Montanelli diceva di un tale che non vale la pena nominare: "Non delude mai. Quando voi vi aspettate che dica una bischerata, lui la dice". Non dirà "bischerate", Conte. Ci mancherebbe. Ma un po' ci delude. Aveva già detto che lui si sente l'avvocato del popolo. Avvocato sì, certo. Ma del popolo? Viene alla mente l'Amico del popolo Jean-Paul Marat. Anche Conte, soprattutto adesso che è passato da una parte all'altra con il suo secondo ministero, si sente un po' giacobino? Può darsi. Ma non mi pare. Conte dà più l'idea di uomo politicamente frigido, senza forti passioni politiche. Misurato. Controllato. Senza troppe smanie. E adesso prima al Senato e poi alla Camera ritorna su quell'avvocato del popolo che aveva fatto sorridere chi è cresciuto a pane e politica. Errare è umano e perseverare diabolico. Ma lui non se ne cura e va per la sua strada.

6

Nomina sunt numina

Una certa frigidità politica ritorna a galla subito dopo, nel corso del suo discorso al Senato. Dice infatti: “Il contratto politico a fondamento del nostro Governo è stato giudicato – a seconda dei punti di vista – di destra e di sinistra”. E aggiunge: “Rispettiamo chi ha voluto esprimere queste valutazioni, ma non possiamo segnalarne l’insufficienza, l’incapacità di comprendere i bisogni profondi che vengono dal Paese”. Destra, sinistra. Ubbie? O forse Conte dice quello che dice perché si rende conto che i Cinque stelle, cioè il partito di riferimento, non è né carne né pesce? O, se si preferisce, un po’ carne e un po’ pesce? Il che spiegherebbe i tanti licenziamenti in tronco di parlamentari della premiata ditta, gli abbandoni volontari e le guerre intestine che si combattono in maniera sempre più manifesta.

Poco dopo Conte afferma: “Ascolto, esecuzione e controllo saranno i tre pilastri dell’azione del Governo nel segno della piena trasparenza”. Trasparenza, ecco un termine che ricorre spesso nei suoi discorsi. Un *leitmotiv.* Ma sì, un motivo conduttore. E la trasparenza è cosa buona e giusta. Non a caso fior di studiosi, a cominciare da Norberto Bobbio, hanno sottolineato che la democrazia ha da essere una casa di vetro. Tutto il contrario degli *arcana imperii* del tempo che fu. Questo in teoria. Perché in pratica sovente è tutto un altro paio di maniche. Difatti non si contano i padri Zappata che predicano bene e razzolano male.

Dobbiamo concludere che Conte è una *rara avis*? Può darsi. Ma le sue edulcorazioni, da quella persona bene educata che è, destano qualche sospetto. Non sono forse le edulcorazioni un abbellimento della realtà? E si possono abbellire, sfumare, minimizzare o, al contrario, esaltare le cose più diverse: da un curriculum vitae all'illustrazione *ad usum dephini* di una seduta del Consiglio dei ministri. Nella quale – non sia mai! – per ipotesi sono volate parole grosse e non si è addivenuti a un accordo su un provvedimento in discussione. Con il risultato di indurre il presidente del Consiglio ad abbandonarsi – nulla è più democristiano di così, non è vero presidente Conte? – alla sperimentata tecnica del rinvio come espediente per evitare un patatrac.

I programmi di governo – o come diavolo li vogliamo chiamare, forse contratti? – cambiano. Ma i presidenti del Consiglio a volte restano. Decisamente un'eccezione alla regola. E in questa regola c'è, tra i pochi, per l'appunto Conte. Credetemi, è in buona compagnia. Per esempio di Pietro Badoglio, il cui primo governo, tecnico-militare, rimane in carica dal 27 luglio 1943 al 24 aprile 1944, mentre il secondo, composto dai sei partiti antifascisti del Comitato di liberazione nazionale, rimane in carica dal 24 aprile al 18 giugno 1944.

Ancora. È in compagnia di Alcide De Gasperi, il cui terzo gabinetto, composto dai partiti del Comitato di liberazione nazionale (DC, PSIUP, PCI e PRI), rimane in carica dal 2 febbraio al 1° giugno 1947, mentre il quarto, sbarcati i socialcomunisti e composto dal quadripartito democratico (DC, PSLI, PLI e PRI), rimane in carica dal 1° giugno 1947 al 24 maggio 1948. È in compagnia di Mariano Rumor, il cui primo ministero, di centrosinistra (DC, PSU e PRI), rimane in carica dal 13 dicembre 1968 al 6 agosto 1969; il secondo, un monocolore democristiano, rimane in carica dal 6 agosto 1969 al 28 marzo 1970; e il terzo gabinetto, di centrosinistra (DC, PSI, PSDI, PRI), rimane in carica dal 28 marzo al 6 agosto 1970.

Dulcis in fundo, Conte è in compagnia dell'immarcescibile Giulio Andreotti, che – non poteva essere che lui – si concede di tutto, di più. Un trasformista, certo, ma di lusso. Si direbbe che cambia spesso e volentieri. E sulla tolda di comando, manco a dirlo, sempre lui. Perché, alla fin fine, è proprio questo che conta.

Il suo primo gabinetto è un monocolore democristiano e dura dal 18 febbraio al 26 giugno 1972; il secondo, di centro (DC, PSDI, PRI), rimane in carica dal 26 giugno 1972 all'8 luglio 1973; il terzo, monocolore DC con l'appoggio esterno del PCI, rimane in carica dal 30 luglio 1976 al 13 marzo 1978; il quarto ministero, dello stesso colore politico, rimane in carica dal 13 marzo 1978 al 21 marzo 1979; ma il quinto è di centro (DC, PSDI, PRI) e dura in carica dal 21 marzo al 5 agosto 1979. Non è finita. Perché il sesto governo andreottiano, composto dal pentapartito, rimane in carica dal 23 luglio 1989 al 13 aprile 1991, mentre il suo settimo e ultimo gabinetto è composto dal quadripartito (fuori il PRI) e rimane in carica dal 13 aprile 1991 al 28 giugno 1992.

Un uomo per tutte le stagioni, Andreotti. Così si è sempre mormorato nel Palazzo. E così, sommando due più due, ha sempre pensato la gente. Conte, un giurista che ama la Storia con la esse maiuscola – non a caso da lui evocata di continuo, a proposito e anche, siamo giusti, un po' a sproposito: una vera ossessione, la sua – forse si domanderà: che cosa dirà la Storia? Sorvolando sulla famosa battuta di Napoleone, di rimando a un cortigiano che con molto tatto si era permesso di censurare un suo comportamento: "Ah, la Storia. Mentirà come sempre!". E, a ogni buon conto, converrà attenersi ad Alessandro Manzoni, che consegnò l'operato del grande Corso all'ardua sentenza dei posteri.

Ecco l'eterno nicciano ritorno. Stavolta della premiata coppia Andreotti-Conte. Entrambi, per così dire, fedifraghi: oggi di qua, domani di là. Entrambi hanno gettato il cuore oltre l'ostacolo. Ammesso e non concesso che i più rinomati cardiologi localizzino i loro cuori. Eppure, una differenza tra di loro c'è e si vede. E allora evviva la differenza, come replicò un deputato ai tempi della Terza Repubblica francese a un collega che stava dicendo che, in fin dei conti, tra l'uomo e la donna non c'è che una piccola differenza.

E la differenza è questa. Dopo tutto, Andreotti doveva vedersela con i partiti grandi e grossi dei suoi tempi. Con, per dirla tutta, Sua Maestà la Partitocrazia. E perciò non poteva manipolare a piacimento una maggioranza parlamentare e un governo monocolore, quadripartito, pentapartito e via dicendo, a seconda delle formule politiche gradite in un determinato momento agli alti papaveri dei partiti. Poteva capitare ad Andreotti di essere scelto, anche se ci metteva del suo, piuttosto che scegliere. Mentre per Conte è stato tutto più facile. Lui alfierianamente volle, fortissimamente volle concedersi il bis, in barba a Niccolò Paganini. E giocando ora in difesa, ora all'attacco, e fidando sulla sua buona sorte, nato com'è con la camicia, alla fine l'ha avuta vinta. *Chapeau*!

Il bello di cambiare casacca è che si cambia anche mentalità. Ne consegue che si è assolutamente liberi di scegliere. Con giudizio, sicuro. Perché se si tiene politicamente famiglia, secondo il motto che Longanesi immaginava che fosse scritto sul bianco del Tricolore, beh, allora si deve pur scendere a patti. Soprattutto se i due vicepresidenti del suo primo ministero, due "tipacci" come Di Maio e Salvini, ti stanno con il fiato sul collo. Perciò si spiegano le parole pronunciate da Conte nel corso delle dichiarazioni programmatiche al Senato il 5 giugno 2018 sull'immigrazione. Osserva al riguardo: "Metteremo fine al business dell'immigrazione", e giù applausi dalla maggioranza giallo-verde.

Ancora: "Metteremo fine al business dell'immigrazione, che è cresciuto a dismisura sotto il mantello della finta solidarietà". E giù ancora applausi. Non solo dei Cinque stelle e della Lega ma anche, questa volta, dei senatori di Giorgia Meloni. All'opposizione, sicuro. Ma a volte con un occhio di riguardo per Salvini. Tempi andati, adesso che il partito della Meloni ha il vento in poppa e ha superato l'asticella del 16 e passa per cento. Ormai da tempo, se Dio vuole, il presidente di Fratelli d'Italia non è più affetta dalla sindrome di Stoccolma.

Il guaio è che tutto è a posto e nulla in ordine. Perché non appena avviene la metamorfosi del Conte I nel Conte II, ecco l'immancabile "Contrordine, compagni". O come si chiamano tra loro i componenti della nuova maggioranza di governo. Adesso è cosa buona e giusta regolarizzare gli immigrati clandestini. Cioè coloro che non hanno bussato alla porta del nostro Paese con garbo ma sono sbarcati in barba a ogni regola. Era cosa buona e giusta ieri sottrarre Salvini alla magistratura per aver impedito l'immediato sbarco di extracomunitari. Ma, cambiato il governo, ci si scorda del passato e si agisce in maniera diametralmente opposta. Nonostante il fatto che dalle intercettazioni telefoniche del magistrato Luca Palamara risulta che qualche magistrato lo avrebbe volentieri condannato anche se considerato innocente.

Non so come la pensi Conte al riguardo. Sta di fatto che si allinea a Di Maio, lo sponsor, per quanto concerne i privilegi. A ragione o a torto ritenuti tali. Ai senatori dice: "La lotta ai privilegi della politica e agli sprechi non è una questione meramente simbolica. Se i comuni cittadini affrontano quotidianamente mille difficoltà e umiliazioni perché non hanno un lavoro, hanno una pensione al di sotto della soglia della dignità, lavorano guadagnando un salario irrisorio, non è tollerabile che la classe politica non ne tragga le dovute conseguenze in ordine al proprio trattamento economico".

Si noti quell'"in ordine a", scopiazzatura dell'inglese "in order to". E fin qui – venendo al merito o, per meglio dire, al demerito – siamo alle petizioni di principio. Ma poi Conte così prosegue: "Occorre operare un taglio alle pensioni e ai vitalizi dei parlamentari, dei consiglieri regionali e dei dipendenti degli organi costituzionali, introducendo anche per essi il sistema previdenziale dei normali pensionati". Così dicendo, altro non fa che riportare pari pari un passo del contratto di governo.

E qui proprio non ci siamo. Si può capire che Conte voglia compiacere Di Maio e i suoi cari, ai quali deve tutto. Ma a parlare non è un semplice cittadino. No, è un presidente del Consiglio in carica che si trova al cospetto dell'assemblea di Palazzo Madama per chiederne la fiducia. Perciò Conte non può permettersi di dire quello che ha appena detto. Difatti ci sono delle questioni, e tra queste rientra a buon diritto la questione dei cosiddetti vitalizi, che sono una delle tante gelose prerogative parlamentari. Questioni sulle quali il governo non può permettersi di mettere il becco.

Ciò è tanto vero che quando i due rami del Parlamento discutono di modifiche ai loro regolamenti *et similia*, i banchi del governo sono vuoti. Certo, il governo di norma è l'interlocutore necessario delle Camere. Ma ogni regola ha le sue brave eccezioni. E se Conte non poteva dire quello che ha appena detto, così il governo non poteva inserire nel contratto questioni che non sono di sua stretta pertinenza. Una scorrettezza bella e buona, insomma. Forse, a voler essere indulgenti, per scarsa dimestichezza con le procedure parlamentari. Per non parlare delle cosiddette pensioni d'oro, che tanto d'oro non sono, sulle quali imperversa sovente una demagogia da quattro soldi.

La verità è che l'uno vale uno, caro ai Cinque stelle, ha prodotto più danni della grandine. E nessuno dovrebbe saperlo meglio di Conte, che fino al 2018 ha svolto due lavori che presuppongono una specifica competenza: cattedratico universitario e avvocato. E, come dovrebbe ben sapere il presidente del Consiglio, è la competenza che sovente latita in basso e in alto. "Moralità, moralità!". Ma il cavallo di battaglia pentastellato è polvere negli occhi. Basti dire che la legge sul reddito di cittadinanza, cavallo di battaglia dei Cinque stelle, ha dato lavoro – stando alla Corte dei conti – ad appena il 2 per cento dei beneficiari. Un fallimento epocale. Oltre a profondere danaro a una moltitudine di navigator, che non si sono ammazzati di fatica dato il risultato ottenuto.

L'autentica moralità in politica coincide con la competenza. Non lo diciamo noi. No, lo ha detto Benedetto Croce. Nel suo saggio del 1931 su *Etica e politica*, il filosofo liberale osserva tra l'altro: "Laddove nessuno, quando si tratti di curare i propri malanni o sottoporsi a una operazione chirurgica, chiede a un onest'uomo, e neppure a un onest'uomo filosofo o scienziato, ma tutti chiedono e cercano e si procurano medici e chirurgi, onesti o disonesti che siano, purché abili in medicine e chirurgia, forniti di occhio clinico e di abilità operatorie, nelle cose della politica si chiedono, invece, non uomini politici, ma onesti uomini, forniti tutt'al più di attitudini d'altra natura".

E ancora: "L'onestà politica non è altro che la capacità politica: come l'onestà del medico e del chirurgo è la sua capacità di medico e di chirurgo, che non rovina e assassina la gente con la propria insipienza condita di buone intenzioni e di svariate e teoriche conoscenze".

La contestazione dei vitalizi non è la sola "perla" di Conte. A riprova che il civilista ha scarsa dimestichezza con il diritto e le procedure parlamentari, per non parlare delle astuzie andreottiane, il presidente del Consiglio pretende di insegnare all'opposizione come fare il proprio mestiere. Un'esagerazione? Niente affatto. Dice, a uso e consumo dei senatori: "Questo Governo non è espressione del vostro sentire ma si apre anche alle vostre valutazioni, nel rispetto dei ruoli". Non si tratta di una benevola concessione, ma di un dovere. A meno che non si voglia un dialogo tra sordi. Ma ecco altri due "capitomboli" di fila che avranno fatto inorridire un parlamentare di lungo corso, nonché professore di diritto parlamentare, come Sergio Mattarella.

7

Quei "capitomboli" parlamentari

Il primo "capitombolo". Rivolto ai gruppi di opposizione, dichiara: "Qualora confermerete di non appoggiare questa iniziativa di Governo, vi chiedo però di esercitare le vostre prerogative di opposizione in modo costruttivo e leale". Ad attenuante di Conte, va detto che è un vezzo tutto italiano aggettivare in varia guisa l'opposizione. Ma un conto è che lo affermi questo o quel gruppo dell'opposizione, magari per sottolineare che il suo no si tinge di ni. E un conto è che sia il presidente del Consiglio in persona a salire in cattedra e ostentare le sue qualità pedagogiche. Pensi semmai a sé stesso, visto e considerato che da noi si comincia a parlare del prossimo governo non appena se ne insedia uno.

Il secondo "capitombolo" non è da meno. Afferma, tra gli applausi della maggioranza bicolore e i commenti del PD: "Anche al fine di onorare la centralità del Parlamento, vi anticipo sin d'ora che è mia intenzione utilizzare l'istituto delle interrogazioni a risposta immediata in accordo con le previsioni regolamentari di Camera e Senato".

Che significa? Se le parole hanno un senso, significa che il presidente del Consiglio assicura che rispetterà le disposizioni regolamentari. Non mi sembra un titolo di merito, ma un preciso dovere. Per non parlare di quella "centralità del Parlamento" evocata spesso a sproposito da chi del controllo del Parlamento farebbe volentieri a meno. Non a caso Conte in tempi di epidemia si è avvalso di quei famosi DPCM con una tale disinvoltura da essere richiamato, oltre che dall'opposizione, dalla sua stessa maggioranza. E perfino, con il garbo che gli è proprio, dal capo dello Stato.

D'altra parte, ai tempi della cosiddetta solidarietà nazionale che reca le impronte digitali del solito Andreotti, un autorevole costituzionalista come Antonio La Pergola sosteneva che la centralità tanto decantata del Parlamento, vedi caso quando il PCI faceva parte della maggioranza ma non del governo, altro non era che l'anticamera della partitocrazia. A riprova che l'ipocrisia è un omaggio che il vizio rende alla virtù, come sosteneva François de La Rochefoucauld, a parole ci si inchinava alla sullodata centralità ma poi tutto si svolgeva nelle segrete stanze dei partiti. C'è seriamente da domandarsi, soprattutto dopo l'esplosione della pandemia, è forse cambiato qualcosa sotto questo profilo?

I regolamenti parlamentari parlano chiaro. Il primo comma dell'articolo 135-*bis* del regolamento della Camera dei deputati stabilisce che nell'ambito di ciascun calendario dei lavori intervengono per due volte il presidente o il vicepresidente del Consiglio e per una volta il ministro o i ministri competenti per materia. Mentre il regolamento del Senato è di manica assai più larga. Difatti all'articolo 151-*bis*, secondo comma, prevede che almeno una volta ogni due mesi il governo sia rappresentato dal presidente del Consiglio. Ma, come l'ha messa giù Conte, parrebbe che il suo ossequio alle prescrizioni regolamentari sia più una concessione che un preciso dovere.

Quella delle benevole "concessioni" sarà un "pallino" non solo del Conte I, ma anche del Conte II. Per lui la centralità del Parlamento rappresenterà più che altro una formula di rito senza alcun seguito. Perché un certo disagio di fronte ai due rami del Parlamento, e soprattutto di fronte al Senato dove siedono due bestie nere come Matteo Salvini e Matteo Renzi, lo ha sempre avuto. Nonostante non gli manchino le parole. Ma forse proprio per questo.

In effetti, a dispetto della sua parlantina, Conte nella sua prima uscita al Senato dà l'impressione di essere un po' impacciato. E anche in prosieguo di tempo, quando si sarà impossessato del "balocco", dimostrerà sempre un certo sospetto nei confronti del Parlamento. Se non lo si domina come hanno saputo fare dei mattatori quali Cavour, Depretis, Crispi, Giolitti, per restare all'età statutaria, si rischia di esserne dominati. E la paura non è mai una buona consigliera.

Salvatore Valitutti, un liberale dalla testa ai piedi, soleva dire che la democrazia respira con due polmoni: quello della maggioranza e quello dell'opposizione. L'una e l'altra sono entrambe necessarie. A fini pedagogici, si può ricordare il volo della colomba kantiana. L'aria non frena il volo della colomba ma la sostiene. Anche la maggioranza in democrazia ha bisogno, un disperato bisogno, dell'opposizione. Nessuno lo sa meglio del presidente Mattarella. Anche in questo prodigo di consigli nei confronti di Conte. Il quale ha tutto l'interesse a dargli ascolto. Ma in questo caso, sovente, ha fatto orecchie da mercante. Si veda l'eccesso di DPCM, che solo a maggio di quest'anno hanno avuto una timida e alquanto problematica "parlamentarizzazione".

Postosi su questo piano inclinato fin dal principio, Conte al Senato ha continuato a scivolare. Così garantisce che la presenza del governo nelle aule e nelle commissioni sarà assicurata "con forza" – vai a capire perché – da tutti i ministri. E ci mancherebbe che non fosse così. S'impegna personalmente a rispettare le opinioni dissenzienti e le valutazioni contrarie. Più che un merito, un'ovvietà. A meno che non si voglia indossare i panni del generale Pelloux, decisamente sfortunato come predecessore di Conte. Si traveste da Agostino Depretis quando dice che, se del caso, le attuali opposizioni o qualcuna di esse – e il pensiero sembra correre a Fratelli d'Italia – "potranno aderire successivamente al contratto di Governo, offrendo anche un apporto più stabile alla realizzazione del nostro programma". E, a riprova che tutti i salmi finiscono in gloria, ecco un finalino niente male: "il vostro voto di oggi sarà parte della storia del Paese". La Storia, ma che ossessione...

Nella replica, come già detto, Conte cita un po' tutti i senatori intervenuti nel dibattito. Un po' alla rinfusa. E non a uno a uno, come era solito fare Andreotti. Torna ad assicurare che verrà personalmente in Parlamento a rispondere periodicamente alle domande a risposta immediata. Cioè al *premier question time* di marca britannica. E, tanto per farsi del male, si compiace della prassi seguita nella formazione del governo della quale si è fatta sopra parola. Vedi caso, una prassi che non è affatto andata a genio a Mattarella, avvezzo a quella consolidata fino al 2018. Quasi uno sgarbo nei confronti del capo dello Stato. Se lo poteva risparmiare. Anche perché dopo tutto, a suo avviso, queste sono bagatelle da lasciare ai soliti costituzionalisti. Quasi che Mattarella non fosse tale. In omaggio alla trasparenza e chiarezza decantata, Conte si confessa. Dice che anziché la parola "Patria", per una sua convenzione linguistica, usa più di frequente il termine "Paese". Come capita, vedi caso, a quei cattolici democratici che guardano a sinistra. Poi si reca alla Camera e concede – bontà sua – il bis.

8
Nemo propheta in patria

Ottenuta la fiducia da entrambe le Camere, Conte si mette al lavoro. Entro i confini nazionali le soddisfazioni non sono molte perché deve vedersela giorno dopo giorno con i due vicepresidenti del Consiglio che non intendono mollare l'osso per nessuna ragione al mondo. Il presidente del Consiglio, obtorto collo, è costretto a prenderne atto. Del resto può consolarsi osservando che *nemo propheta in patria.* Ne sanno qualcosa giganti come Dante e Niccolò Machiavelli. Ma si rifà fuori dai confini nazionali. Qui da noi la politica estera non la si fa tanto alla Farnesina, quanto piuttosto a Palazzo Chigi e al Quirinale. Quante volte Mattarella ha dovuto personalmente impegnarsi con la sua autorevolezza e con le sue conoscenze ad alto livello per sbrogliare nodi che rischiavano di strangolarci.

Orbene, come un emigrante, ma un emigrante di lusso, anche Conte cerca fortuna all'estero. Non solo non incontra ostacoli, ma i due vicepresidenti gli aprono un'autostrada. Pur di non averlo in prossimità delle loro stanze a Palazzo Chigi. Ma perché tanta generosità da parte di Di Maio e Salvini? È presto detto. Di andare a confrontarsi in Europa, che non amano, e di là dagli oceani, loro due non hanno alcuna voglia. Batterebbero i pugni sul tavolo. Farebbero la voce grossa e la faccia feroce. Già, ma con quali risultati? Nella migliore delle ipotesi, un pugno di mosche.

Ma sì, che vada quell'altro. Ma sì, Conte. Lui parla correntemente le lingue. È tirato a lucido come un figurino. Ha abiti di alta sartoria pugliese. Porta come un fiore all'occhiello una civettuola pochette messa con grazia nel taschino della giacca. Al contrario di loro due, non alza mai la voce, da quel signore che è. Sa fare il baciamano alle signore che contano sfiorandole appena con le labbra. Che si vuole di più? Mentre loro due... Loro sono per la politica del piede in casa. Alla maniera di Benedetto Cairoli, che con la sua politica delle mani nette regalò alla Francia una Tunisia che era a un tiro di schioppo. Corsi e ricorsi di vichiana memoria.

Già, loro due... Di Maio dà l'impressione di indossare abiti dei grandi magazzini. Magari non sarà così, ma questa è l'idea che se ne fanno i suoi interlocutori. Sbaglia i congiuntivi, una maledizione di Dio. Va in Spagna e riesce ad anglicizzare il latino. Non dice virus, che significa veleno. No, lui dice vairus, lasciando di stucco tutti i suoi interlocutori. Ma l'Accademia della Crusca caritatevolmente lo assolve con lo scappellotto. Vairus? E sia. Per andare a Parigi, lui ci va. Dopo tutto, è una gran bella città. Ma ci va per incontrare quegli angioletti dei gilet gialli, che di lì a poco metteranno a ferro e fuoco la capitale della consorella latina. Facendo andare fuori dai gangheri il presidente Emmanuel Macron. E siccome ha una fortuna sfacciata, Di Maio sarà ricompensato ai tempi del Conte II con il ministero degli Esteri. Che, siamo giusti, gli va un po' largo. E il fatto che si voglia impegnare alla Farnesina, non ci fa dormire sonni tranquilli.

E Salvini? A differenza di Di Maio, è cresciuto a pane e politica. Dopo la gestione Bossi, è riuscito a risollevare un partito che sembrava avviato sul viale del tramonto. È abile. Spesso troppo sicuro di sé, il che spiega il capitombolo agostano. Non è un oratore eccelso. Tutt'altro. In compenso è un ottimo imbonitore. Ha fatto tesoro del consiglio di Silvio Berlusconi, che è un inarrivabile intrattenitore: quando si parla in piazza, bisogna rivolgersi agli ascoltatori come se fossero dei bambini alti un soldo di cacio. E per lunga pezza Berlusconi ha fatto testo più dell'incommensurabile Gustave Le Bon. Sì, il celebrato autore della psicologia delle folle.

Insomma, il Capitano della Lega (e perché no, già che c'è, Generale?) non è un oratore del calibro degli Almirante, dei Malagodi, dei Nenni e così via. Quando Di Maio voleva mettere in stato d'accusa Mattarella perché – pensate – intendeva rispettare a puntino la Costituzione e la prassi consolidata, lui, Salvini, ha avuto l'accortezza di dissociarsi platealmente mandando a monte quel demenziale castello di carte. Ma quando si mette in testa una cosa, Salvini non sente ragioni. Ha molte certezze e pochi dubbi. Caratterialmente è molto distante da Mattarella. E, a volte, gli aspetti caratteriali contano più della politica del giorno per giorno.

È così che Conte si fa largo e spicca il volo. All'estero le soddisfazioni, con il suo *savoir faire*, non gli mancano. Diciamocela tutta: è proprio lì che, politicamente parlando, si fa un nome. Gli incontri ad alto livello si susseguono senza posa. Appena qualche giorno dopo la fiducia, l'8 e il 9 giugno, partecipa al G7 in Canada. Il 15 giugno incontra a Parigi Macron e a Berlino Angela Merkel. Il 28 e 29 giugno a Bruxelles partecipa al Consiglio europeo. E gli incontri diventano sempre più fitti. Partecipa al vertice della NATO a Bruxelles. Incontra Donald Trump alla Casa Bianca, il presidente della Commissione europea Jean-Claude Junker sulla legge di bilancio. Il 12 febbraio 2019 si reca a Strasburgo e tiene un discorso al Parlamento europeo. Per le sue parole è contestato dal capogruppo socialista, il tedesco Udo Bullmann, e dal leader liberale belga Guy Verhofstadt. I quali, venendo meno alle più elementari regole di correttezza, gli danno inurbanamente del burattino al servizio di Di Maio e di Salvini. Ma a questi due screanzati figuri Conte risponde per le rime: "Burattino è chi è al servizio delle lobby". E chi ha la coda di paglia se la tenga.

Preso l'aìre, Conte non si ferma più. Incontra Papa Francesco. Riceve a Palazzo Madama il presidente della Repubblica popolare cinese Xi Jinping, che Di Maio ribattezza confidenzialmente Ping. Forse per risparmiare qualche lettera dell'alfabeto. Contento lui… Si vede a quattr'occhi con Vladimir Putin. Conte non è più l'uomo che ha mosso i primi passi con incertezza. No, si è fatto coraggio e non è più disponibile a subire i continui bisticci che minano il governo. Così il 3 giugno 2019 fa la voce grossa, sia pure nel suo stile compassato. E allora delle due l'una, dice chiaro e tondo: o si arriva a un chiarimento tra i due vicepresidenti, che ormai sono un po' come cane e gatto, o lui toglie il disturbo e rimette le dimissioni nelle mani del capo dello Stato. Ma il suo non è un bluff. Perché queste sue parole non sono che un anticipo di quanto accadrà nell'agosto dello stesso anno. Cioè di lì a un paio di mesi.

Intanto Conte continua a far la spola tra l'Italia e l'estero. Tra luglio e agosto si reca a Bruxelles in occasione delle nomine della tedesca Ursula von der Leyen alla presidenza della Commissione europea e della francese Christine Lagarde alla presidenza della Banca centrale europea. In sostituzione del nostro Mario Draghi, che tanto si è prodigato per il Belpaese. Incontra di nuovo Putin e riceve a Roma la von der Leyen. Ma intanto la situazione precipita. L'8 agosto Salvini si sfila dalla maggioranza e reclama elezioni anticipate. Conte non fa una piega, sale le scale del Quirinale e si consulta con Mattarella. Ma nessun comunicato esce dal Colle. La situazione è particolarmente delicata ed è meglio procedere con i piedi di piombo. Tant'è che gli unici comunicati di quel giorno riguardano la consegna delle onorificenze al merito della Repubblica italiana.

Nel silenzio del Colle, in che termini si sia svolto il colloquio non si sa. Ma lo si può immaginare. Ormai Conte per Mattarella non è più l'UFO dei primi tempi. Ha imparato a conoscerlo e ad apprezzarlo, passando sopra alla sua conclamata inesperienza politica dei primi mesi. D'altra parte, sin dai tempi dello Statuto albertino è consuetudine che una volta alla settimana, o giù di lì, il presidente del Consiglio si rechi al Quirinale per riferire al capo dello Stato sugli intendimenti e l'operato del governo. E così si comportò anche Benito Mussolini con Vittorio Emanuele III, fino al fatale 25 luglio del 1943.

Una sponda, quella del Quirinale, che si è rivelata sempre particolarmente utile per Conte. Sia che Mattarella abbia dispensato consigli, sia che i suoi siano stati veri e propri moniti. Secondo l'insegnamento del poliedrico Walter Bagehot, banchiere, saggista, politologo, direttore ed editorialista dell'*Economist* e autore di importanti saggi. Tra i quali spicca *La Costituzione inglese*, un indovinato ritratto delle istituzioni britanniche ai tempi della Regina Vittoria.

Un libro, immagino, che Mattarella terrà sul suo comodino. Tra le tante osservazioni notevoli, valga la seguente: "Il sovrano, in una monarchia costituzionale come la nostra, ha tre diritti: quello di essere consultato, quello di incoraggiare, quello di mettere in guardia". Considerazioni valide anche a proposito del nostro presidente della Repubblica, come pure per il capo dello Stato in età monarchica. Orbene, è lecito supporre che l'8 agosto dell'anno di grazia 2019 quei tre diritti si siano materializzati al Quirinale nell'incontro di Conte con Mattarella.

Tuttavia la Lega non si limita a sfilarsi dalla maggioranza. Già che c'è, intende andare fino in fondo. Ma, secondo molti accreditati osservatori, la sua mossa o è in ritardo o è in anticipo. E i tempi, tanto in politica quanto nelle istituzioni, hanno la loro importanza. Così il 9 agosto la Lega presenta al Senato una mozione di sfiducia al governo chiedendone l'immediata messa ai voti.

La situazione a questo punto è paradossale. Degna di un Luigi Pirandello o, se più vi piace, di un Eugène Ionesco. Pensate, a presentare la mozione di sfiducia stavolta non è l'opposizione. Come sarebbe logico. No, l'assurdo è che se ne fa promotore il vicepresidente del Consiglio e ministro dell'Interno. Uno e bino, nemmeno avesse il dono dell'ubiquità. Che nel frattempo se ne resta al suo posto con i suoi ministri come se niente fosse. Una sorta di Kramer contro Kramer, per rubare il titolo a una famosa pellicola cinematografica.

Ma Conte, nel frattempo cresciuto a vista d'occhio, non si fa intimidire. E a Salvini dà appuntamento al Senato per un regolamento dei conti in piena regola. Non alle cinque della sera, per dirla con Federico García Lorca. Più banalmente, alle tre del pomeriggio di martedì 20 agosto 2019. E furono subito fuochi d'artificio che nessuno, tanto meno un incredulo Salvini, si aspettava da un Conte considerato fino ad allora dai diarchi un vicepresidente dei due vicepresidenti. Un Arlecchino servitore di due padroni. E invece…

9
La metamorfosi del Professore

In effetti, le comunicazioni svolte dal presidente del Consiglio Conte nella seduta del Senato del 20 agosto 2019 sarebbero da incorniciare. “Affissione, affissione”, si sarebbe detto nel lessico parlamentare di una volta. Ai tempi dei grandi del passato: Cavour, Depretis, Crispi, Giolitti. Sono perfette dal punto di vista istituzionale, parlamentare, politico e anche – perché no? – psicologico. Tra tante luci, una sola ombra. Un’ombra che è la sua cifra caratteristica. Ma sì, diciamolo pure, la prolissità.

Con puntiglio di stampo andreottiano (ancora!) il presidente del Consiglio sottolinea il programma di governo fino ad allora realizzato e le tante cose lasciate a mezzo e che rischiano di decadere in caso di scioglimento delle Camere e di elezioni anticipate. Una strage degli innocenti, dal punto di vista normativo. Con lessico tipicamente democristiano, Conte in definitiva dice: “Molto è stato fatto ma molto resta ancora da fare”. Però le realizzazioni – le nuove opere del regime – sono rivendicate a bella posta. Per sottolineare il fatto che il governo da lui presieduto ha ben operato e sarebbe un peccato lasciare il lavoro a mezzo.

Perfette da un punto di vista istituzionale, le comunicazioni, perché Conte non si rassegna all’idea di una crisi ministeriale extraparlamentare. Una crisi di governo al di fuori e, in sostanza, contro il Parlamento. Un omaggio a Sandro Pertini, che con i suoi modi spicci e bonari a senso alternato pronunciò un rotondo no a crisi di tal fatta e rispedì i presidenti del Consiglio in Parlamento perché verificassero se una maggioranza fosse ancora in piedi e per dare in ogni modo lumi al presidente della Repubblica in vista della soluzione di un'eventuale crisi ministeriale.

Altresì perfette da un punto di vista parlamentare, queste comunicazioni, perché Conte rispetta a puntino la regola della culla, secondo la quale un governo deve cadere nel ramo del Parlamento che per primo gli ha accordato la fiducia. Una regola che cade a fagiolo. Sì, perché si dà il caso che Salvini sia un senatore e non un deputato. E perciò un presidente del Consiglio *in articulo mortis* come Conte avrà l'opportunità – quando si dice un colpo di fortuna – di cantargliene quattro in faccia. E, per colmo di perfidia, mettendogli bonariamente (si fa per dire) una mano sulla spalla proprio nel momento in cui rosolava a fuoco lento il Capitano della Lega. Somma perfidia.

Ma queste comunicazioni sono anche perfette da un punto di vista politico e psicologico. Sissignori. L'interpretazione che si è data a caldo è stata pressappoco questa. Conte ha indossato la toga della pubblica accusa perché non vedeva l'ora di togliersi dalla scarpa un'infinità di sassolini. Una montagna. Ci può essere del vero in questa spiegazione, perché Conte ne ha subite tante e poi tante da non poterne più. La misura era colma e andavano messi una volta per tutte i puntini sulle "i". E sarà proprio da questo giorno che indosserà i panni del Conte di Montecristo e si vendicherà dei torti subìti. Come ha sostenuto Giuliano Ferrara su *Il Foglio* del 6 agosto 2020. Subìti da Salvini, certo. Ma anche da Di Maio, il cui potere si sbriciolerà strada facendo.

Ma se la vendetta è una motivazione plausibile, non è di sicuro la sola. Perché bisogna inquadrare il personaggio. Un personaggio che ha dimostrato in più occasioni di avere i nervi di acciaio e, soprattutto, di essere un uomo a sangue ghiaccio. Che non sa cosa sia l'emotività. Per Conte la vendetta è un piatto che va servito freddo. Perciò con il suo dire prende tanti piccioni con una fava. Rende omaggio al presidente della Repubblica, dal quale ha imparato tante cose in occasione dei suoi continui saliscendi al Quirinale.

Rende omaggio al Parlamento, che non merita di essere un mero ricettore di decisioni prese altrove. E, per di più, si fa bello al cospetto delle istituzioni e della pubblica opinione. Si rende conto che più Salvini va giù, parola dopo parola, e più lui va su nella considerazione generale.

Eh sì, perché mette alle corde il pericolo pubblico numero uno. Mette alle corde l'uomo nero che gioca d'azzardo e compromette il futuro della legislatura. Per la disperazione di "quelli là", deputati e senatori, costretti dall'oggi al domani ad abbandonare le loro cadreghe. Così dicendo, Conte stipula una sorta di assicurazione sulla sua vita politica. Come i fatti s'incaricheranno di dimostrare. Però, come ammoniva Napoleone, non basta essere bravi generali. Bisogna essere anche fortunati. E si direbbe che la fortuna sia dalla sua parte grazie a tutta una serie di circostanze.

Ma vediamo in dettaglio. Davvero tante sono le cose notevoli, tra luci e ombre. Per cominciare, Conte si appella alla trasparenza come *captatio benevolentiae* nei confronti dei suoi ascoltatori. Dice infatti: "Non posso permettere che questo passaggio istituzionale così rilevante possa consumarsi a mezzo di conciliaboli riservati, comunicazioni affidate ai *social*, dichiarazioni rilasciate per strada o nelle piazze, senza un pieno e ufficiale contraddittorio". E così prosegue: "L'unica sede in cui il confronto pubblico può svolgersi in modo istituzionale, in modo trasparente, è il Parlamento, dove sedete voi, rappresentanti della nazione e di tutti i cittadini". Come suonatore di violino, diciamo la verità, Conte non ha nulla da invidiare al sommo Niccolò Paganini.

Poi, indossati i panni dell'avvocato civilista, Conte tiene a sottolineare che "il contratto prevede, in caso di divergenze, l'impegno delle parti. Cito testualmente, 'a discuterne con la massima sollecitudine e nel rispetto dei princìpi di buona fede e di leale collaborazione'". Gran belle parole, per carità. Ma di un'ingenuità disarmante. Perché i pollici all'insù o all'ingiù, i sì o i no, dipendono dalle circostanze e dagli interessi delle parti in causa. Con tanti saluti agli accordi stipulati, niente più che pezzi di carta per uno che se ne intendeva come il cancelliere germanico Otto von Bismarck.

Valga per tutti l'esempio di Giovanni Spadolini e dei suoi due ministeri dei primi anni Ottanta. L'eminente storico fiorentino s'illuse di durare di qui all'eternità. E come? Elementare, Watson. Un'espressione, sia detto per inciso, che Sherlock Holmes, la creatura creata da Sir Conan Doyle, a onor del vero non pronunciò mai. Pretese, Spadolini, non quelle mozioni di fiducia scipite che suonavano all'incirca così: "La Camera (o il Senato), udite le comunicazioni del Governo, le approva e passa all'ordine del giorno". Troppo poca cosa, rimuginò tra sé e sé l'allora presidente del Consiglio. Ci vuole, pensò, qualcosa in più. Magari degna della sua stazza. E così i suoi consiglieri – basterà citare due parlamentaristi autorevoli come Andrea Manzella e Silvano Tosi – misero nero su bianco un testo di mozione di fiducia lunga come un lenzuolo. Dove i "considerato", i "ritenuto" e altre locuzioni del genere si sprecavano. Tanto per mettere i puntini sulle "i" e le cose in chiaro.

Il guaio è che espedienti di tal fatta fecero un buco nell'acqua per ben due volte. Difatti i due governi Spadolini non durarono più dei precedenti. Il suo primo ministero, un pentapartito come il secondo, durò dal 28 giugno 1981 al 23 agosto 1982 e cadde per la bocciatura parlamentare della legge di bilancio. Il suo secondo gabinetto rimase in carica ancora meno. Durò appena cento giorni. E fu costretto alle dimissioni a causa della famosa lite tra le comari. Tra il ministro del Tesoro, il democristiano Nino Andreatta, e il ministro delle Finanze, il socialista Rino Formica. Perché cadde? Perché sì, secondo la dura legge della politica. E la motivazione della mozione di fiducia chilometrica? Alle corte, non rappresentò in entrambi i casi un paracadute per Spadolini. Che a differenza del barone di Münchhausen, non riuscì a cavarsela tirandosi su per i capelli.

A questo punto Conte mette le mani avanti. I rischi, a suo modo di vedere, sono tanti. C'è il rischio di ritrovarsi bel belli (si fa per dire) in esercizio finanziario provvisorio. C'è il rischio che l'IVA aumenti. C'è il rischio di interrompere l'interlocuzione con le istituzioni europee. Per le quali lui si è tanto speso al fine di "assicurare all'Italia un rilievo centrale nei nuovi assetti, in linea con il prestigio e la forza economica e culturale del nostro Paese". Tutte parole sensate, per carità. Ma delle quali Conte si serve per un primo affondo. Questo: "Permettetemi di dire che il ministro dell'Interno ha mostrato di inseguire interessi personali e di partito". Provocando i commenti dei leghisti e gli applausi, dei quali si sarà compiaciuto in vista dell'immediato futuro, dei senatori pentastellati di Di Maio.

E giù botte da orbi a Salvini. Che, ascoltandolo, non crede alle sue orecchie. Dal momento che espressioni di tale durezza pensava che non si adattassero a un personaggio come Conte, fino ad allora mansueto e misurato: "Le scelte compiute e i comportamenti adottati in questi ultimi giorni dal ministro dell'Interno – mi assumo tutta la responsabilità di quel che affermo – rivelano scarsa sensibilità istituzionale e grave carenza di cultura costituzionale". Tutte parole cesellate ben bene. E centellinate con la stessa maestria di un Mattarella, al quale con il suo sproloquiare non assomiglia affatto. Evidentemente la continua frequentazione del capo dello Stato gli ha giovato. Dopo tutto, l'osmosi può fare miracoli più degli *chassepot* di Napoleone III. Come si disse al Parlamento francese dopo che il nuovo fucile modello 1866 fu sperimentato con successo a Mentana il 3 novembre 1867 contro i volontari di Garibaldi, intenzionato a marciare su Roma. Ben prima di quell'altro. Ma sì, di Benito Mussolini.

Ancora: "La scelta di rinviare fino a oggi la comunicazione di una decisione evidentemente assunta da tempo – mi duole affermarlo con tanta nettezza – è un gesto di grave impudenza istituzionale, anzitutto irriguardoso nei confronti del Parlamento e in ogni caso suscettibile di precipitare il Paese in una vorticosa spirale di incertezza politica e instabilità finanziaria. Peraltro, questa decisione è stata annunciata dal ministro dell'Interno subito dopo aver incassato l'approvazione, con la fiducia, del decreto legge sicurezza-*bis*, con una coincidenza temporale che suggerisce opportunismo politico".

Del resto, Conte non risparmia nulla al suo ex alleato. Infatti, subito dopo, dichiara: "Palesemente contraddittorio appare, infine, il comportamento di una forza politica che, pur dopo aver presentato al Parlamento una mozione di sfiducia nei confronti del Governo, non ritiri i propri ministri". Tra gli applausi dei senatori pentastellati e i commenti dei leghisti. A pensar male, si sa, si fa peccato ma ci si azzecca. E quella di Conte, più che una malizia, è una pura e semplice constatazione. Quand'è – si domanda il presidente del Consiglio – che le cose volgono al peggio? Quando, afferma, alle elezioni europee la Lega ottiene un largo successo che induce Salvini a un progressivo distacco dall'azione di governo.

A questo punto, prima Salvini e poi Conte vengono meno al galateo parlamentare, che impone il lei in ogni caso. E invece quando Conte ribadisce che il vicepresidente del Consiglio leghista era alla ricerca di un pretesto, Salvini se n'esce con un confidenziale (fino a un certo punto, eh) "Su questo sbagli, amico mio". E Conte contraccambia: "Caro ministro dell'Interno, caro Matteo, promuovendo questa crisi di Governo ti sei assunto una grande responsabilità di fronte al Paese. L'hai annunciata chiedendo pieni poteri per governare il Paese e, ancora di recente, ti ho sentito invocare le piazze al tuo sostegno; questa tua concezione, permettimi di dirlo, mi preoccupa".

Stavolta gli applausi si estendono dai pentastellati ai democratici, con sicuro compiacimento di Conte, che forse sta già programmando il suo futuro per l'appunto in quella direzione. Mentre i senatori leghisti, sempre più infastiditi da queste filippiche, non nascondono con i commenti il loro disappunto.

Ormai i "caro Matteo" si sprecano tanto più quanto più la requisitoria di Conte si fa aspra. Arruola, pensate, perfino Federico II di Svevia ai suoi fini. Cita: "Quantunque la nostra maestà sia sciolta da ogni legge, non si leva tuttavia essa al di sopra del giudizio della ragione, che è la madre del diritto". E al "Caro Matteo" dice: "Non abbiamo bisogno di uomini con pieni poteri, ma di persone che abbiano cultura istituzionale e senso di responsabilità". Ed ecco un'altra stoccata, continuando a dare del tu: "Se tu avessi accettato di venire qui al Senato per riferire sulla vicenda russa, una vicenda che oggettivamente merita di essere chiarita anche per i riflessi sul piano internazionale, avresti evitato al tuo presidente del Consiglio di presentarsi al tuo posto, rifiutandoti per giunta di condividere con lui le informazioni di cui sei in possesso". Per la serie: l'importante è volersi bene.

Non basta. Conte condanna le critiche *coram populo* rivolte all'operato di questo o quel ministro. Biasima l'ostentazione di simboli religiosi per un'utilità politica. Stigmatizza che si lasci condizionare dai sondaggi. Giudica una mancanza di rispetto per le istituzioni che quando il presidente del Consiglio parla nell'aula del Senato in occasione della vicenda russa, Salvini se la fili all'inglese. Rivendica il merito di aver evitato all'Italia per ben due volte una procedura d'infrazione per debito eccessivo, "che si sarebbe rivelata particolarmente dannosa".

Preso dalla foga, Conte incespica un po'. Ricorda di aver dichiarato all'inizio dell'avventura che lui sarebbe stato l'avvocato del popolo. Frase ad effetto ma alquanto stonata e un tantino ridicola. Un po' da *miles gloriosus*. Rammenta di aver promesso "di difendere con il massimo impegno tutti i cittadini che da subito, pur non conoscendomi, mi hanno dato fiducia e per questo li ringrazio".

Una cosa che non sta né in cielo né in terra. Perché Conte non è stato eletto da nessuno. Tanto meno dai cittadini italiani. Come si conviene a una forma di governo parlamentare come la nostra, non lui, si badi, ma il governo da lui presieduto ha a suo tempo ottenuto la fiducia dei due rami del Parlamento. In omaggio alla regola dell'alternanza tra il precedente ministero e l'attuale, prima la fiducia del

Senato della Repubblica e poi quella della Camera dei deputati. Tutto qui, il resto sono parole al vento.

Siamo alle battute finali. Conte annuncia che, a conclusione del dibattito parlamentare, si recherà al Quirinale e rassegnerà le dimissioni nelle mani del capo dello Stato. E, in previsione del domani, pensa bene che sia *melius abundare quam deficere.* Come ha fatto e farà spesso e volentieri. Così coglie l'occasione per rinnovare a Sergio Mattarella la sua profonda gratitudine per i consigli e il sostegno dei quali lo ha costantemente onorato. Un Presidente, "supremo garante degli equilibri costituzionali", che "guiderà il Paese in questo delicato passaggio istituzionale".

Non si tratta della solita espressione di rito. No, Conte soppesa ogni parola a dovere, consapevole di aver sempre trovato al Quirinale un interlocutore pronto all'ascolto e prodigo di consigli. Confessa che l'incarico di presidente del Consiglio finora ricoperto gli lascia una grande eredità e lo ha enormemente arricchito. La prova provata è per l'appunto un discorso come questo che lascerà il segno. E, meglio tardi che mai, riconosce che il Parlamento è una grande scuola. Perché, "anche di fronte a posizioni radicalmente opposte, e anche questo è spesso capitato, vi è sempre spazio per un confronto costruttivo, per giungere a un punto di mediazione". Anche se, a onor del vero, la sua mediazione è stata preziosa soprattutto all'interno della propria maggioranza. Mentre alle opposizioni ha concesso assai poco e di malavoglia.

In effetti, Conte – finché ha potuto – si è rivelato un mediatore nato. Un tipo – un po' come Gianni Letta, il mitico direttore del *Tempo* approdato alla corte di Silvio Berlusconi – che sarebbe capace di mettere d'accordo perfino due seggiole. Come nel film *Il monello,* i due monelli vicepresidenti del Consiglio all'occorrenza sfasciano i vetri dentro e fuori dai confini nazionali, soprattutto negli ultimi tempi del Conte I (ma il Conte II non è da meno), e lui, Conte, nei panni del vetraio ambulante interpretato nella pellicola da Charlie Chaplin, li aggiusta. Almeno fintanto che è stato possibile.

Una curiosità. Al suo esordio al Senato, nella seduta del 5 giugno 2018, Conte aveva dichiarato di essere abituato a dire Paese anziché Patria. Mentre adesso la Patria la evoca per ben tre volte. Un bel passo avanti, non vi pare? Perché il Paese fa venire in mente una rinomata marca di formaggio. Assolto il compito di presidente del Consiglio con disciplina e onore, come prescrive l'articolo 54 della Costituzione, Conte lascia l'aula di Palazzo Madama e si avvia senza indugio al Quirinale. Dopo, naturalmente, aver seguito per filo e per segno il dibattito.

Un addio o un arrivederci? Chissà. L'impressione è che, sotto sotto, lui aspetta e spera. Tant'è vero che ai tempi del suo secondo ministero dirà che a tornare alla cattedra universitaria e all'avvocatura non ci ha mai pensato sul serio. Alla politica ha preso gusto. E lui si è giocato al meglio la carta dell'ammazza Salvini. L'uomo nero. Il pericolo pubblico numero uno. Pirandellianamente, così è se vi pare.

La reazione di Salvini è fiacca. C'era da aspettarselo. Un po' perché preso alla sprovvista da tanta aggressività. E un po' perché in piazza ha il suo pubblico, ma non è un oratore parlamentare. Niente a che vedere con l'alleata-rivale Giorgia Meloni, in questo degna erede di Giorgio Almirante e, nel suo piccolo, di Gianfranco Fini. Lei sa alternare i toni bassi a quelli alti, le parole ai silenzi. A volte parla troppo ad alta voce, facendo un po' di confusione tra piazza e Parlamento. Ma non ha motivo di dolersene. Perché capitò lo stesso ad Almirante nel suo primo discorso alla Camera dei deputati nel 1948, agli inizi della prima legislatura repubblicana. Come raccontò in uno dei suoi tanti libri. Se ne accorse in un battibaleno osservando le occhiate ironiche di un pezzo da novanta come Palmiro Togliatti.

Salvini domanda al presidente Casellati – ironicamente o ingenuamente, non è chiaro – se convenga che lui parli dai banchi del governo o da quelli del suo gruppo. E il presidente del Senato sensatamente gli suggerisce la seconda opzione. Meglio così, lascia intendere Salvini con sollievo. Con una battuta a effetto, dichiara che bastava un Roberto Saviano, un Marco Travaglio, un Matteo Renzi, non il presidente del Consiglio per definirlo pericoloso, autoritario, irresponsabile e quant'altro. Mastica amaro, ma dice – ma che bugiardo... – di non coltivare né rabbia né rancore. Sospetta che Cinque stelle e Democratici, dopo essersi annusati ben bene, siano a un passo dall'accordo. E propone l'immediato taglio dei parlamentari per andare subito dopo a elezioni anticipate.

10
La maieutica del Colle

Cala il sipario. E Salvini comincia a sospettare – meglio tardi che mai – che la sua mozione di sfiducia al governo sia stata una mossa alquanto azzardata. D'ora in poi, per lui la strada sarà tutta in salita. Come testimoniano i sondaggi in discesa: dal 34 di una volta a un 24 e qualcosa per cento racimolato in seguito. Mentre Salvini rimugina sulla sua mossa spericolata, della quale sembra essersi amaramente pentito, Conte è già salito al Quirinale. E al confronto dell'*éternel marai* – l'eterna palude stigmatizzata da un politologo del calibro di Maurice Duverger, nella quale sono immersi fino al collo i professionisti della politica o presunti tali – lassù sul Colle si respira aria di alta montagna. Così deve aver pensato un Conte amareggiato dall'epilogo, ma consapevole di avere fatto tutto il possibile per scongiurare la crisi e convinto di aver giocato la carta giusta: quella della dignità dopo tanti bocconi amari. Lui si sente la coscienza a posto, altri no.

Mattarella non perde tempo. Il 21 e 22 agosto (siamo nell'anno di grazia 2019, semmai qualcuno avesse perso il filo) svolge un primo giro di consultazioni. Ma senza esito. Come aveva già fatto in occasione della precedente crisi ministeriale, tende a escludere l'ipotesi di elezioni anticipate. E perciò, armato di pazienza perché solo così si sciolgono i nodi più intricati, procede a un secondo giro di consultazioni. Dopo di che, il 29 agosto, conferisce l'incarico di formare il governo a Conte.

Un "Rieccolo" di montanelliana memoria. Un tempo il Rieccolo era Amintore Fanfani, che dopo ogni sconfitta si consolava constatando – modestia a parte tutta toscana – che dopo la Quaresima c'è la Resurrezione. Convinto che in guerra si muore una volta sola, mentre in politica si può morire e risorgere dalle ceneri come l'araba fenice un'infinità di volte. Adesso il Rieccolo è proprio lui, Conte. Un tipo, si direbbe, che più lo butti giù e più si tira su. Per parafrasare la pubblicità di una nota marca di caffè. Stavolta tutto sembra scorrere liscio come l'olio. Almeno se si paragona questa crisi di governo a quella precedente, che vide il saliscendi continuo di Conte sul Colle più alto. Ora su e subito dopo giù per via dell'azzardata nomina di Paolo Savona all'Economia.

Oddio, che proprio tutto fili liscio come l'olio è un'interpretazione alquanto ottimistica. Perché in quei non pochi giorni che intercorrono tra il 20 agosto, quando Conte rassegna le dimissioni del suo primo ministero, e la fumata bianca che vedemmo uscire dal comignolo del Quirinale, come a San Pietro per l'annuncio dell'*habemus papam*, se ne son viste di tutti i colori. Per tanti comprensibili motivi. Perché passare da uno schieramento a un altro con disinvoltura non è cosa di poco conto. Viene alla mente l'Alberto Sordi di una famosa pellicola cinematografica: *Tutti a casa*, diretta da Luigi Comencini. Il sottotenente Alberto Innocenzi, interpretato dal grande attore romano, l'8 settembre 1943 telefona al suo comandante. E gli dice: "Signor Colonnello, una cosa incredibile: i tedeschi si sono alleati con gli americani". Eh sì, perché i vecchi alleati germanici, dopo il nostro cambio di fronte, ci sparavano addosso senza tanti complimenti.

Per non parlare della scheggia impazzita che di nome fa Matteo e di cognome Renzi. Per non so quanti giorni Renzi diffida gli alti papaveri del suo partito, a cominciare dal segretario PD Nicola Zingaretti, dal fare comunella con i pentastellati. Considerati, dall'alto della sua prosopopea ma non senza qualche buona ragione, nulla più che dei dilettanti allo sbaraglio. E pertanto poco affidabili. Ora di qua e ora di là. Come piume al vento. Ma poi cambia da così a così adducendo il motivo che se non nasce un governo alla svelta aumenterà l'IVA e saremo nei guai fino al collo.

Sennonché il "contrordine compagni" del vecchio PCI, geniale trovata di Giovannino Guareschi, adesso si attaglia perfettamente al senatore di Scandicci. Che tanto fa e tanto dice – con quella parlantina che si ritrova, da buon fiorentino qual è – da diventare dall'oggi al domani uno dei massimi artefici del nuovo governo.

Non basta. Perché la mosca tze-tze cresciuta sulle rive dell'Arno non si contenta mai. Non solo reclama un governo nuovo di zecca, ma si fa promotore del Conte II, soprannominato non a torto la Vendetta. Salvo poi sempre più, una volta messosi in proprio con un'Italia viva che non decolla nei sondaggi, a fare di continuo le bucce a Conte e a non vedere l'ora di mandarlo a casa. Ma questo è un classico di Renzi. A trasformare un amico, magari da lui stesso sponsorizzato per alti incarichi, in nemico giurato, nessuno è più bravo di lui. E si rileverà una volta ancora l'uomo dei penultimatum. Prima fa la voce grossa e poi si accuccia. Come farà con Conte nei giorni pari, salvo ripensarci nei giorni dispari.

In questa vicenda, ancora una volta Mattarella ci appare un uomo dalla forza tranquilla. Un vero e proprio *deus ex machina*. Ma senza darlo a vedere. Perché quanto più Conte gigioneggia, felice d'esistere, tanto più il capo dello Stato usa i toni bassi e agisce dietro il sipario. Riservato com'è. Nulla a che vedere con un pimpante Giovanni Gronchi che, trasformatosi da rana in bue, dice che parlerà con il presidente della Repubblica degli Stati Uniti da presidente a presidente. Omettendo il dettaglio che oltre Oceano la forma di governo è presidenziale, mentre la nostra è parlamentare. Niente a che vedere con Sandro Pertini, che poteva permettersi il lusso di fare qualsiasi cosa nel tacito assenso generale. Perché, che diamine, non si poteva dire male del novello generale Giuseppe Garibaldi.

Tra le tante "leggerezze" che si concesse fu la nomina in soprannumero a senatori a vita di Carlo Bo e Norberto Bobbio. Cosa che ancora farà strabuzzare gli occhi a un costituzionalista provetto come Mattarella. E avallata dalla giunta delle elezioni del Senato con un parere preventivo del tutto anomalo, sollecitato pro bono pacis dall'allora numero uno di Palazzo Madama Francesco Cossiga.

Ancora. Niente a che vedere con Cossiga, che nel biennio picconatorio non ebbe riguardi per nessuno. Va però detto che più che mordere, si accontentava di abbaiare. Soprattutto alla luna. Nulla a che vedere con Oscar Luigi Scalfaro che, da parlamentarista convinto, al Quirinale si trasformò in presidenzialista al punto tale da sciogliere le Camere nel 1994 motu proprio. Come non era mai accaduto. Mattarella no, è di tutt'altra pasta. È più riservato, come ho avuto già occasione di scrivere, di un flemmatico suddito di Sua Maestà britannica. Macché suddito, baronetto piuttosto, per via di quell'aria e di quelle movenze tipicamente signorili.

Non alza mai la voce anche quando ha, capita anche a lui, un diavolo per capello. E al palcoscenico del Quirinale, che in tutta la Roma altolocata non ha l'eguale, preferisce starsene dietro le quinte. Perché la sua arma segreta è soprattutto la *moral suasion*, non a caso di marca britannica. E sott'acqua si trova a proprio agio meglio di Fini, il pirandelliano fu Mattia Pascal di un mio libro. Un subacqueo che può essere paragonato in qualche misura al miglior presidente della Repubblica che abbiamo avuto: Luigi Einaudi, il secondo presidente, succeduto a Enrico De Nicola. Un gigante del pensiero liberale che da governatore della Banca d'Italia fu il salvatore della lira, che all'Assemblea costituente sognava un Parlamento in cui la sintesi fosse il risultato della tesi della maggioranza e dell'antitesi dell'opposizione, che da presidente della Repubblica terrorizzava il capo del governo e i ministri con i suoi famosi bigliettini recapitati all'alba con i "consigli" del caso, che indispettito una volta per l'irresolutezza di un'intera classe politica, a cominciare dalla DC, tirò fuori dal cilindro un coniglio di nome Giuseppe Pella, suo conterraneo a lui devoto.

Il caso vuole che Conte e Mattarella non potrebbero essere più diversi. Certo, qualche punto in comune va sottolineato. Entrambi sono cresciuti a pane e diritto, anche se tra diritto civile e diritto costituzionale c'è una differenza abissale. Nessuno lo ha imparato a proprie spese come il presidente del Consiglio pro tempore, che talvolta è scivolato sulla buccia di banana della Costituzione e delle procedure parlamentari. Entrambi sono persone educate. Entrambi tengono molto alle forme. E in special modo, starei per dire, Conte. Che ci sembra un gagà. Entrambi hanno dimestichezza con le più rappresentative personalità oltre confine. A differenza della maggior parte della nostra classe politica, che predilige la politica del piede in casa.

Ma le differenze saltano agli occhi. Se Mattarella può apparire un po' musone – però mai dar retta alle apparenze –, Conte sprizza gioia da tutti i pori. Felice di esistere. Il suo presenzialismo galoppante, mese dopo mese, rappresenta il surrogato di un presidenzialismo sotto sotto vagheggiato. Parla, parla, parla. Tutto l'opposto dei silenzi cantatori di Mattarella. Magnifico il suo silenzio il 2 giugno scorso davanti al sacrario del milite ignoto, voltando le spalle a Palazzo Venezia. Lui muto. L'altro, Benito Mussolini, che conciona il 10 giugno 1940, dichiara la guerra, e la folla sotto in delirio. Ma forse con un cupo presentimento. E tutti poi diranno che loro non c'erano sotto quel balcone. La prudenza, si sa, non è mai troppa.

Ecco, Mattarella in quegli attimi di raccoglimento avrà pensato a tutti i caduti: ai martiri del Risorgimento, ai poveri fanti del '15-'18 immolatisi per la Patria, ai morti in terra d'Africa e in Russia, mandati al macello in una guerra che nelle intenzioni del dittatore sarebbe dovuta durare solo pochi giorni e invece presto si trasformò in un'immane tragedia. Un silenzio di qua, una voce roboante di là. Una democrazia di qua, una dittatura di là.

Torniamo a Conte. Ne ha fatta di strada. Agli esordi sembrava un pulcino nella stoppa. E dire che un professore ordinario ne ha viste tante nella sua carriera da potersi arruolare senza patemi d'animo perfino nella Legione straniera.

Come fece ai suoi tempi Giuseppe Bottai per riscattarsi. Un pulcino anche perché doveva vedersela con i "suoi" – si fa per dire – vicepresidenti del Consiglio. Dei Bravi di manzoniana memoria che lo tenevano stretto in pugno e pretendevano di comandarlo a bacchetta.

Ma poi, furbo di tre cotte com'è, Conte è cresciuto. Si è riscattato nella memorabile seduta del Senato del 20 agosto 2019 e, da un po' di tempo in qua, si è convinto di poter toccare il cielo con il dito. A furia di DPCM, senza che nessuno metta il becco fuori che lui. Né il capo dello Stato, né il Parlamento, né la Corte costituzionale. Con l'andare del tempo, una volpe è diventato. Ma non ha di che rallegrarsi. Perché – come diceva Bettino Craxi pensando a Giulio Andreotti – prima o poi le vecchie volpi finiscono in pellicceria. E alla fine in pellicceria ci finì proprio lui, Bettino.

Adesso Conte può essere definito un Niccolò Machiavelli del Tavoliere delle Puglie. Al quale si attaglia la frase del segretario della Repubblica fiorentina citata da Matteo Renzi nel suo ultimo libro intitolato *La mossa del cavallo*. Ultimo libro, si fa per dire. Perché quello del senatore di Scandicci non è mai l'ultimo libro ma semmai il penultimo. Come i suoi ultimatum sono immancabilmente dei penultimatum. Per la serie: che tocca fare per tirare a campare.

Ma ecco la frase di ser Niccolò: "Ognuno vede quel che tu pari, pochi sentono quel che tu sei". Ma chi è veramente Conte? Indovinala grillo, come si dice qui a Firenze. Perché non si riesce mai ad afferrarlo. Mimetizzandosi di continuo, si potrebbe dire con Luigi Pirandello che è uno, nessuno e centomila. O, se più vi piace, un mistero avvolto in un enigma come il Cremlino dei tempi che fu. E, siamo giusti, anche un po' del Cremlino ai tempi di Vladimir Putin.

Come capitava a Giovanni Spadolini – un gigante, un patriota sulla cui tomba, sulla collina fiorentina di San Miniato al Monte, c'è solo il suo nome e cognome seguito dalla parola "un italiano", *chapeau* – anche Conte, nel suo piccolo, si ama e si contraccambia. Un perfetto Narciso. Ai matrimoni vorrebbe essere la sposa e ai funerali il morto. Mattarella conosce ormai bene Conte. Perché chi misura le parole come l'attuale capo dello Stato ha più occasione di riflettere su chi gli sta davanti. Insomma, per Mattarella Conte è un libro aperto. Con i suoi pregi e i suoi difetti. Ma prendendola con filosofia, Mattarella probabilmente è dell'idea che ognuno va preso com'è. Purché non dirazzi, come fece Conte precipitato dalle scale del Quirinale per aver tenuto improvvidamente duro sul nome di Savona.

Invece si può dire, nonostante la dimestichezza di questi due anni e passa, che Conte non conosce a sufficienza Mattarella. Non solo perché, a nostro sommesso avviso, il presidente del Consiglio non eccelle in psicologia. Ma anche perché Mattarella, se mi si passa il paragone, dà l'idea di avere sette veli come Salomè. Va scoperto poco alla volta. Perché, lì per lì, può apparire pure lui un mistero avvolto in un enigma. Ecco, Renzi questi veli non li ha neppure sfiorati. Gli è bastato un colpo d'occhio per dire, sì e poi sì, che questo è l'uomo che fa al caso mio. Lo candidò alla suprema magistratura dello Stato senza pensarci su due volte. Ma perché non lo conosceva bene, per dirla con Rosetta Jervolino. E per quel furbo di tre cotte che si reputa il bullo fiorentino, fu l'inizio della fine. Più giù, sempre più giù. Peccato, perché l'uomo non sarebbe uno stupido. Ma la sua è un'intelligenza sprecata. Sprecata dal carattere.

Ora facciamo un passo indietro. Dopo il primo giro di consultazioni, il 22 agosto, Mattarella sale sul palcoscenico del Quirinale e, davanti alla stampa, dice la sua. Una lezione di diritto costituzionale vera e propria. Ricorda che la crisi ministeriale è stata determinata da una dichiarata rottura polemica del rapporto tra i due partiti di governo. Ritiene che la crisi vada risolta all'insegna di decisioni chiare e in tempi brevi. Come dire, basta "meline" e ciascuno si assuma le proprie responsabilità. Perché il Paese non può attendere.

E allora delle due, l'una. O s'individua un governo che goda della fiducia parlamentare o nuove elezioni. *Tertium non datur*. È chiaro, ammonisce Mattarella, che un'ipotesi del genere rappresenta una decisione che non può essere assunta alla leggera, dopo poco più di un anno di vita della legislatura. Eventualità, come abbiamo avuto occasione di ricordare sopra, che non si è mai verificata. Mentre, aggiunge il Presidente, "la Costituzione prevede che gli elettori vengano chiamati al voto per eleggere il Parlamento ogni cinque anni. Il ricorso agli elettori si rivela, tuttavia, necessario qualora il Parlamento non sia in condizione di esprimere una maggioranza di governo".

Così prosegue il capo dello Stato: "Nel corso delle consultazioni appena concluse, mi è stato comunicato da parte di alcuni partiti politici che sono state avviate iniziative per un'intesa, in Parlamento, per un nuovo governo; e mi è stata avanzata la richiesta di avere il tempo di sviluppare questo confronto. Anche da parte di altre forze politiche è stata espressa la possibilità di ulteriori verifiche".

Le sue conclusioni sono degne della più attenta considerazione. Eccole: "Il Presidente della Repubblica ha il dovere – ineludibile – di non precludere l'espressione di volontà maggioritaria del Parlamento, così come è avvenuto – del resto – anche un anno addietro, per la nascita del governo che si è appena dimesso. Al contempo, ho il dovere – per le ragioni che ho esposto – di richiedere, nell'interesse del Paese, decisioni sollecite. Svolgerò quindi nuove consultazioni che inizieranno nella giornata di martedì prossimo per trarre le conclusioni e per assumere le decisioni necessarie". Insomma, alla scuola di Eduardo de Filippo anche il Presidente ritiene che debba passare 'a nuttata. Purché non si vada troppo per le lunghe.

C'è di più. In queste misurate, starei per dire centellinate parole di Mattarella, c'è tutta quanta la sua "filosofia" costituzionale. Certo, il Presidente della Repubblica non è il Re sabaudo. E pur tuttavia Mattarella la pensa all'incirca come Vittorio Emanuele III. Monarca sì ma in un regime parlamentare. Regna ma non governa. Il quale, davanti a una crisi politica che stava per diventare addirittura istituzionale, ai suoi interlocutori che lo sollecitavano a intervenire replicò con queste testuali parole: "I miei occhi e le mie orecchie sono quelli della Camera dei deputati". Della sola Camera dei deputati, si badi, perché il Senato del Regno, per via della sua nomina regia, allora "non faceva crisi".

D'altra parte è intrigante il parallelo tra i monarchi sabaudi e i presidenti della Repubblica. Ma in qualche misura fuorviante, visto e considerato che – a nostro sommesso avviso – i poteri di quest'ultimi, se esercitati a puntino, non hanno nulla da invidiare a quelli degli altri. Ne fa fede la relazione di Meuccio Ruini al progetto di Costituzione della Repubblica italiana, presentata alla presidenza dell'Assemblea costituente il 6 febbraio 1947.

A proposito della figura del capo dello Stato, Ruini afferma: "Nel nostro progetto, il Presidente della Repubblica non è l'evanescente personaggio, il motivo di pura decorazione, il maestro di cerimonie che si volle vedere in altre costituzioni". E Ruini pensava soprattutto alla figura del capo dello Stato ai tempi della Terza Repubblica francese. Dopo le dimissioni di Patrice Mac-Mahon, duca di Magenta e maresciallo di Francia, e l'avvento all'Eliseo di Jules Grévy, nulla fu più come prima. Difatti, con l'elezione di Grévy, si affermò per così dire una nuova Costituzione. Per l'appunto, la cosiddetta Constitution Grévy. In forza della quale il capo dello Stato non aveva che la seguente alternativa: o sottomettersi al Parlamento o dimettersi. Secondo la felice espressione di Léon Gambetta.

Ruini così prosegue: "Mentre il Primo Ministro è il capo della maggioranza e dell'esecutivo, il Presidente della Repubblica ha funzioni diverse, che si prestano meno ad una definizione giuridica di poteri. Egli rappresenta ed impersona l'unità e la continuità nazionale, la forza permanente dello Stato al di sopra delle mutevoli maggioranze. È il grande consigliere, il magistrato di persuasione e d'influenza, il coordinatore di attività, il capo spirituale, più ancora che temporale, della Repubblica. Ma perché possa adempiere a queste essenziali funzioni deve avere consistenza e solidità di posizione nel sistema costituzionale".

Il 29 agosto Mattarella conferisce l'incarico di formare il governo a Conte, che accetta con la consueta riserva. L'incaricato, neppure a dirlo, non sta nei panni dalla gioia. E sul palcoscenico del Quirinale, davanti alla platea dei giornalisti, esterna. *More solito,* parla parla parla. Sorvolando sul fatto che, come capita alla moneta, le parole perdono di valore a mano a mano che aumentano di numero. E poi, si sa, chi si firma è perduto. Perciò qualche scivolone è inevitabile. L'incipit è significativo. Dichiara: "Mi dedicherò a elaborare un programma insieme alle forze politiche che hanno espresso il loro sostegno a favore di questo nuovo progetto politico e che desidero, sin d'ora, qui ringraziare". C'è da restare sbigottiti. Perché il Conte numero uno esaltava le magnifiche sorti e progressive di una nuova prassi rispetto alla vecchia per quanto concerne l'iter di formazione del governo.

Come si ricorderà, con un certo disappunto di Mattarella, la vecchia e sperimentata prassi fu rivoltata come un guanto. Prima la premiata coppia Di Maio-Salvini si mette d'accordo sottoscrivendo (dal notaio?) un bel contratto. Mai e poi mai, ci mancherebbe, chiamarlo programma. Poi si spartiscono ben bene i ministeri. E infine spediscono al Quirinale un pivellino come Conte con una rassicurazione assai poco rassicurante come lo "Stai sereno" di renziana memoria. E infatti, come volevasi dimostrare, poco dopo gli toccò fare le scale del Quirinale in discesa. Perché nella sua ingenuità pensava (gliel'avevano detto Di Maio e Salvini?) che il capo dello Stato si limitasse sempre e comunque a mettere un timbro sulla lista dei ministri. Adesso invece si è tornati, *laus Deo,* alla vecchia e corretta prassi di una volta. E a non avere nulla da eccepire, guarda caso, è proprio Conte in persona. Ben contento che le cose vadano per il meglio. Con tanti saluti all'innovativa prassi da lui stesso magnificata a suo tempo.

Un altro passaggio della sua dichiarazione al Quirinale è degno di nota. Conte afferma: "Mi confronterò con le forze politiche che si sono dichiarate disponibili a sostenere il nuovo progetto". Un addio in piena regola al contratto stipulato tra i contraenti del suo primo gabinetto. Segue questa precisazione: "Non sarà un governo CONTRO. Sarà un governo PER il bene dei cittadini". Espressione alquanto enfatica. Come se ci fossero governi che annuncino *urbi et orbi* di fare il male dei loro concittadini. E ancora: "PER modernizzare il Paese, PER rendere la nostra Nazione ancora più competitiva nel contesto internazionale, ma anche più giusta, più solidale, più inclusiva".

La parola d'ordine è discontinuità. *Pour cause*, direbbero i francesi. Dell'edificio del vecchio governo non va salvato nulla, ma proprio nulla. Cancellato con un tratto di penna. Si spiega il prosieguo: "Realizzerò un Governo nel segno della NOVITÀ: è quello che mi chiedono le forze politiche che hanno annunciato la disponibilità a farne parte". Basta risse, insomma. Sempre un gran buon proposito, che però da noi si perde strada facendo. L'esperienza di questo anno di grazia 2020 ne è, se mai ve ne fosse bisogno, l'ennesima riprova. Conte è un fiume in piena, e continua la sua messa cantata: "Questo è il momento di una NUOVA STAGIONE, un'ampia stagione RIFORMATRICE, di rilancio e di speranza, che offra al Paese risposte e anche certezze". Inutile sottolineare il fatto che le parole tutte in maiuscolo sono farina del suo sacco.

Sempre sul palcoscenico del Quirinale, dove ci sta come un papa dopo le pregresse disavventure, Conte butta giù per la gioia della stampa in ascolto una scaletta programmatica niente male. Ma il programma non lo doveva concordare con la futura maggioranza? Certo, ma lui, a uso e consumo degli spettatori con tanto di biro in pugno e carta a portata di mano, ne dà un anticipo. E dal momento che Conte sembra proprio vocato al palcoscenico, uomo di studi strappato al teatro qual è, improvvisa una *pièce* che ha dello stupefacente. George Bernard Shaw avrebbe detto: "Caro bugiardo". Perché se un uomo politico – e ormai Conte lo è a pieno titolo – dovesse dire sempre la verità, tutta la verità, nient'altro che la verità, come usa dire in tribunale, ebbene, dovrebbe attaccare la politica al chiodo e cambiare immantinente mestiere.

Di grazia, che cosa mai dice di così stupefacente, Conte? Il passo merita di essere citato per intero. Eccolo: "Vi confesso che la prospettiva di avviare una nuova esperienza di governo, con una maggioranza diversa, mi ha sollevato più di un dubbio. Ho superato queste perplessità nella consapevolezza di aver cercato di operare sempre nell'interesse di tutti i cittadini. Nessuno escluso. Non sto dicendo che ci sono sempre riuscito. So però di avere sempre cercato di servire e rappresentare il mio Paese, anche all'estero, guardando solo al bene comune, e non a interessi di parte o di singole forze politiche".

Ancora: "Questi princìpi e questi valori – che so essere stati apprezzati e condivisi da molti italiani – sono l'elemento di COERENZA con cui intendo dar vita a questa nuova stagione e guidare questo governo. Più precisamente, COERENZA vorrò nella cultura delle regole e nella fedeltà ai valori che hanno ispirato la mia azione. Sono princìpi non negoziabili, che non conoscono distinzione di colore politico".

Si dà il caso che passare da una parte all'altra, come ha fatto Conte, si chiama trasformismo. Che non è necessariamente una brutta parola. Visto e considerato che trasformisti sono stati dei personaggi che si chiamano Cavour, Depretis, Giolitti e perfino Mussolini, che dava retta all'ultimo arrivato. E si spostava a dritta o a manca a seconda degli umori della folla, che sapeva interpretare con un fiuto smarrito strada facendo. Ma, proprio per questo, ci pare azzardata la parola, tutta a caratteri di scatola, COERENZA. Come cosa azzardata sarebbe dare a Dracula la presidenza della benemerita AVIS o mettere una volpe a guardia di un pollaio.

Pur di finire in bellezza, sul palcoscenico del Quirinale Conte non si risparmia. Si richiama ai princìpi scolpiti nella nostra Costituzione, sempre cosa buona e giusta. Dichiara che questo è il momento del *coraggio* e della *determinazione*, in corsivo nel foglio che ha davanti agli occhi. Già immedesimandosi un po' con il Winston Churchill nell'ora più buia della guerra, un personaggio con ogni evidenza a lui caro perché evocato non a caso svariate volte. Dulcis in fundo, sembra evocare con un "nuovo umanesimo" il filosofo Giovanni Gentile della sua ultima opera, *Genesi e struttura della società*, tutto un inno all'umanesimo del lavoro. Quel lavoro che dal fascismo si trasferisce, a guerra finita, nella Costituzione repubblicana. Quando si dicono i casi della vita.

Se il 29 agosto Conte parla, in compenso Mattarella tace. Sul *Corriere della Sera* del giorno dopo, Marzio Breda, quirinalista principe che interpreta come meglio non si potrebbe non solo i sospiri ma perfino i silenzi degli inquilini del Colle, la mette così: "Qualcuno si aspettava che Sergio Mattarella ieri uscisse nella loggia alla Vetrata e parlasse pure lui, dopo che il premier incaricato aveva pronunciato il discorso d'investitura. Certo, una sortita per spiegare agli italiani quanto è successo, il capo dello Stato potrebbe concedersela martedì o mercoledì, quando si prevede che Giuseppe Conte sciolga la riserva, se chiuderà il cerchio portandogli la lista dei ministri".

Ma, argomenta Breda, "farlo prima di questo passaggio avrebbe potuto alimentare l'equivoco (c'è già chi ci soffia sopra) per cui quello che si tenta di costruire sarebbe un governo del presidente, mentre si tratta di un governo politico. Del quale 'l'Elevato' – così l'ha qualificato Beppe Grillo – ha piena responsabilità, stavolta senza dividerla con due vice invadenti, come tocca a un notaio che si limiti a fare il garante di un contratto stipulato da altri".

Altre due notazioni di Breda sono degne di considerazione. La prima: "È questa, del resto, la chiave per interpretare l'incitamento di Mattarella a Conte, dopo un'ora di colloquio. Un saluto laconico e, com'è nel suo stile, antiemotivo. Di questo tenore: ora sta a te... Cammina sulle tue gambe, e cerca di costruire un progetto alto e convincente... Non sarà facile, ma puoi farcela". E questa è la seconda notazione: "I diktat e le compensazioni tra i partner verranno dalla composizione della squadra, sulla quale scatterà la sorveglianza di Mattarella, al quale spetta – è un potere duale fissato dalla Costituzione – l'ultima parola. In questo vaglio i dicasteri critici, su cui il presidente è pronto a offrire pareri preventivi, sono l'Economia, gli Esteri, la Difesa e l'Interno". Se Breda interpreta a puntino il pensiero di Mattarella, vorrà dire che Di Maio agli Esteri deve essere stato promosso con lo scappellotto, come usa con gli studenti indietro con il programma.

Siamo a un passo dal cambio dei colori: dal giallo-verde Cinque stelle-Lega al giallo-rosso Cinque stelle-PD. E ha fatto bene Breda a sottolineare il fatto che il governo che si appresta a nascere non sarà né un governo palatino, ovverosia del Quirinale, com'è stato il caso dei ministeri Pella e Tambroni. Né un gabinetto tecnico, come quelli di Dini e di Monti.

E neppure un esecutivo che, per non tirare le cuoia, si adatta a tirare a campare. Grazie a una sorta di doppia fiducia: la fiducia un po' sparagnina delle Camere e la "fiducia", più o meno scoperta, del Colle. Su questo non ci piove. Certo, a poco a poco Mattarella ha apprezzato un presidente del Consiglio bene educato in un mondo politico – chi più, chi meno – di sciamannati. Senza per questo mettere la sordina ai difetti dell'uomo. Conte a sua volta, con quel suo tic alla Zelig, non solo si è sempre più avvicinato al Quirinale. Ma, per questo suo carattere accomodante – e al carattere non si comanda –, è diventato più mattarelliano di Mattarella. Ammesso e non concesso che sia possibile sollevargli i veli. Sì, quelli di Salomè.

A cose fatte, quando il governo Conte II è appena fresco di nomina, finalmente il 4 settembre dell'anno scorso Mattarella si affaccia nella loggia alla Vetrata. Vale a dire il palcoscenico del Quirinale ai tempi delle crisi ministeriali, che ne ha viste tante. E pronuncia solo poche parole di circostanza. Rivolto ai giornalisti, assicura che li intratterrà per pochi istanti. Ci manca poco che chieda loro scusa per questa intrusione del padrone di casa. Il suo compito di commissario alle crisi ministeriali è stato assolto con successo. Dal pancione della Repubblica l'ostetrico Mattarella ha tirato fuori l'ennesimo neonato. Il trentesimo, per la precisione. Ed è soddisfatto di aver portato a termine la missione. Perché l'alternativa sarebbe stata l'immediato scioglimento delle Camere.

11

Così parlò il Conte II

Adesso la parola non spetta più al capo dello Stato, anche se la sua funzione pedagogica si eserciterà di continuo. Con consigli, moniti e messe in guardia. Alla maniera, come si è detto, di Luigi Einaudi. Con discrezione non disgiunta a determinazione. Ora la parola tocca ai due rami del Parlamento, che accordano la fiducia, e al governo, che dovrà marciare al meglio. Come si è già avuta occasione di dire, gli occhi e le orecchie di Mattarella sono le assemblee di Montecitorio e di Palazzo Madama. Non a caso qualche fantasioso costituzionalista ha paragonato il capo dello Stato all'olio che lubrifica gli ingranaggi della macchina statale quando s'inceppa. Proprio così.

Questa volta, in omaggio alla regola dell'alternanza, anziché al Senato Conte si presenta dapprima alla Camera per chiedere la fiducia. È significativo che il suo primo pensiero, tra gli applausi dell'assemblea, sia rivolto a Mattarella. "Concedetemi innanzitutto di rivolgere un saluto e un ringraziamento al Presidente della Repubblica, il quale, anche in queste ultime fasi, sì determinanti per la vita della nostra Repubblica, esercitando con scrupolo le proprie prerogative costituzionali, ha guidato il Paese con equilibrio e saggezza ed è stato un riferimento imprescindibile per tutti".

Le parole sono rivelatrici. E Conte nel corso delle sue dichiarazioni programmatiche svolte all'assemblea di Montecitorio il 9 settembre 2019 pronuncia parole che fanno riflettere. Guiderà il governo con disciplina e onore. Il suo incarico lo considera – come usava nella vecchia DC – un servizio al Paese. Insiste sulle novità programmatiche. E ci stupiremmo se avesse detto il contrario. E qui, proprio lui che da buon avvocato abbonda nelle parole, trova i termini giusti. Quali equilibrio e misura, sobrietà e rigore.

Non a caso. Perché aggiunge: "Vogliamo volgerci alle spalle il frastuono dei proclami inutili, delle dichiarazioni bellicose e roboanti. Io e tutti i miei ministri prendiamo il solenne impegno, oggi, davanti a voi, a curare le parole, ad adoperare un lessico più consono, più rispettoso". "Ci impegniamo a essere pazienti anche nel linguaggio, misurandolo sull'esigenza della comprensione". Dulcis in fundo, "La lingua del Governo sarà una lingua mite, perché siamo consapevoli che la forza della nostra azione non si misurerà con l'arroganza delle nostre parole".

Espressioni che si convengono a una persona bene educata come Conte, che non alza mai la voce. Come riconosce un'insospettabile Giorgia Meloni (*Panorama,* 8 luglio 2020). "È una persona garbata", dice. Ma poi aggiunge: "Ma molto scaltra. Io penso che lui guardi molto più al suo interesse personale che a quello della nazione". Per caso Conte non ce l'avrà mica con Salvini, il Capitano coraggioso della Lega? Nel qual caso verrebbero alla mente le parole rivolte nel 1529 da Francesco Ferrucci a Maramaldo, a capo delle truppe dell'Imperatore: "Vile, tu uccidi un uomo morto".

Sia chiaro, Salvini è tutt'altro che un uomo politicamente finito. Ha ancora molte carte da giocare. Ma azzoppato lo è senz'altro. Tant'è vero che l'agenda politica non è più nelle sue mani. E poi gli errori si pagano. Durante la crisi di governo non solo la Lega ritira la mozione che aveva baldanzosamente presentato al Senato. Ma Salvini, pur di rimettere assieme i cocci di una coalizione alla frutta, arriva a offrire a Di Maio la poltronissima di Palazzo Chigi. Ambìta nel 2018 e adesso respinta, sia pure tra non pochi dubbi e a malincuore. A ogni buon conto Salvini è convinto di avere sette vite come i gatti. E la ruota della fortuna da noi gira di continuo.

È destino che una persona così compìta come Conte a volte incespichi sulle procedure parlamentari e addirittura sul galateo. Infastidito da un'interruzione, Conte riprende un deputato esuberante. Al che il presidente Roberto Fico si vede costretto a riprenderlo a sua volta: “Presidente, richiamo sempre io i deputati all’ordine”. Al che al presidente del Consiglio non rimane che profondersi in scuse. A questo punto tutti avranno capito che Conte non è più, come una volta, un presidente del Consiglio per caso.

Col tempo ha preso coraggio e assapora lo scettro del comando. Un tempo, con il suo primo ministero, lui non era altro che il notaio di un contratto scritto da altri. A sua insaputa? Più sì che no. Adesso, però, è tutto un altro paio di maniche. Adesso Conte dice alto e forte, perché tutti ben comprendano, che il garante e primo responsabile del programma è proprio lui. Dopo tutto, non fa altro che attenersi strettamente all’articolo 95, primo comma, della Costituzione. Che recita: “Il Presidente del Consiglio dei ministri dirige la politica generale del Governo e ne è responsabile. Mantiene l’unità di indirizzo politico ed amministrativo, promuovendo e coordinando l’attività dei ministri”.

Sulle riforme costituzionali prossime venture, Conte da un lato pasticcia un po’ e dall’altro non fa ben sperare. Ma avvolge il tutto, con quella levità che lo caratterizza, in una lucente carta argentata allo scopo di fare bella figura. Auspica la riduzione del numero dei parlamentari per far contenti i pentastellati, che l’hanno eretta a loro cavallo di battaglia. Ora è vero che il presidente del Consiglio deve molto a Luigi Di Maio e ai suoi cari (si fa per dire...). E al centro del nostro bel Tricolore sta scritto – lo diceva quella linguaccia di Longanesi – “Tengo famiglia”. Basta non esagerare. Perché nel programma di governo non si può inserire un provvedimento di carattere costituzionale come per l’appunto la riduzione del numero dei parlamentari. Perché trattasi di *interna corporis acta*. Vale a dire di gelose prerogative parlamentari. Sulle quali il governo non può mettervi il becco. Come si è avuta occasione di ricordare.

Dirò di più. Su questioni di tal fatta – e un provvedimento costituzionale come quello appena ricordato lo è a pieno titolo –, i banchi del governo nel corso della loro discussione debbono essere vuoti. E invece nella seduta della Camera dell'8 ottobre 2019, in occasione del voto sulla legge costituzionale relativa al taglio del numero dei parlamentari, i banchi del governo sono pieni come un uovo. Conte, presente in aula con l'intero governo, parla di "giornata storica". E non potrebbe essere altrimenti, visto e considerato che lui la Storia la mette dappertutto come il prezzemolo.

Tutto è storico, a suo insindacabile avviso. E poi, uno scivolone dopo l'altro, auspica "una maggiore efficienza del Parlamento". Strano, molto strano che stavolta il presidente Roberto Fico non l'abbia ripreso. Come aveva già fatto un'altra volta. Solo abbracci e baci tra i componenti del governo. A cominciare, *noblesse oblige*, tra Conte e Di Maio. Felici come nel giorno di Pasqua per l'esito della votazione.

E che dire di Luigi Di Maio? Non era mica un passante, ma il ministro degli Esteri felicemente in carica. Orbene, scende spensieratamente in Piazza Montecitorio con i suoi fedelissimi e non trova di meglio che armarsi di un paio di forbici grandi così e di una enorme carta velina a forma di poltrona. E che cosa ti fa? Sì, proprio quello che immaginate: ha la bella pensata, quando si dice il genio, di tagliare in due quella poltrona di carta.

E già, perché per Di Maio i parlamentari – si presume anche i suoi, che sono in un bel numero anche se diminuiscono infelicemente, altro che decrescita felice… a vista d'occhio per le espulsioni e le defezioni – non sono uomini in carne e ossa. Non sono rappresentanti del popolo. Non sono persone con la loro dignità, esseri umani. Nossignori, per Di Maio sono poltrone e nulla più. Cose inanimate sulle quali poggiare le riverite terga. Per dirla con Joseph Fouché, peggio di un crimine, questa pagliacciata è un errore. Un grossolano errore. Un boomerang da schiantare un toro. E Conte non trova nulla ma proprio nulla da ridire.

A Conte debbono piacere le bucce di banana. L'importante è non farsi male. Ma se errare è umano, perseverare è diabolico. Non contento di aver appena dato il meglio del peggio felicitandosi per l'approvazione definitiva del taglio dei parlamentari, insiste. Infastidito dal vociò dei deputati dell'opposizione, dice stizzito: "Se posso esprimere il ragionamento e non essere interrotto, poi potete applaudire alla fine. Grazie". Per la seconda volta di seguito, mosso a compassione di una persona bene educata ma un po' insofferente nel "catino" vociante di Montecitorio, il presidente Fico non interviene. Come invece avrebbe dovuto.

Si diceva delle riforme costituzionali. Al riguardo Conte non si esprime con una chiarezza degna di un Cartesio. Dichiara infatti che la riforma sul taglio dei parlamentari "dovrà essere affiancata da un percorso volto a incrementare le garanzie costituzionali e di rappresentanza democratica, anche favorendo l'accesso democratico alle formazioni minori e assicurando, nello stesso tempo, il pluralismo politico e il pluralismo territoriale". E ancora: "Contestualmente il nostro obiettivo è procedere a una riforma dei requisiti di elettorato attivo e passivo per le elezioni del Senato e della Camera, nonché avviare una revisione costituzionale volta a introdurre istituti che assicurino maggiore equilibrio al sistema e contribuiscano a riavvicinare i cittadini alle istituzioni".

Se Conte mena il can per l'aia perché ha tutto l'interesse a restare nel vago, Dario Parrini mette le cose in chiaro. Eletto alla presidenza della commissione Affari costituzionali di Palazzo Madama, il senatore del PD su *la Repubblica* del 6 agosto 2020 rievoca l'accordo in cinque punti stipulato dai capigruppo della maggioranza il 7 ottobre 2019: "superamento" del Rosatellum, come dire dalla padella alla brace di una proporzionale con liste bloccate e clausola di sbarramento del 5%; riforma dei regolamenti parlamentari; riduzione del numero dei delegati regionali per l'elezione del capo dello Stato; modifica della base di elezione del Senato, da regionale a circoscrizionale, parificazione dell'età dell'elettorato attivo e passivo.

Sta di fatto che il latinorum di Conte puzza di bruciato. Tra tanta oscurità, una cosa è chiara come il sole. L'auspicio è, soprattutto, una bella riforma elettorale di stampo proporzionale. Con liste bloccate e con clausola di sbarramento al 5%. Di modo che i cittadini con il loro voto non possano decidere la coalizione di governo e, ancora meglio, il capo del governo. Come accade nelle democrazie maggioritarie, a cominciare dal Regno Unito. No, come ai tempi della cosiddetta Prima Repubblica, saranno i partiti a toglierci questo fastidio e a provvedere loro stessi in prima persona alla bisogna. Naturalmente, dopo le elezioni. Con tutto comodo.

Dopo di che Conte sottolinea – con un'evidente correzione di tiro rispetto al passato, ma lui sostiene di no – che il benessere degli italiani va cercato dentro e non fuori il perimetro dell'Unione europea. In polemica con il suo vecchio alleato, chiarisce che il fenomeno migratorio va gestito sì con rigore e responsabilità. Tuttavia con "un approccio non più emergenziale, ma strutturale, che affronti la questione nel suo complesso, anche attraverso la definizione di un'organica normativa che persegua la lotta al traffico illegale di persone e all'immigrazione clandestina". Il proposito è lodevole: siano integrati coloro che hanno diritto a rimanere ma siano rimpatriati coloro che non hanno diritto di restare. A riprova, se mai ve ne fosse bisogno, che la via dell'inferno è lastricata di buone intenzioni. E già, perché con le auspicate regolarizzazioni, come la mettiamo?

È la solita solfa all'italiana. L'inquinamento sfiora tutte le soglie consentite? Non c'è problema. Basta alzare quelle soglie e, oplà, tutto è a posto. Anche se nulla è in ordine. Ci sono troppi clandestini? Anche se sono veri e propri clandestini per modo di dire, visto e considerato che agiscono alla luce del giorno e fanno marameo alle forze dell'ordine. A più forte ragione, se sono degli spacciatori patentati o delinquenti più o meno abituali. E che problema c'è? Basta regolarizzarli e i clandestini, come per magia, spariranno. È, quando si dice il genio, l'operazione che è stata compiuta in maggio. Alla ricerca di mano d'opera agricola non alla mercé – e questo è un gran bene – del caporalato.

Altro ottimo proposito di Conte è quello di rivedere la disciplina in materia di sicurezza alla luce delle osservazioni formulate dal presidente della Repubblica, che sottoscrisse il provvedimento sulla sicurezza ma invitò il legislatore a provvedere alle storture. Avviandosi alla conclusione, Conte mette le mani avanti. Si rende conto che lui e i suoi ministri saranno "chiamati ad affrontare anche momenti duri, in cui forte risulterà la tentazione di indugiare sul proprio *particulare* e di abbandonarsi alle polemiche anche aspre e conflittuali. Le forze politiche che hanno dichiarato la propria disponibilità a sostenere questo governo hanno dato prova di coraggio".

Ancora: "Non possiamo nei prossimi mesi dissipare il tempo a disposizione in scontri e in litigi; i cittadini non comprenderebbero". E qui Niccolò Machiavelli, al quale forse Conte pensa senza avere l'improntitudine di citarlo, e Francesco Guicciardini, con il suo famoso *particulare*, da buoni amici fiorentini si tengono per mano.

Invece la storia si è ripetuta tale e quale, o a un dipresso, a cominciare dall'inizio del 2020. Fino all'insorgenza del coronavirus, nostra disgrazia e del tutto involontaria fortuna di Conte. Proprio nel momento in sui si cominciava a discutere di una sua eventuale sostituzione. Tant'è che il direttore del *Dubbio*, Carlo Fusi, nell'editoriale del 14 maggio 2020 afferma che, quanto a litigi, "giorno dopo giorno, col passo del gambero, il Conte II torna ad essere il Conte I".

A ogni modo, il presidente del Consiglio nutre fiducia. Come Luigi Facta, effimero presidente del Consiglio al quale non andò propriamente bene. Visto e considerato che Vittorio Emanuele III nell'ottobre del 1922 gli negò il decreto di stato d'assedio. Ma solo dopo aver domandato al generale Armando Diaz, duca della Vittoria, come si sarebbe comportato l'esercito nei confronti dei fascisti. Al che il Generalissimo risponde com'è ben noto: "Maestà, l'esercito farà il proprio dovere. Come sempre". Ma poi sibillinamente aggiunge: "Però sarebbe meglio non metterlo alla prova". La parola d'ordine di Conte è la stessa di sempre: sobri nelle parole [*sic*!], operosi nelle azioni. Alla scuola, è il caso di dirlo, di padre Zappata.

Nella replica, Conte propone due osservazioni degne di nota. Ma prima dimostra, tanto per cambiare, una certa insofferenza per i contestatori dell'opposizione. Per cominciare, afferma: "Ho ascoltato in silenzio senza interrompere e con molta attenzione prendendo anche degli appunti sulle parole che sono state più spesso utilizzate e adoperate: tradimento, oltraggio agli italiani, sequestro...". Poi fa dell'ironia niente male: "Permettetemi di dire – conosco la vostra abilità comunicativa – ma ripetere all'infinito queste parole non potrà cambiare la realtà dei fatti. Questa è una grande mistificazione". Tra gli applausi pentastellati, democratici e di estrema sinistra, e le grida "Elezioni, elezioni" dei leghisti.

Veniamo alle due questioni sollevate da Conte. La prima, sui rapporti tra esecutivo e legislativo: "Questo Governo ha una grandissima sensibilità per quelli che saranno i rapporti con il Parlamento, per la centralità del Parlamento. Da questo punto di vista, ci faremo carico di rispettare appieno il ruolo e le prerogative del Parlamento, che significa anche delle forze di opposizione. In particolare cercheremo di limitare, ci impegneremo a lavorare con metodo in modo da veramente relegare la decretazione d'urgenza, come prevede la Costituzione, soltanto ai casi veramente straordinari di necessità e urgenza".

Ecco un classico caso di hegeliana eterogenesi dei fini. Sebbene l'insorgenza del virus abbia in qualche misura giustificato una caterva di decreti legge e di DPCM. Cioè decreti del presidente del Consiglio. Da ultimo "parlamentarizzati", sì, ma un po' alla carlona. Una narrazione, quella di Conte durante l'insorgenza della pandemia, un po' *ad usum delphini.*

Difatti nel corso della discussione alla Camera del decreto legge n. 19 sono presentati alcuni emendamenti all'articolo 2, volti a "parlamentarizzare" per davvero i DPCM che ci sono piovuti sul gobbo di continuo. Ma tanto tuonò che non piovve. Perché il costituzionalista democratico Stefano Ceccanti presenta un emendamento per rendere obbligatorio, ancorché non vincolante, il parere delle commissioni parlamentari competenti per materia sugli schemi dei DPCM. Dopo che il capogruppo del PD Graziano Delrio aveva invitato Conte a moderarsi. A sua volta il capogruppo di Fratelli d'Italia Francesco Lollobrigida avrebbe voluto che il parere, oltre che obbligatorio, fosse altresì vincolante.

Ma passa invece la "riformulazione" (un'edulcorazione della realtà bella e buona perché si tratta di un emendamento che taglia le gambe agli altri due) pressappoco del seguente tenore: il presidente del Consiglio, prima dell'adozione del decreto, ne illustra alle Camere i contenuti; ma in caso d'urgenza fa a meno di presentarsi alle Camere e riferisce nei quindici giorni successivi all'adozione del decreto. Ovverosia, come suol dirsi, a babbo morto. Quando i buoi sono già belli e scappati. Un'informativa dunque, come le tante altre. Perciò senza un voto, parrebbe di capire. Perché delle votazioni, soprattutto al Senato dove i numeri sono un po' ballerini, Conte fa proprio il detto per cui fidarsi è bene e non fidarsi è meglio.

La seconda questione è purtroppo di stringente attualità. Osserva in proposito Conte: "Dobbiamo assolutamente varare una riforma organica che possa essere utilizzata in ogni caso di calamità naturale o di evento sismico. Lo dobbiamo fare una volta per tutte, adottando quello che è il modello più efficiente sin qui sperimentato nel corso dei decenni. Noi non possiamo permetterci, ogni volta che c'è una calamità del genere, introdurre dei decreti *ad hoc* e poi, semmai, modificarli in corso di attuazione". Ma è proprio quello che puntualmente accade a far data dalla dichiarazione dello stato di emergenza deliberato dal Consiglio dei ministri il 31 gennaio 2020.

La regola alla quale si attiene il presidente Mattarella non fa una grinza: quando il governo e il Parlamento sono al lavoro, lui tace. Intendiamoci, è silente per modo di dire. Non si esibisce sul palcoscenico del Quirinale, come solitamente fa in occasione delle crisi ministeriali. Quando si affaccia nella loggia alla Vetrata e pronuncia poche e soppesate parole. Come ha fatto anche il 4 settembre 2019, quando il presidente incaricato Conte scioglie positivamente la riserva e presenta la lista dei ministri. Senza che stavolta Mattarella muova obiezioni.

Ma Breda, come si è ricordato, pochi giorni prima sottolinea che il Presidente avrebbe rivolto particolare attenzione ad alcuni ministeri. E precisamente all'Economia, scoglio sul quale era naufragato il primo tentativo di Conte, agli Esteri, alla Difesa e all'Interno. *Nihil sub sole novi*, verrebbe da dire. Perché ai tempi dello Statuto albertino il re metteva la lente d'ingrandimento almeno su due ministeri in particolare: gli Esteri e la Guerra, come allora – *nomen omen* – si chiamava la Difesa.

Dietro le quinte del palcoscenico, Mattarella ha sempre un gran daffare. Ogni occasione è buona, se del caso, per parlare a nuora perché suocera intenda. E a buon intenditor, come usa dire, poche parole. Se decreti e leggi presentano qualche inconveniente ma non vere e proprie incostituzionalità, può emanare gli uni e promulgare le altre. Ma le riverite firme sono magari accompagnate da osservazioni che governo e Parlamento terranno nel debito conto.

Con la sua autorevolezza e con le sue conoscenze in alto loco – a livello comunitario e internazionale –, più che al governo in più occasioni dà una mano all'Italia. Ma l'arma segreta di Mattarella è la britannica *moral suasion*, che maneggia con perizia. Tutt'altro che una novità assoluta, intendiamoci. Perché Luigi Einaudi faceva la stessa cosa.

Dal 5 settembre 2019 – quando il governo Conte II con il giuramento dei ministri entra in carica – ai giorni nostri, ne è passato del tempo e sono accadute tante cose. Piacevoli e spiacevoli, com'è nella logica delle cose. Si è messo al lavoro il governo, e ne ha avute di gatte da pelare in Italia, all'estero e a livello comunitario. Nel frattempo Mattarella rappresenta al meglio l'unità nazionale. È un punto di riferimento per tutti gli italiani. Che apprezzano il suo modo pacato di agire, i suoi modi signorili, le sue parole a bassa voce. Come testimoniano tutti i sondaggi. Forse lo vorrebbero un po' meno riservato, un po' più comunicativo.

Ma, a tal fine, ha provveduto un fuorionda eccezionale proprio perché uscito all'insaputa del Presidente. "Giovanni, pure io non vado dal barbiere". Per giustificare un ciuffo ribelle. Come i nostri ciuffi cresciuti drammaticamente a vista d'occhio in questi dannati tempi caratterizzati dal virus. E il Giovanni del "fuorionda" altri non è che Giovanni Grasso, consigliere per la stampa e la comunicazione della presidenza della Repubblica. C'è chi sospetta che sia stato proprio lui ad architettare il fuorionda. Ma, a precisa domanda, lui ha negato ogni responsabilità al riguardo.

12

Cala il sipario. Ma la storia continua. Dietro le quinte

Il politologo statunitense Francis Fukuyama nel 1992 pubblica un bestseller dal titolo intrigante: *La fine della storia e l'ultimo uomo*. La sua tesi, che con il tempo è stata riveduta e corretta, è che le democrazie liberali non avrebbero più alternative. A prescindere dalla tesi, è il titolo a essere accattivante. Ma non veritiero, se preso alla lettera. Perché la storia non finisce mai. Come la guerra di Pietro Badoglio, la storia continua. Anche se la guerra del Maresciallo d'Italia, assurto ai fastigi della presidenza del Consiglio in un'Italia drammaticamente divisa in due, comincia da una parte e finisce dall'altra. Dai tedeschi agli angloamericani. Com'è capitato più volte ai Savoia. Per non parlare dell'irridente battuta di Winston Churchill. Questa: gl'italiani vanno alla guerra come se andassero a una partita di calcio e vanno a una partita di calcio come se andassero in guerra.

Ma torniamo al titolo del libro di Fukuyama. No, la storia non finisce mai. Neppure la storia che ha come protagonisti di questo libriccino da una parte Sergio Mattarella, che può confidare nel settennato del suo mandato, e dall'altra Giuseppe Conte, un presidente del Consiglio che, al pari di tutti i suoi predecessori, non ha la data di scadenza impressa sugli yogurt. Come i pochi governi definiti a termine. È il caso, per esempio, dei due ministeri balneari presieduti da Giovanni Leone. Il primo durato in carica dal 22 giugno al 5 dicembre 1963 e il secondo dal 25 giugno al 13 dicembre 1968. Più balneari di così! Ma se non hanno di norma una data di scadenza, i governi sanno che prima o poi dovranno tirare politicamente le cuoia.

Ora, la storia dei nostri due protagonisti, Sergio Mattarella e Giuseppe Conte, finisce. Ma finisce solo sul palcoscenico del Quirinale, illuminato dalle luci della ribalta. Però la loro storia parallela continua, eccome se continua. Ma continua dietro le quinte. Perché, una volta che i due rami del Parlamento concedono la fiducia anche al secondo ministero Conte, cala il sipario.

Da allora in poi, i due torneranno a vedersi di continuo. Di persona o per telefono. È consuetudine fin dai tempi dello Statuto che il presidente del Consiglio vada a rapporto dal capo dello Stato con cadenza settimanale, o a un dipresso. Perciò tutto si svolge non più sul palcoscenico del Quirinale ma in maniera più o meno riservata. E i comunicati del Colle o non ci sono o, se mai ci sono, non dicono granché. Perché si può dire del Quirinale quello che si dice delle banche: ti danno l'ombrello quando c'è il sole e te lo tolgono quando piove a dirotto.

Ci sono cose che si possono dire apertamente e altre che invece è bene tenere riservate. E Mattarella, quando occorre, è la riservatezza fatta persona. Ma il Presidente a ogni modo ha tante occasioni per dire la sua. O in maniera esplicita, con le sue misurate ma eloquenti esternazioni. O con comunicati. O facendo parlare in sua vece le solite fonti del Quirinale. O, ancora, avvalendosi di una *moral suasion* di stampo britannico che, prima o poi, salta fuori. Perché da noi i segreti, o presunti tali, sono i classici segreti di Pulcinella.

A questo proposito, non sarà male spendere qualche parola sui panni che ha voluto indossare Mattarella. L'attuale inquilino del Colle non è un presidente interventista. Come è stato, tanto per non fare nomi e cognomi, Giovanni Gronchi, che avrebbe voluto essere un Charles De Gaulle in carne e ossa e cinicamente mandò al macello un suo devoto come Fernando Tambroni al fine di propiziare l'apertura a sinistra, come allora si diceva. Cioè aprendo le porte del governo, ma piano piano e con giudizio, ai socialisti. O come Sandro Pertini, che per un settennato fa il bello e il cattivo tempo bastonando all'occorrenza, da quel teatrante che era, una classe politica della quale faceva parte a giusto titolo. Interessanti i diari 1978-1985 di Antonio Maccanico, *Con Pertini al Quirinale* (Bologna, il Mulino, 2014). Da ultimo, sulle figure degli inquilini del Quirinale, da De Nicola a Mattarella, si consiglia la lettura della pregevole opera in due volumi, curata da Sabino Cassese, Giuseppe Galasso e Alberto Melloni, dal titolo *I presidenti della Repubblica* (Bologna, il Mulino, 2018). Nella quale opera si ricorda che Alcide De Gasperi, nella sua veste di presidente del Consiglio, per pochi giorni, dal 13 al 28 giugno, assume i poteri di capo provvisorio dello Stato. Cioè fino all'elezione di De Nicola da parte dell'Assemblea costituente.

Tra i presidenti interventisti si possono poi annoverare – lo si è già ricordato – i nomi di Francesco Cossiga, che nell'ultimo biennio picconatorio fa il diavolo a quattro ma non incide più di tanto perché finisce per creare il vuoto attorno a sé; di Oscar Luigi Scalfaro, che subisce una metamorfosi che ha dell'incredibile: da devoto al Parlamento, una volta asceso al Quirinale si permette il lusso di scioglierlo nel 1994 di testa sua e di mettere un'infinità di paletti al primo governo presieduto da Silvio Berlusconi, interferendo in quella politica generale del governo che, ai sensi dell'articolo 95 primo comma della Costituzione, il presidente del Consiglio dirige e della quale è responsabile; dulcis in fundo, di Giorgio Napolitano, che con le sue esternazioni a cascata e i suoi interventi per lo più frutto della sua sensibilità politica, ha la ventura – unico capo del Stato – di essere rieletto e di bacchettare a dovere, una volta insediato di nuovo, un'intera classe politica. Illuminante il libro di Vincenzo Lippolis e Giulio M. Salerno, *La presidenza più lunga* (Bologna, il Mulino, 2016).

Tuttavia il presidente Mattarella non si può neppure incasellare tra le presidenze notarili. Come quella di De Nicola, eletto per ben due volte, a causa delle dimissioni facili, dall'Assemblea costituente a capo provvisorio dello Stato. Un principe del foro napoletano. Un proceduralista insigne, noto per le sue fisime. E autore di quel compromesso istituzionale secondo il quale Vittorio Emanuele III alla liberazione di Roma, avvenuta il 4 giugno 1944, avrebbe conferito al figlio Umberto la luogotenenza generale del Regno. Una figura, con quell'aggettivo "generale", che non aveva nessun precedente e che avrebbe lasciato al vecchio re la nuda titolarità della corona.

De Nicola era uomo dal carattere impossibile. Suscettibile al massimo grado. Non mise mai piede al Quirinale e per un nonnulla se ne andava da Roma per tornarsene sdegnato all'amata Napoli. Meglio ancora, a Torre del Greco. Dove morirà. Costringeva il suo segretario, Francesco Cosentino, a raggiungerlo a mezza strada e lo convinceva, spalmando miele a tutto spiano, a tornare sui propri passi. Imperdibile il *Don Enrico* di Giovanni Ansaldo (Firenze, Le Lettere, 2010).

Però Mattarella non è neppure un presidente notarile come Giovanni Leone. Penalista di prim'ordine con tanto di cattedra universitaria vinta quand'era giovanissimo. Avvocato in processi che fecero epoca. Un po' troppo partenopeo nelle movenze e innamorato delle canzoni napoletane con le quali si è laureato il presidente della Camera Roberto Fico. E rispettoso delle regole a tal punto da non voler mai strafare. Il guaio è che se un Leone si fa pecora, prima o poi il lupo se la mangia.

I lupi furono due. Uno, Marco Pannella, poi se ne pentì amaramente. E da quel galantuomo che era, si profuse in mille scuse, riconoscendo di avere sbagliato. L'altra, una giornalista sulla cresta dell'onda come Camilla Cederna, che per infilzarlo a dovere scrisse un libro ad hoc, intitolato: *Giovanni Leone: la carriera di un presidente* (Milano, Feltrinelli, 1978). Con l'accusa, assolutamente priva del benché minimo fondamento, che Leone fosse l'*antelope cobbler*, il ciabattino dell'antilope dello scandalo Lockheed. Prendendo al balzo l'occasione – come si è sopra ricordato – il segretario del PCI, Enrico Berlinguer, ne pretese la testa e la DC non fece obiezioni. Anche il Cossiga del primo quinquennio del suo mandato presidenziale può essere definito un presidente notarile. Ma poi cambiò stile e furono guai seri per tutti.

A questo punto non è inutile squadernare i fattori che fanno pendere la bilancia da una parte o dall'altra. A favore di una presidenza interventista o notarile. I fattori, in definitiva, sono tre. Il primo è rappresentato dal testo della Costituzione. Che, al riguardo, è tutt'altro che univoco. Valga un famoso episodio. In occasione della discussione generale nel marzo del 1947 del progetto di Costituzione, un giurista insigne come Vittorio Emanuele Orlando, il presidente della Vittoria, scuote la testa. No, non è affatto soddisfatto delle prerogative assegnate alla figura del presidente della Repubblica. Al che Palmiro Togliatti replica di comprendere perfettamente perché Orlando vorrebbe conferirgli poteri simili a quelli del re sabaudo; ma lui, il Migliore, non lo avrebbe mai consentito.

Del resto è arcinoto il sospetto che le sinistre nutrivano nei confronti della figura del presidente della Repubblica. Come nei confronti degli organi monocratici in generale. A cominciare dal presidente del Consiglio. Un po' per motivi ideologici e un po' per convenienza, visto e considerato che un organo monocratico non è lottizzabile.

Il termine lottizzazione, sia detto per inciso, è stato inventato da un giornalista di valore come Alberto Ronchey. E *temporibus illis* a Montecitorio correva una storiella che la dice lunga sul comportamento poco commendevole della classe politica. A via del Corso, nella sede del PSI, un compagno entra nella stanza di Bettino Craxi e gli dice: "I colonnelli hanno fatto un colpo di Stato". E il segretario di rimando, per nulla impressionato: "Ah, e a noi quanti ne spettano?". Come che sia, non sono pochi i costituzionalisti che hanno sottolineato l'ambiguità della Costituzione al riguardo. A cominciare da uno storico delle istituzioni e costituzionalista con le finestre aperte sul mondo, in barba alla monade di Gottfried Wilhelm von Leibniz, del calibro di Giuseppe Maranini.

Il secondo fattore che distingue le presidenze interventiste da quelle notarili è la personalità di chi ricopre la carica. E alla personalità, al carattere, non si comanda. Perciò è del tutto naturale che ogni inquilino del Colle abbia un suo particolare, caratteristico stile. Facciamo il caso di Mattarella, oggetto di queste noterelle. Quando parla, è l'esatto contrario del presidente del Consiglio pro tempore Giuseppe Conte. Difatti Mattarella non fa mai il passo più lungo della gamba. Misura i passi come misura le parole. Usa le parole come pungoli, all'occorrenza. Sì, ma con quale levità, con quale garbo, con quale signorilità. Pungenti, se del caso. Però mai e poi mai sopra le righe. Il suo motto potrebbe essere questo: "A buon intenditor poche parole".

Il pugno di ferro, nei pochi casi, lo usa infilandosi un guanto di velluto. Va dritto al nocciolo delle questioni e riesce come pochi altri a dipanare con maestria il bandolo della matassa. Cauto, prudente, riservato, quando non vuole dire con schiettezza la sua, incarica le solite fonti del Quirinale a parlare per lui. Insomma, di Mattarella – guardate un po' quanto ben d'Iddio – non ce n'è uno solo. No, ma ce ne sono almeno due. Se non addirittura di più. Perché altrimenti non si capirebbe il motivo per il quale intende coprirsi con sette veli. L'uno pubblico, si potrebbe dire l'apparenza, e l'altro privato. Due facce come Giano di una medesima medaglia. Ma quanto differenti tra loro. E l'apparenza inganna. Come sperimentò Matteo Renzi a sue spese, ingenuamente candidando a cuor leggero Mattarella al Quirinale con la speranza di averne un tornaconto. E dovette constatare di persona di che pasta in realtà fosse fatto il Presidente.

L'altro, Giuseppe Conte, è il suo rovescio. Quando parla, spesso e volentieri straparla. Nel convincimento che finché parla, esiste e se ne sta felice come un Papa a Palazzo Chigi. Di norma i civilisti come lui sono parsimoniosi più dei genovesi e degli scozzesi. Mai e poi mai sprecherebbero le parole. Quando hanno concluso che due più due fa quattro, si chetano. Lui no. La parlantina di Conte è fluida, scorrevole come l'acqua piovana. Grammatica e sintassi non fanno a pugni tra loro. I congiuntivi sono messi al posto giusto. Anche se ai dubbi del congiuntivo preferisce le certezze dell'indicativo. Ma, torniamo a ripetere, più che un civilista, Conte nel suo dire assomiglia ai penalisti. Meglio ancora, ai penalisti del tempo andato. Che usavano le parole, più che per manifestare il proprio pensiero, per stordire i loro interlocutori.

Il guaio è che Conte, sicuro del fatto suo quando parla, è pieno di dubbi amletici quando deve mettere nero su bianco. Si tratti di decreti legge o – meglio ancora, si fa per dire – dei suoi amati DPCM. E qui sono davvero dolori. Perché in Italia – e lui non fa di sicuro eccezione alla regola, anzi ne è un convinto sostenitore – vale la celebre battuta di Ennio Flaiano: "In Italia la linea più breve tra due punti è l'arabesco. Viviamo in una rete di arabeschi". E già, perché i testi dei decreti – una dozzina i decreti legge e altrettanti DPCM, che lievitano di continuo – sono dei ghirigori. Chilometrici, croce e delizia per chi deve interpretarli. Un passo avanti e due passi indietro. Come durante la vita militare, dato un ordine, per non sbagliare aspettare il contrordine.

Ci sono espressioni, nei sullodati decreti, che hanno fatto epoca. Come la parola "congiunti". Chi mai saranno questi Carneadi normativi? Marito e moglie, d'accordo. Genitori e figli, certo. Zii, nipoti, cugini, sicuro. Ma senza esagerare. E poi, sempre a detta delle mirabolanti FAQ che avrebbero la pretesa d'interpretare le disposizioni normative e invece finiscono a volte per complicare ulteriormente le cose, coloro che hanno una stabile relazione affettiva. I fidanzati? Sì, ma anche coloro che lo sono da pochi giorni? Gli amanti? Forse che sì, forse che no. Alla scuola di Gabriele D'Annunzio, il divino Ariel. E se sì, purché la relazione sia stabile. Com'è, come non è, le cronache ci dicono che fu multato un ragazzo che, vittima delle pulsioni della sua giovane età, uscì di casa dopo essere stato rinchiuso per un mesetto abbondante per volere di Conte. Fermato dalle forze dell'ordine, fu multato perché dichiarò, non si sa se più ingenuamente o impudentemente, di andare da una signorina di buon cuore. E fu multato, beninteso, perché quella relazione non era stabile. Si presume. Insomma, Conte sembra fare di tutto per complicarsi e complicarci la vita.

Dopo quest'ennesimo paragone tra i due Presidenti, veniamo al terzo fattore di discrimine tra una presidenza interventista e una presidenza notarile. Questo fattore è rappresentato dalla situazione politica del momento. In tempi di bonaccia, che da noi rappresentano l'eccezione alla regola, quando cioè tutto fila liscio e il governo va avanti di buon grado sostenuto da una maggioranza compatta, la fisarmonica del Quirinale – rubo l'espressione al più autorevole dei nostri costituzionalisti, il giudice della Corte costituzionale Giuliano Amato – si restringe. Se invece – come da noi è la regola – c'è tempesta, il governo naviga a vista e la maggioranza lo sorregge come la corda tiene l'impiccato, allora la fisarmonica del Colle si allarga. Si allarga sempre più. Compatibilmente, si capisce, con le regole elastiche della nostra Costituzione e con lo stile degli inquilini del Colle.

Conte si arrabatta come meglio può nella pianura delle istituzioni, tra Palazzo Chigi, Montecitorio e Palazzo Madama, una sorta di Triangolo delle Bermude. Perché un presidente del Consiglio rischia sempre di rompersi l'osso del collo al cospetto di una maggioranza parlamentare che gli punta addosso la pistola del termometro a distanza per misurarne la temperatura. Mentre, lassù sul Colle, Mattarella vigila. Non più sul palcoscenico del Quirinale, come si è avvertito in precedenza. Ma dietro le quinte. Una fatica improba, quella di Mattarella. Tenuto conto dello stato di salute politico del presidente Conte e del suo governo, che navigano in cattive acque. Si può dire da sempre, da quando i due rami del Parlamento nel settembre dell'anno scorso gli hanno accordato la fiducia. E il virus ha finito per complicare ancor più l'operato dell'esecutivo.

Già nel corso della crisi del primo governo Conte, Mattarella era stato esplicito. Come osserva sul *Sole 24 Ore* del 1°

settembre 2019 Lina Palmerini, Mattarella "non ha alcuna intenzione di entrare e tanto meno mediare nella trattativa tra il premier e i due partiti. O nel braccio di ferro su Luigi Di Maio. Quindi questo è il primo paletto messo dal Quirinale: il raggiungimento di un accordo e la formazione di un Governo è interamente affare delle due forze politiche. Pure quelle precisazioni sul fatto che un eventuale Conte-bis non sarebbe una riedizione dell'Esecutivo Monti, come dice Salvini, sta a significare che se l'alleanza giallo-rossa decollerà, non avrà alcuna copertura istituzionale del Presidente. Sarà un governo politico, punto. Con un premier scelto dal partito di maggioranza relativa (i 5 Stelle) e accettato dal PD, non indicato dal Colle". Così, tanto per mettere le cose in chiaro.

Alla vigilia del 5 settembre 2019 – quando Conte o riesce nell'impresa o tutto torna in alto mare con lo spettro di elezioni anticipate dopo una crisi di governo che si trascina dal 20 agosto –, Mattarella perde la sua abituale compostezza e fa sentire agli interlocutori, che si agitano laggiù in "pianura", alta e forte la sua voce. È stanco dei soliti veti incrociati sulla squadra di governo. E sul *Corriere della Sera* del 5 settembre Marzio Breda si pone sulla stessa lunghezza d'onda della Palmerini. Afferma infatti: "Mattarella non è, e non intende esser percepito, come il Lord protettore del gabinetto giallorosso. Si limita a tenerlo a battesimo (attraverso il giuramento di oggi) con lo stesso distacco con il quale, il primo giugno 2018, aveva tenuto a battesimo quello gialloverde".

Una precisazione, aggiunge Breda, "su cui gli intimi del presidente insistono perché, com'era prevedibile, è subito scattata la gara ad attribuire a un paio di 'tecnici' la casacca del fantomatico partito del Quirinale". E gli "indiziati", scrive Breda, sono il prefetto Luciana Lamorgese all'Interno e Roberto Gualtieri all'Economia. Insomma, Mattarella non tollera di essere tirato per la giacchetta o che gli vengano imputate scelte che invece sono fatte dai partiti. Ora e sempre al di sopra della mischia, Mattarella. Senza lasciarsi condizionare da chicchessia.

Se mai la cosa gli fosse sfuggita – ma non è affatto così –, Conte ha la riprova che Mattarella tiene saldo il timone nelle sue mani. Dopo l'improvvida iniziativa di Di Maio, che aveva la bella pretesa di deferirlo alla Corte costituzionale per attentato alla Costituzione per essersi attenuto strettamente ad essa nel suggerire un cambio di casella per un personaggio eccellente come Paolo Savona, nessuno ha mai più contestato il capo dello Stato. Del resto, tutti i sondaggi lo danno in continua ascesa. Intelligente com'è, Conte ha capito e si è prontamente adeguato. Grato del fatto che Mattarella si è speso con tutta la sua autorevolezza nel risolvere al meglio la crisi ministeriale, Conte se ne esce con parole alquanto singolari, che sono state variamente interpretate.

È il 27 settembre 2019. Conte è a Ceglie Messapica, in provincia di Brindisi. Sta rispondendo alle domande del direttore di *Affari italiani.it*, Angelo Maria Perrino, in occasione di un'edizione straordinaria de "La Piazza", la kermesse organizzata dal quotidiano digitale in collaborazione con il Comune della cittadina pugliese. A un certo punto il presidente del Consiglio dice tra l'altro: "Non spetta a me" una decisione su chi andrà al Quirinale. Aggiunge: "Non sono neanche parlamentare" ma "posso dire che vorrei una personalità come Mattarella", dotata di "equilibrio, esperienza politica, saggia e anche alla mano". E conclude in bellezza: "Se Mattarella fosse disponibile a un secondo mandato…" ovviamente avrebbe le qualità elencate.

Parole singolari, quelle di Conte, perché pronunciate con largo anticipo rispetto alla conclusione del settennato presidenziale, che scadrà il 3 febbraio 2022. Va bene che la marcialonga per il Quirinale comincia con largo anticipo. Ma una candidatura in anticipo di quasi un triennio è decisamente un'esagerazione. E poi è un'anomalia che a farsene promotore, sia pure in un'intervista davanti a un mare di folla nella sua Puglia, sia il presidente del Consiglio in carica. Tenuto anche conto del fatto che se molti hanno puntato al raddoppio, soltanto un presidente ce l'ha fatta: Giorgio Napolitano. Però lui stesso aveva dato per scontato che il mandato sarebbe stato a termine. Come in effetti è avvenuto.

Una voce dal sen fuggita, quella di Conte? Può anche darsi. Così come può darsi il contrario. Dopo tutto, gioca in casa di fronte a una folla plaudente e alla presenza dei giornalisti. E allora non è escluso che, una volta tanto, abbia misurato le parole e pronunciato quelle giuste. È in forma smagliante. Via via che l'intervista procede dà l'impressione di essere sempre più sicuro di sé. Fino ad apparire poco meno di quell'uomo solo al comando. Un'accusa che aveva rivolto a Salvini nella storica – quella sì per davvero – seduta del Senato del 20 agosto 2019.

E allora si può perfino supporre che quelle parole mielate nei confronti del presidente della Repubblica in carica non siano state che un pretesto per autocandidarsi lui stesso alla suprema magistratura dello Stato. Dopo tutto, Conte dovrà pure pensare al proprio futuro. Sa bene che la poltrona di Palazzo Chigi è stata sempre instabile. Mentre l'inquilino del Quirinale non è una meteora ma una stella fissa del firmamento costituzionale per la bellezza di sette anni.

Fatto sta che ogni volta che qualche visitatore al Quirinale ne fa un cenno, Mattarella replica sempre allo stesso modo: "Periodo ipotetico del terzo tipo". Per chi ha poca dimestichezza con la grammatica, significa dell'irrealtà. E per dar forza a queste sue poche parole, muove la mano destra come se dovesse scacciare una mosca fastidiosa che gli ronza nei pressi del naso. Ma si tratta davvero di un'ipotesi surreale, com'è indotto a credere Mattarella? Alla luce delle tante voci che si accavallano via via che si avvicina il 3 febbraio 2022, direi proprio di no.

Dopo Conte, è Francesco Storace a formulare una simile ipotesi. Sul *Foglio* del 23 giugno Storace afferma: "Finirà che Mattarella lo terremo al Colle per altri sette anni". E qui cade a proposito *Il Conte di Carmagnola* di Alessandro Manzoni. S'ode a destra uno squillo di tromba; a sinistra risponde uno squillo. Sì, perché dopo Storace, è Emanuele Macaluso a dire la sua. E Macaluso è persona che pure lui non ha peli sulla lingua. Pochi giorni dopo l'esternazione dell'attuale vicedirettore de *Il Tempo*, Macaluso non esclude la rielezione di Mattarella. E siccome non c'è due senza tre, su *la Repubblica* del 28 giugno interviene Eugenio Scalfari. Pensando alla rielezione di Giorgio Napolitano, Scalfari scrive: "L'ideale sarebbe una proroga del suo mandato".

A costo di dispiacere a Mattarella, anche il sottoscritto si è aggiunto al coro. Sul *Sole 24 Ore* del 1° luglio 2020 ho affermato: "Personaggi del più diverso orientamento vedrebbero con favore un bis per Mattarella. Perché? Innanzitutto perché si è rivelato un ottimo presidente, per qualche verso assimilabile a Luigi Einaudi, di gran lunga il migliore inquilino del Colle. All'inizio della legislatura è stato contestato senza fondamento da Luigi Di Maio, che da allora non fa che lodarlo. Ha battezzato un governo con la Lega e un altro con il PD. Con dentro sempre i Cinque stelle, partito di maggioranza relativa. Il centrodestra ha capito che il capo dello Stato non può sciogliere le Camere motu proprio in caso di divario tra Paese reale e Paese legale se in Parlamento sussiste una maggioranza disposta a sostenere un esecutivo. Questa è la regola della forma di governo parlamentare. E poi Mattarella rappresenta al meglio l'unità nazionale".

Ancora. "Un'alternativa a Mattarella è problematica. Zingaretti sa che i Cinque stelle diranno di no a una candidatura comune. Come sarebbe un candidato del PD al Quirinale e uno pentastellato, o vicino al partito come Conte, a Palazzo Chigi. Se si aggiunge che i gruppi parlamentari non sono mai stati tanto indisciplinati come adesso, tutto fa supporre che si andrebbe avanti per un'infinità di scrutini senza intravedere una via d'uscita. E solo dopo un logorante gioco al massacro dal comignolo di Montecitorio uscirebbe per disperazione una fumata bianca. Con ogni probabilità avremmo uno scolorito personaggio di seconda fila tale da non fare ombra a nessuno. Mentre i candidati del PD – da Prodi a

Veltroni – e degli altri partiti in gara verrebbero rosolati a fuoco lento ed espulsi dalla marcialonga uno dopo l'altro. Una iattura. Cui prodest?".

Perciò appare velleitaria la proposta di Matteo Renzi di un patto tra i partiti della maggioranza per insediare al Quirinale una personalità che abbia le carte in regola con l'Europa. Quasi che non avesse nulla insegnato la candidatura di Romano Prodi, impallinato da ben 101 franchi tiratori nelle elezioni che hanno portato al Colle per la seconda volta Napolitano.

A questo punto scende in campo Marzio Breda, che tiene a mettere bene i puntini sulle "i" (*Corriere della Sera*, 6 luglio 2020). E non lo fa certo a caso. Ricorda a sé stesso, come usa dire, che il grande gioco del Quirinale di solito si apre alla vigilia della scadenza naturale del settennato e mai troppo prima. Non fosse che per buona creanza nei confronti dell'inquilino del Colle. E invece la gara è cominciata nell'estate del 2019. "Tra mosse scaramantiche e suggestioni strampalate". Ed "è molto cresciuta nell'ultimo mese". Quindi stigmatizza la disinvoltura di un giornale che, senza pensarci su due volte, ha scritto papale papale che il capo dello Stato "tra poco lascerà l'incarico, rendendo necessario il voto del Parlamento".

Tra poco? Ma come! Non è forse vero che Mattarella scadrà dal mandato solo il 3 febbraio 2022, cioè tra un anno e mezzo? E allora tanto vale mettere le cose in chiaro, rileva Breda, che di sicuro parla a ragion veduta. Mattarella, scrive, non ha intenzione di dimettersi anzitempo. È intenzionato a completare il mandato. Ciò premesso, aggiunge che non rientra nelle sue idee accettare un bis per un fatto di coscienza in quanto un costituzionalista del calibro di Livio Paladin sosteneva che la rielezione di un capo dello Stato "non è vietata ma non è opportuna".

Fatto sta che questa tesi di Paladin, un maestro del diritto costituzionale allievo del mitico Vezio Crisafulli, appare datata. Certo, una rielezione vuol dire quattordici anni al Quirinale, un periodo tale da trasformare un presidente della Repubblica in una sorta di monarca. Ma quando Paladin, ormai scomparso da molto tempo, sosteneva questa tesi non si era mai dato il caso di una rielezione del capo dello Stato. Tant'è, data la prassi consolidata, che Paolo Barile sosteneva nelle sue *Istituzioni di diritto pubblico* e in un saggio sul capo dello Stato che la non rielezione del presidente della Repubblica non significa un giudizio negativo da parte del collegio dei grandi elettori. Napolitano ha sfatato la prassi e ne è sopraggiunta un'altra di segno opposto. E si sa quanto prassi, consuetudini e convenzioni contino nel diritto costituzionale. Come ben sa Mattarella.

A ogni modo, di fronte a "chiacchiere fatue e gratuite" il capo dello Stato affetta una "olimpica indifferenza". In cauda venenum, "si potrebbe perfino supporre che dietro questa avventata corsa al Colle ci sia un intento politico: anticipare, di fatto, il cosiddetto 'semestre bianco', ossia quel periodo che chiude il mandato presidenziale e nel quale, a norma di Costituzione, il capo dello Stato non può sciogliere le Camere e far aprire le urne". Orbene, se qualcuno nutre un tale disegno avventuroso, si sbaglia di grosso. Ed è di solare evidenza che questo è il pensiero non solo di Breda, ma soprattutto di Mattarella. Che ha fatto benissimo a dire per interposta persona come stanno le cose.

Non basta. Breda chiude così le proprie riflessioni: "Stavolta, descrivendo erroneamente questo capo dello Stato come ormai prossimo al congedo, il tentativo può sembrare quello di voler sterilizzare in parte la sua autorità e limitare il suo campo d'azione. Una mossa pericolosa, studiata magari per esorcizzare qualsiasi ipotesi di voto in autunno e nel contempo puntellare la vacillante maggioranza giallorossa, vincolandola fin d'ora a un patto per imporre insieme il prossimo inquilino del Quirinale".

Dove quella "vacillante maggioranza giallorossa" merita di essere incorniciata. Perché in un gioco di dissolvenze Mattarella compare là dove Breda scompare. Se è così, Conte avrebbe motivo di preoccuparsi. Mentre dietro a quel patto ipotizzato si nasconde, ma fino a un certo punto, Matteo Renzi. L'uomo che vinse la lotteria nel proporre Mattarella al Quirinale, per perderne poco dopo il biglietto.

13

Paese reale, Paese legale e lo scioglimento delle Camere

Con "questi qua", qualunquisticamente considerati da tanta gente dei buoni a nulla e capaci di tutto, Mattarella deve stare sempre all'erta. La cocente sconfitta subìta dalla maggioranza ad opera del centrodestra nelle elezioni per il rinnovo della carica di presidente della regione Umbria, mette in fibrillazione un governo che finora è andato avanti tra alti e bassi, e mille malumori. Tira aria di elezioni anticipate a livello nazionale? Il centrodestra, e in particolare Giorgia Meloni, le reclama. Con qualche motivo degno di considerazione.

In effetti, tutti i manuali di diritto costituzionale – a cominciare dall'insuperabile testo di *Istituzioni di diritto pubblico* di uno studioso autorevole come Costantino Mortati – sostengono che le elezioni anticipate si giustificano quando non esiste più consonanza tra Paese reale e Paese legale. Tra opinione pubblica e Parlamento. Sì, è così. Ma questa dissonanza, del resto testimoniata da tutti i sondaggi, di per sé non basta. Occorre, come si è rilevato poco sopra, che lo smottamento determini una valanga a livello parlamentare. Come prova la circostanza che – salvo l'eccezione di Scalfaro, che motu proprio nel 1994 sciolse le Camere, ma allegando il motivo che nuove leggi elettorali erano state partorite dal referendum manipolativo del 1993 e il Parlamento era quello degli "inquisiti" – tutti gli scioglimenti anticipati delle Camere avvennero perché il capo dello Stato fu costretto a prendere atto che nessuna maggioranza parlamentare era più possibile.

Tutti gli altri scioglimenti anticipati – a cominciare dal primo, del 1972 – furono in definitiva degli autoscioglimenti. In sostanza i partiti, in particolare i due maggiori, chiesero al capo dello Stato lo scioglimento delle Camere in quanto nessuna combinazione parlamentare era materialmente possibile. Insomma, è il caso – per usare una espressione famosa – di una maggioranza introvabile.

In mancanza di questa condizione, il presidente della Repubblica non potrebbe fischiare il finale di partita senza assumersi una grave responsabilità istituzionale. Piaccia o no, queste sono le regole di una forma di governo parlamentare. Non a caso, il capoverso dell'articolo 1 della Costituzione afferma sì che la sovranità spetta al popolo. Spetta, si badi. E non emana dal popolo, formulazione meno cogente che si ritrova in altre Costituzioni. Ma aggiunge che questa sovranità il popolo "la esercita nelle forme e nei limiti della Costituzione".

D'altra parte il trasformismo gioca più a favore della maggioranza che dell'opposizione. Ne abbiamo la prova provata a partire dall'inizio di questa XVIII legislatura. Fin da subito il centrodestra avrebbe voluto un incarico per il leader Salvini, essendo questa la coalizione di maggioranza relativa. Ma non avendo i numeri, avrebbe dovuto arruolare un certo numero di "responsabili" al Senato e assai di più alla Camera. Ma per affidare l'incarico, Mattarella chiede con ragione che gli si mostri il "cammello" della maggioranza parlamentare. Perché l'inquilino del Quirinale vuole fare come san Tommaso: non ci crede se non tocca con mano. E in effetti il tanto agognato "cammello" non salta fuori.

È più facile che sia la maggioranza parlamentare del momento a fare proseliti. Non perché abbia un fascino particolare, oggi come ieri un'accozzaglia di partiti che fino a un momento prima non si potevano vedere e si osteggiavano. Ma per il semplice motivo che non si è mai visto il caso di parlamentari che reclamano elezioni anticipate, come non si è mai dato il caso di tacchini che auspicano l'anticipo delle festività natalizie, quando finiranno immancabilmente in pentola. Con il rischio di tornare a casa per sempre. E, se disoccupati nel momento in cui sono stati eletti, costretti a cercarsi un lavoro. Per questi motivi sono tanti coloro che all'interno delle istituzioni parlamentari sono convinti – come a suo tempo la buonanima di Benito Mussolini – che l'importante è durare. Dopo tutto, il Potere fa il miracolo di rendere simpatici i suoi detentori del momento. Perciò c'è la tendenza a salire sul carro del vincitore. O ritenuto tale.

Già, ritenuto tale. A tale riguardo Indro Montanelli raccontò una storiella che se anche non fosse vera sarebbe verosimile, considerato il personaggio. Il personaggio è Mario Missiroli, un grande giornalista ma non quello che si dice un cuor di leone. Duellò una volta, ma sul serio non in senso figurato, con Mussolini quando non era ancora il Duce. Ma prese qualche sonoro ceffone a Bologna da un bellimbusto in camicia nera. E si adattò, ai tempi del Ventennio, a scribacchiare sui giornali senza firma e osannando di continuo il futuro fondatore dell'Impero.

Orbene, nell'ottobre del 1917, nei giorni di Caporetto, Missiroli è il direttore del *Resto del Carlino*. Gli austriaci hanno sfondato e avanzano. Nella notte Missiroli pensa bene di scrivere un pezzo dal titolo "Austria felix". Nel quale, manco a dirlo, magnifica la cultura del nostro nemico storico dai tempi del Risorgimento. Ma poi ha un soprassalto: "E se poi vincono gli altri?". Gli altri, postilla quel maledetto toscano di Montanelli, eravamo noi. Gl'italiani. E sulla linea del Piave arrestammo l'avanzata del nemico. Perciò, a proposito di trasformisti, c'è il rischio di puntare sul cavallo sbagliato.

Questa nostra tesi è la stessa di Marzio Breda, che non parla mai a caso. E, soprattutto, di Mattarella. Sul *Corriere della Sera* del 29 ottobre, Breda annota: "Il presidente della Repubblica non può ovviamente sfiduciare un esecutivo in carica, come pretenderebbe ad esempio la leader di Fratelli d'Italia Giorgia Meloni. Non può – costituzionalmente – almeno finché questa maggioranza, per quanto meticcia ed improvvisata *in extremis* dopo la rottura di Matteo Salvini lo scorso agosto, regge in Parlamento. Insomma, Sergio Mattarella non si presterà a manovre per 'nuovi scenari subito', sabotando (ed è la richiesta dei vincitori di domenica) o al contrario puntellando e blindando gli attuali assetti politici".

Breda soggiunge poi che "nell'ipotesi di una caduta del governo, il presidente non si adopererà per trovare alternative in modo di prolungare questa tormentata legislatura fino al 2022. Si tornerà alle urne – e Mattarella lo ha fatto sapere con toni severi a chi ha incontrato di recente – senza tenere conto dei calcoli su quali forze di Camera e Senato eleggeranno il suo successore al Quirinale". Questa presa di posizione di Mattarella sarà un *leitmotiv* nei mesi successivi. Si pronuncia in tal senso il 10 febbraio, quando, non sopportando più le baruffe chiozzotte che avevano già caratterizzato gli ultimi mesi del Conte I, Mattarella sostiene senza mezzi termini che, nel caso che il governo Conte cada, non c'è altra alternativa che le elezioni anticipate.

Pochi giorni dopo, il 16 febbraio, Mattarella si ripete. Il governo dà l'impressione di essere sempre più sul punto di cadere. Ma c'è chi accredita il paradosso, riproposto da ultimo da un osservatore attento come l'ex presidente della Camera Luciano Violante sulla *Gazzetta del Mezzogiorno* del 9 agosto 2020, che il ministero è troppo debole per tirare le cuoia. Se Conte dovesse davvero cadere, Mattarella penserebbe a nuove elezioni a settembre gestite da un governo ad hoc. Il 27 settembre, lo fa notare Breda il giorno dopo sul *Corriere della Sera*, Mattarella sembrerebbe propenso a battezzare un nuovo governo che nasca grazie al forcipe della cosiddetta sfiducia costruttiva di marca germanica. Secondo la quale il Parlamento revoca automaticamente un governo insediandone un altro. Ma della sfiducia costruttiva di marca germanica da noi non si è mai vista l'ombra.

Il 4 maggio, a differenza di Paganini, Mattarella concede il bis. E torna a minacciare elezioni anticipate a settembre. Addirittura prima dello svolgimento del referendum costituzionale sul taglio del numero dei parlamentari. Una esagerazione, a nostro sommesso avviso. Perché così, andando alle elezioni prima dello svolgimento del referendum, avremmo il paradosso di un nuovo Parlamento con gli stessi componenti di prima. Vale a dire 630 deputati e 315 senatori elettivi. E allora che si fa? Subito dopo il referendum, nell'ipotesi che vinca il sì, si ritorna a votare per avere un Parlamento formato da un minor numero di membri? Per una volta tanto, Mattarella dà l'impressione – secondo una famosa battuta – di fare l'estremista per prudenza. Per mettere un po' di paura addosso a una classe politica che assomiglia a un sodalizio di gattini ciechi. Alla disperata ricerca di una via d'uscita.

Ne consegue che Mattarella avrebbe cambiato, il condizionale è d'obbligo, schema di gioco. In passato, con una pazienza encomiabile, si è iscritto all'Accademia del Cimento. E ha provato e riprovato finché ha fatto uscire dal suo cilindro un coniglio – senza allusioni, ci mancherebbe – che non si è messo da solo ma che è un regalo di Sua Maestà della Partitocrazia. Perché, sia chiaro, lui nel cilindro non si metterebbe mai e poi mai un coniglio. Neppure fosse un prestigiatore. A costo di entrare in conflitto con Luigi Einaudi, al quale può essere a buon diritto accostato, che, quando gli saltò la mossa al naso e la DC non si decideva a decidere, fece di testa sua e nominò il governo Pella.

No, Mattarella sa quali sono le sue prerogative ma sa anche quali sono le colonne d'Ercole che non intende superare per nessuna ragione al mondo. Si direbbe che ha orrore dei governi palatini. Dei governi partoriti lassù, sul Colle. E non gradisce nemmeno surrogare, con la sua personale "fiducia", quella stentata che il governo, quale che sia, ha in Parlamento. Nessuna doppia fiducia, dunque. Cose alla Pertini che non gli appartengono. Tutto ciò premesso, si potrebbe tuttavia sostenere – come avrebbe detto Talleyrand – che non è cambiato lui. No, sono cambiati i tempi. Sì, perché prima Mattarella ha nominato un governo giallo-verde, con tanto di trattino, poi ha dato vita a un governo giallo-rosso, con altrettanto trattino. E adesso non c'è più altro da sperimentare perché le combinazioni ministeriali, a differenza degli esami per Eduardo, sono finite.

A meno che… A meno che non si formi un governo istituzionale, un governo di tutti o giù di lì. Magari presieduto da una personalità autorevole come Mario Draghi. Che ha figurato talmente bene alla presidenza della BCE da poter passare nel febbraio del 2022 – perché no? – da Palazzo Chigi al Quirinale senza soluzione di continuità. Si fa presto a dire. Ma, per quel poco che conosciamo il presidente Mattarella, abbiamo il sospetto che gli sia balenato davanti agli occhi il fantasma di quel servitore dello Stato che risponde al nome e cognome di Carlo Cottarelli. Pure lui figura autorevole. Ma, con tutto il rispetto per gli amati animali, in Parlamento non si sarebbe trovato un cane disposto a sostenerlo. E, di grazia, qui e ora come farebbe Draghi a dirigere un'orchestra dove fellinianamente ogni orchestrale andrebbe per conto proprio?

E allora Mattarella ha le sue brave ragioni. In caso di crisi ministeriale, la soluzione obbligata sarebbe quella delle elezioni anticipate. Che di sicuro sono musica per le orecchie del centrodestra. E non dispiacciono neppure a Conte, tutt'altro. Sempre che la spada di Damocle resti a mezz'aria senza abbattersi su un presidente del Consiglio che non saprebbe più a che santo votarsi. E già, perché finché la spada di cui sopra si limita a pendere sul collo della legislatura, senza mai calare giù, per Conte c'è speranza. Per il semplice motivo che di "responsabili" più che disponibili a dargli una mano ne troverebbe a frotte.

Mattarella, del resto, non dimentica mai i tre diritti che ai tempi suoi Walter Bagehot riconosceva alla regina Vittoria. E validi ancora oggi in una forma di governo parlamentare come la nostra. Perciò il capo dello Stato non si stanca di essere consultato, di incoraggiare e di mettere in guardia. Il capo dello Stato guarda al governo come un professore guarda a studenti un po' svogliati. Si aspetterebbe un governo che cincischi di meno e sia più determinato nell'agire.

Intervenendo il 25 novembre 2019 all'inaugurazione dell'anno accademico 2019-2020 dell'Università Bocconi e del nuovo Campus, Mattarella – è proprio il caso di dirlo – parla alle nuore presenti affinché le tante suocere, annidate tra la gente e nei Palazzi che contano, bene intendano. Si dichiara pienamente d'accordo con il senatore a vita Mario Monti, presidente dell'Ateneo, sul fatto che lo studio suscita "spirito critico e senso di responsabilità", che sono "i veri antidoti all'odio e ai pregiudizi". Si compiace del fatto che la Bocconi "abbia al centro della sua attività la figura complessiva della persona umana". E per l'appunto si può dire che la prima parte della Costituzione s'incentra sulla persona umana, sulla sua dignità.

Concorda poi con Monti sull'importanza fondamentale della preparazione. E, al pari del senatore a vita, tesse l'elogio della competenza. Una messa in guardia? Forse qualcosa di più, data la preparazione della classe politica. E ancora: "La tentazione che fa affiorare desideri di semplificare quel che è complesso, in maniera illusoria, è rischiosa perché, al contrario, le novità così complesse non possono essere né accantonate, né ignorate, né rimosse. Ma vanno affrontate consapevolmente, con competenza, per poterle governare, per non esserne travolti". Tutto questo, si direbbe, a beneficio di chi – dentro e fuori il Parlamento – parla, come si dice a Napoli, a schiovere. Cioè a vanvera, quasi a pioggia battente. E forse a Mattarella sarà venuta in mente la battuta di Mauro Corona. Questa: "Dovremmo scegliere i nostri governanti guardando le loro biblioteche". Parole sante. Una battuta, se non altro, che non vale per il presidente del Consiglio.

14
Se Conte desse ascolto a Benjamin Disraeli...

L'opposizione scalpita. Non trovando ascolto a Palazzo Chigi, si rivolge direttamente al Quirinale. Come fa Matteo Salvini, chiedendo udienza alla fine di novembre per la questione salva Stati. Il famoso o famigerato, a seconda dei punti di vista, MES. Ovviamente, le porte del Colle sono sempre aperte. E Mattarella non ha nulla in contrario a ricevere un parlamentare che, per di più, è il leader dell'opposizione. Ma non intende immischiarsi nelle questioni in discussione in Parlamento. In ossequio a una regola alla quale non è mai venuto meno. E che suona così: quando il Parlamento discute, il Quirinale è silente.

Quando il coronavirus si materializza in tutta la sua virulenza, Mattarella, da quel parlamentare di lungo corso che è stato, "consiglia" Conte ad "aprire" all'opposizione. Perché ha sempre pensato, il capo dello Stato, che il dialogo continuo tra maggioranza e opposizione è il sale della democrazia. In specialissimo modo quando un nemico temibile come il virus semina morte. Naturalmente Conte non può fare a meno di assecondare un presidente della Repubblica così prodigo di consigli nei suoi confronti. Ma si direbbe che lo faccia di malavoglia. E non solo in questa occasione, ma di continuo.

D'altra parte, non è la prima volta che Conte dimostra di non avere molta confidenza con il Parlamento. Sospetta che Renzi, la sua bestia nera, si unisca all'opposizione per toglierlo di mezzo e sostituirlo con non importa chi. Ma in questo il capo dello Stato gli è di aiuto. Perché minacciando le urne a breve, è come se lanciasse un salvagente a un Conte che rischia di andare sott'acqua. Non so se il presidente del Consiglio abbia una qualche dimestichezza con Benjamin Disraeli, leader del partito conservatore, per due volte premier ai tempi della regina Vittoria e parlamentare, prima alla Camera dei Comuni e poi alla Camera dei Lord. Ma proprio perché parlamentare per oltre quarantacinque anni, conosceva a menadito le regole scritte e non scritte del potere legislativo. Con ogni probabilità, Mattarella si ricorderà dell'importanza che Disraeli annetteva ai rapporti tra maggioranza e opposizione. Al punto da dire che "nessun governo può conservarsi ben saldo a lungo senza un'opposizione formidabile". E se Conte ignorava questa massima, d'ora in poi la tenga bene a mente. Il guaio è che capisce ma non si adegua.

Sul *Sole 24 Ore* del 4 marzo 2020, Lina Palmerini riassume assai bene questo stato di cose. Scrive: "Una scelta doverosa oppure un gesto politico. Può avere due letture diverse la decisione di Conte di convocare a Palazzo Chigi l'opposizione per un confronto sulle misure contro l'emergenza sanitaria ed economica ma al momento prevale la prima". Ancora: "Il fatto è che tra PD e 5 Stelle c'è il timore di vedere aleggiare le larghe intese o i governi istituzionali perché la situazione resta complicata e quindi si preferisce derubricare tutto a normale gesto istituzionale". Tuttavia così conclude: "Di un dialogo – però – non si può fare a meno visto che ci sono provvedimenti che devono necessariamente essere condivisi".

Il 5 marzo, appena il giorno dopo la nota della Palmerini, sull'emergenza virus Mattarella esterna dall'alto del Quirinale. Come si spende per un dialogo con l'opposizione, il capo dello Stato adesso invita a guardare le cose dalla parte del governo. E "il Governo – cui la Costituzione affida il compito e gli strumenti per decidere – ha stabilito ieri una serie di indicazioni di comportamento quotidiano, suggerite da scienziati ed esperti di valore. Sono semplici e importanti per evitare il rischio di allargare la diffusione del contagio".

Dopo di che Mattarella continua il suo dire con affermazioni degne della più attenta considerazione. Rileva che "alla cabina di regia costituita dal Governo spetta assumere – in maniera univoca – le necessarie decisioni in collaborazione con le Regioni, coordinando le varie competenze e responsabilità. Vanno, quindi, evitate iniziative particolari che si discostino dalle indicazioni assunte nella sede di coordinamento".

Di più. Mattarella aveva speso poco prima del passaggio citato parole di incitamento alla concordia nazionale. Aveva infatti dichiarato che "il momento che attraversiamo richiede coinvolgimento, condivisione, concordia, unità d'intenti nell'impegno per sconfiggere il virus: nelle istituzioni, nella politica, nella vita quotidiana della società, nei mezzi di informazione". Insomma, nessuno può tirarsi indietro. Nessuno può disertare di fronte a un nemico che ci colpisce senza tregua.

Rivolto ai suoi concittadini, Mattarella così conclude: "Senza imprudenze ma senza allarmismi, possiamo e dobbiamo aver fiducia nelle capacità e nelle risorse di cui disponiamo. Dobbiamo e possiamo avere fiducia nell'Italia". Coinvolgimento, condivisione, concordia, unità d'intenti. Così parla chi rappresenta, ai sensi della Costituzione, l'unità nazionale. E in alcune parole sulla pericolosità del virus c'è un'eco delle famose parole pronunciate il 4 marzo 1933 da Franklin Delano Roosevelt: "L'unica cosa di cui aver paura è la paura stessa".

Dall'alto della sua esperienza, il Presidente teme che le cose volgano al peggio. Teme conflitti tra Stato e regioni. Come puntualmente avverrà. Anche a causa della riforma del Titolo v della Parte seconda della Costituzione, che all'articolo 117 affida alla potestà concorrente delle regioni la tutela della salute. In assenza di una clausola di salvaguardia, come quella prevista dalla riforma costituzionale Renzi-Boschi, colata a picco dal referendum del 4 dicembre 2016, il governo tuttavia può sempre fare assegnamento sul successivo articolo 120. In forza del quale l'esecutivo "può sostituirsi a organi delle regioni, delle città metropolitane, delle province e dei comuni nel caso, tra l'altro, di pericolo grave per l'incolumità e la sicurezza pubblica, ovvero quando lo chiedono la tutela dell'unità giuridica o dell'unità economica e in particolare la tutela dei livelli essenziali delle prestazioni concernenti i diritti civili e sociali, prescindendo dai confini territoriali dei governi locali".

Avvalendosi della predetta disposizione costituzionale, il governo ha nominato il prefetto di Bari commissario straordinario al fine di provvedere agli adempimenti necessari all'adeguamento del sistema elettorale della regione Puglia alla legge 20/2016 e ai princìpi di parità di accesso tra donne e uomini. Secondo quanto recita il decreto legge approvato dal Consiglio dei ministri nella seduta del 31 luglio 2020 ed emanato nella stessa serata dal presidente Mattarella.

Non basta. I DPCM adottati a valanga – non sempre con la piena copertura di un decreto legge, com'è il caso del n. 6 del 23 febbraio – non hanno sempre le carte perfettamente in regola con la Costituzione. Perché il decreto legge appena citato prevedeva per le autorità competenti, e perciò anche per il governo, l'adozione di misure anche oltre quelle tassativamente contemplate all'articolo 1. Senza peraltro prevedere una data di scadenza. Come più volte hanno stigmatizzato autorevoli studiosi. A cominciare da Sabino Cassese.

In effetti, questi DPCM sono scritti in perfetto burocratese. Non potrebbe essere più severo il giudizio di un purista della lingua italiana alla Basilio Puoti come Sergio Fabbrini. Sul *Sole 24 Ore* del 17 maggio rileva: "Sia l'amministrazione centrale che buona parte delle amministrazioni periferiche hanno dimostrato di non possedere la competenza e la freddezza per affrontare sfide esistenziali. Si pensi ai vari decreti del presidente del Consiglio oppure dei vari ministeri, emessi a ripetizione durante la pandemia, che hanno rappresentato un vero e proprio oltraggio al senso comune, oltre che alla scienza amministrativa, per come erano scritti e strutturati. Un esito inevitabile quando sistemi di reclutamento delle leadership istituzionali premiano la lealtà piuttosto che il merito". E sull'inadeguatezza della classe dirigente – in special modo della classe politica –, si rinvia all'illuminante articolo di Ernesto Galli della Loggia pubblicato sul *Corriere della Sera* del 25 marzo.

Gustavo Zagrebelsky non è da meno. Su *la Repubblica* del 30 aprile non le manda certo a dire. Rileva che i DPCM "mescolano vere e proprie prescrizioni giuridiche, con annessa comminazione di sanzioni, a consigli ed esortazioni che, evidentemente, di giuridico hanno poco o nulla ma riguardano l'assunzione di condotte autonome e responsabili. Bene sarebbe distinguere: una cosa è l'ubbidienza, l'altra cosa è la responsabilità. Il difetto è la confusione. La prima è cosa giuridica, la seconda è cosa etica. I mezzi per promuovere l'ubbidienza non sono quelli per promuovere la responsabilità. Anche quest'ultima implica doveri, ma sono doveri autonomi che ciascuno impone a sé stesso in nome della libertà propria e degli altri, in nome cioè della solidarietà".

Ma poi Zagrebelsky distingue tra emergenza ed eccezione: "La prima è interna al sistema, e lo difende da una minaccia; la seconda lo frantuma per travolgerlo e superarlo. Lo stato di emergenza, nel nostro caso, ha un fine: la tutela della salute pubblica. È strumento di garanzia di un diritto fondamentale" (*Il Fatto Quotidiano*, 7 agosto 2020).

I sullodati DPCM si accavallano l'uno sull'altro in modo da complicare tutte le cose. Sono di un'ambiguità deplorevole. E spesso correggono quello immediatamente precedente. È il caso, ennesima "perla" della serie, del DPCM 18 maggio. Che apporta modifiche all'articolo 1, comma 1, lettera cc) del DPCM 17 maggio. Sì, avete capito bene: appena del giorno precedente. E che dire dei decreti legge annunciati grazie ai potenti mezzi televisivi e usciti con tutto comodo diversi giorni dopo? Si può dire senza tema di smentite che il decreto legge 19 maggio n. 34, contenente misure urgenti in materia di salute, sostegno al lavoro e all'economia, nonché di politiche sociali connesse all'emergenza epidemiologica da Covid-19, è degno di essere raccolto nel Guinness dei primati dell'anno di grazia 2020. E subito ribattezzato dal governo, a fini pubblicitari, decreto Rilancio.

Almeno per due motivi. Primo, perché tra l'annuncio del provvedimento e la sua pubblicazione nella Gazzetta Ufficiale i giorni scorrono di continuo. La conferenza stampa del presidente del Consiglio risale a sabato 16 maggio, tenuta nel cortile di Palazzo Chigi alla presenza fisica dei giornalisti. E il provvedimento era considerato ormai cosa fatta. Invece ha fatto bella mostra di sé in Gazzetta Ufficiale solo martedì 19 maggio. Nel frattempo è accaduto di tutto, di più. E i dettagli li vedremo di qui a poco. Ma possiamo già anticipare che il capo dello Stato, a quanto pare, c'entra eccome. E non già perché ha tardato a emanare un decreto che ha seguito passo passo nelle sue evoluzioni e involuzioni passando da una bozza all'altra.

Al modus operandi che, come al solito, è fatto di annunci di provvedimenti di là da venire, si aggiunge il merito. O, per meglio dire, il demerito di questo decreto legge. Pensate: si articola in dodici capi, in 266 articoli a loro volta suddivisi in commi corredati – non sia mai detto – da lettere a) b) c) e spaziando per le intere lettere dell'alfabeto. Poteva bastare? Certo che no. E infatti non potevano mancare diversi allegati. Ora, il rilancio delle parole lo vediamo a vista d'occhio, non occorre il binocolo per osservarlo meglio. Ma il rilancio dovrà passare per le mani degli interpreti. Che, come gli scienziati dei giorni nostri, ci deluderanno di continuo. In tale bailamme, sarà un problema afferrare la norma che fa al caso nostro.

Per qualche mese – in particolare nei mesi di febbraio, marzo e aprile – i due rami del Parlamento hanno battuto la fiacca. Un po' perché la paura del contagio, dopo i primi casi verificatisi tra i parlamentari, faceva 90. E un po' perché il governo si teneva alla larga quanto più possibile dalle commissioni e dalle aule di Montecitorio e Palazzo Madama. Per forza. C'era solo qualche decreto legge da convertire e anche il sindacato ispettivo si era alquanto rarefatto.

Ma il principale motivo è un altro. Sempre più spesso Conte procede grazie a strumenti normativi come i DPCM. Che hanno il vantaggio di essere flessibili per loro natura. Ma che hanno inconvenienti di non poco conto. Salvo il coinvolgimento di qualche ministro, tutto si concentra nelle mani del presidente del Consiglio. Di un capo del governo che ci appare, lui sì, un uomo solo al comando. Sia pure nel periodo dell'emergenza. Nessun altro può ficcare il naso in provvedimenti di tal fatta. Né il presidente della Repubblica, che emana i soli decreti legge e promulga le leggi. Né il Parlamento, che ha voce in capitolo nella sola conversione dei decreti legge. Né la Corte costituzionale, perché trattandosi di atti amministrativi si può ricorrere al Tar e al Consiglio di Stato.

Si è discusso a lungo sull'opportunità di procedere per qualche tempo al voto a distanza. Tanto più, come ricorda di continuo il costituzionalista piddino Stefano Ceccanti, ormai sono molti i Parlamenti – a cominciare da quello europeo – a comportarsi in tal guisa. E il loro numero aumenta di continuo. Ma i presidenti dei due rami del Parlamento, la Casellati e Fico, non hanno ceduto alla tentazione. E hanno fatto bene, a nostro sommesso avviso. Perché a poco a poco le Camere hanno ricominciato a funzionare. Più in sede di controllo che in sede legislativa, visto e considerato che al riguardo c'è ben poco da fare.

A tutto questo va aggiunto che a Conte l'idea di sottomettersi al voto dei due rami del Parlamento non passa per l'anticamera del cervello. Informative sì, quante se ne vuole e su tutto lo scibile. A patto che le informative non si concludano con un voto. La prudenza non è mai troppa e la scheggia impazzita di Renzi non fa dormire al presidente del Consiglio sonni tranquilli. E, a quanto pare, Mattarella condivide in pieno l'orientamento della Casellati e di Fico di non mandare tutti a casa. Come se fosse l'8 settembre.

Mattarella ribadisce ancora una volta che l'opposizione, in tempi di emergenza come questi, va coinvolta. E se insiste su una questione che gli sta particolarmente a cuore, è perché Palazzo Chigi si rassegna ad adeguarsi. Ma senza troppa convinzione. Più che per un motivo istituzionale, anche se l'eccesso di DPCM pesa eccome. Per un motivo squisitamente politico. Al Senato la maggioranza è risicata. E fare i conti con Salvini, dopo i tanti dissapori, non può piacere più di tanto. Per non parlare di Matteo Renzi, una scheggia vagante che non dà pace e non se la dà. Ma le parole del capo dello Stato non possono essere disattese a cuor leggero. E così Conte dà l'impressione di fare buon viso a cattivo gioco.

Di questo stato di cose si fa interprete sul *Corriere della Sera* del 24 marzo Marzio Breda. Osserva che "il presidente della Repubblica si è sentito obbligato a ripetere al premier ciò che gli aveva raccomandato fin dalle prime fasi dell'emergenza: le opposizioni vanno coinvolte nella gestione della crisi". Ancora: "Da questa mediazione – frutto di una studiata strategia del pungolo – è nato l'invito di Conte ai leader del centrodestra per un incontro serale a Palazzo Chigi". Così conclude: "Certo, anche sul Colle, dove sono state condivise le misure prese finora, alcuni tentennamenti di troppo e qualche scelta comunicativa di Palazzo Chigi non devono essere piaciute granché. Ed è scontato che lo strumento del DPCM per blindare completamente l'Italia andrebbe irrobustito dall'avallo di una cabina di regia riconosciuta e legittimata da tutti, e con un Parlamento non ridotto al silenzio".

Il capo dello Stato sembra dare un colpo al cerchio e uno alla botte. Dapprima, per dirla con Einaudi, fa una predica tutt'altro che inutile all'inquilino di Palazzo Chigi sulla necessità di un coinvolgimento dell'opposizione. Ma poi pare avallare le misure adottate dal governo. Dal Palazzo del Quirinale, il 27 marzo, dichiara tra l'altro: "Nel nostro Paese, come ho ricordato, sono state prese misure molto rigorose ma indispensabili, con norme di legge – sia all'inizio che dopo la fase di necessario continuo aggiornamento –, norme, quindi, sottoposte all'approvazione del Parlamento. Sono stati approvati – e sono in corso di esame parlamentare – provvedimenti di sostegno per i tanti settori della vita sociale ed economica colpiti. Altri provvedimenti sono preannunciati".

L'opposizione continua a rimanere in assetto di guerra. Non si fida di Conte, disponibile a parole ma che non fa mistero di diffidare della controparte. E a furia di tirare la corda da una parte e dall'altra, il rischio è che si rompa e si apra – proprio nell'ora più buia, per ripetere le parole di Churchill – una crisi al buio. Che porrebbe Mattarella davanti al solito dilemma: o un nuovo governo o elezioni anticipate. Come già detto, il capo dello Stato è propenso a imboccare il secondo corno del dilemma. Prendendo, come suol dirsi, due piccioni con una fava. Farebbe felice l'opposizione che da sempre, con il vento in poppa del Paese reale, reclama a gran voce lo scioglimento delle Camere. E fa un regalo al presidente del Consiglio e all'intero governo in quanto questa minaccia lo fortifica. Potendo sempre fare assegnamento sui soliti responsabili.

E poi, rimuginerà tra sé e sé il capo dello Stato, chi potrebbe essere il successore di Conte? Forse Carlo Cottarelli, scongelato di nuovo e messo in pista? E poi un governo per concludere la legislatura o un gabinetto che si limiti a gestire le elezioni? Quanti interrogativi. Un incarico a Cottarelli incontrerebbe le medesime difficoltà di una volta. Difficilmente riuscirebbe a racimolare una maggioranza in Parlamento. Sarebbe perciò un gabinetto di minoranza precostituita. E un ministero di tal fatta non potrebbe far alto che portare alla svelta il Paese alle elezioni anticipate. Non occorrerebbe neppure sforzarsi per formare la squadra di governo. Perché il sospetto è che, quando il 27 maggio 2018 Conte rotolò rovinosamente per le scale del Quirinale in quanto si era incaponito a non spostare Savona dalla casella dell'Economia, Mattarella e Cottarelli si stavano già giocando la carta di riserva con tanto di nomi e cognomi per i vari dicasteri.

La verità è che Conte e l'opposizione hanno finito per non intendersi mai. E il presidente del Consiglio ha le sue brave responsabilità. A ragion veduta. Perché se maggioranza e opposizione non si guardano più in cagnesco, è molto probabile che a saltare sia proprio l'inquilino di Palazzo Chigi. Bellamente sostituito da un governo istituzionale presieduto, per esempio, da Mario Draghi. Vedi caso, non invitato a Villa Pamphilj. Per non parlare di Vittorio Colao, le cui ricette economiche di stampo liberale non sono piaciute affatto a chi coltiva l'idea di uno Stato imprenditore e non trova di meglio che affidarsi a un assistenzialismo di corto respiro. Sarà un caso. Ma per illustrare agli stati generali dell'economia le sue 102 proposte, Colao ha avuto soltanto un'ora. 35 secondi per ogni proposta. Cose da Tempi moderni di Charlie Chaplin. Uomo di buon cuore, il presidente del Consiglio. Forse temeva, come ho insinuato in un mio "oblò" su *Il Dubbio*, che Colao perdesse l'aereo per Londra.

Gli incontri di Conte con l'opposizione sono stati sempre interlocutori e non hanno mai avuto un effettivo seguito. L'opposizione ha contribuito con il proprio voto ad approvare più di uno scostamento di bilancio, che richiede la maggioranza assoluta dei componenti di ciascuna Camera. Ma poi, come ha denunciato a più riprese Giorgia Meloni, gli emendamenti dell'opposizione presentati in occasione della conversione dei vari decreti legge sono stati tutti bocciati o, tutt'al più, talora approvati in quanto "riformulati" dalla maggioranza o dal governo.

Conte invita l'opposizione agli stati generali dell'economia, che dice di no perché non intenzionata a fare tappezzeria a Villa Pamphilj, trasformata in un porto di mare dove c'è di tutto, di più. In altra occasione Conte invita separatamente i leader della Lega, di Fratelli d'Italia e di Forza Italia, illudendosi di poter ricorrere all'espediente del divide et impera. Ma questa volta, soprattutto per la ferma determinazione di Giorgia Meloni, la storia dell'antica Roma è stata ribaltata. Stavolta sono stati i tre Curiazi che hanno avuto ragione del Machiavelli del Tavoliere delle Puglie, l'ultimo degli Orazi.

Non basta. Prima, siamo agli inizi di luglio, Conte dice di voler incontrare a Palazzo Chigi i rappresentanti dell'opposizione. E poi non si fa sentire per giorni. Invita la Meloni la mattina dell'8 luglio e solo ore dopo si fa vivo con Salvini e Tajani. E tutto ricomincia daccapo. Con il presidente di Fratelli d'Italia che reclama prima di un faccia a faccia un documento del governo, tanto per non parlare di aria fritta, e un incontro in streaming, con le modalità tanto care ai pentastellati. Come sa sulla sua pelle Pier Luigi Bersani.

Sul *Corriere della Sera* del 9 luglio Massimo Franco sottolinea che "in conferenza stampa a Madrid Conte ha ironizzato sull'opposizione paragonandola a Nanni Moretti, che nel film *Ecce Bombo* si chiede come deve comportarsi per essere notato di più. Parole irridenti, che non aiutano; ma che hanno spinto gli avversari a dire sì alla proposta, chiedendo un rinvio di una settimana". Un'incomunicabilità, aggiunge Franco, "che preoccupa il Quirinale in una fase di incertezza parlamentare e di trattative difficili con l'UE". Fatto sta che Conte non si limita a provocare di continuo l'opposizione ma a volte va fuori dal seminato. Per esempio quando afferma che come elettore "pretenderei che il mio capo politico vada a un incontro con il premier di tutti gli italiani".

Premier di tutti gli italiani? E quando mai. Il caldo estivo può giocare brutti scherzi. E poi – a dirla tutta – il successo, al pari dell'insuccesso, a volte può dare alla testa. A meno che… A meno che non studi da capo dello Stato. Sì, perché solo il presidente della Repubblica, ai sensi della Costituzione, rappresenta l'unità nazionale. L'inquilino di Palazzo Chigi, invece, no e poi no. Almeno negli ordinamenti che si ispirano ai valori della democrazia liberale. Come per l'appunto il nostro.

15

La filastrocca dei DPCM e i moniti del Presidente

Adesso tutta l'attenzione si concentra sui famosi o famigerati DPCM e dintorni. L'opposizione non fa mistero di non essere entusiasta – per usare un eufemismo – del modus operandi di Conte. Perché, così facendo, il presidente del Consiglio rischia di alterare la stessa forma di governo parlamentare. Che si fonda sull'equilibrio dei poteri tra legislativo ed esecutivo. Un equilibrio che sta slittando a tutto vantaggio di quest'ultimo. Ecco che scendono in campo, con tutto il *savoir faire* che li caratterizza, le massime cariche dello Stato.

Ma prima sarà bene spendere qualche parola su una nota musicale. E non sembri una bizzarria. La nota musicale in questione è "la". Già, chi dà il la? Dipende. Nella forma di governo parlamentare ci sono un tetto e un pavimento. E tanto spazio nel mezzo. Fuor di metafora, basterà citare un costituzionalista autorevole come Leopoldo Elia. Il quale, nella voce dell'*Enciclopedia del diritto* "Governo (forme di)", sostiene che il governo a seconda dei casi è il comitato direttivo o il comitato esecutivo del Parlamento. Vale a dire, in definitiva, della maggioranza parlamentare. Nelle democrazie maggioritarie, a cominciare dal Regno Unito, il governo è comitato direttivo, mentre nelle democrazie che si fondano sulla rappresentanza proporzionale il governo sovente è comitato esecutivo. Basterà citare la Francia della Terza e della Quarta Repubblica e l'Italia della cosiddetta Prima Repubblica e, per qualche verso, quella dei giorni nostri. Prima della pandemia, beninteso.

È proprio il caso di dire: *nihil sub sole novi*. C'è un illustre predecessore di Elia ed è nientedimeno che Camillo Benso conte di Cavour. In occasione del dibattito parlamentare sul progetto di legge che conferiva a Vittorio Emanuele II e ai suoi successori il titolo di Re d'Italia, l'allora presidente del Consiglio mette le carte in tavola. Nella tornata del Senato del 26 febbraio 1861 sostiene che il governo è rimorchiato dall'opinione pubblica o rimorchiatore. E l'opinione pubblica è, o almeno dovrebbe essere, lo specchio fedele della classe parlamentare. Poi aggiunge: "Ho sempre creduto di dover seguire il secondo, e mi pare che gli eventi abbiano dato ragione a questa scelta". E alla Camera il 4 marzo sottolinea: "Negli ultimi avvenimenti l'iniziativa fu presa dal Governo del Re". Il guaio di Conte è soltanto uno: non si chiama Cavour. Ma, si sa, non si può avere tutto dalla vita.

Il garbo istituzionale delle massime cariche dello Stato è tale che le loro parole sono suscettibili di diverse e financo opposte interpretazioni. Il 28 aprile è la volta del presidente della Corte costituzionale, Marta Cartabia, che illustra l'attività della Consulta nel 2019. Il passo che ha destato più commenti è questo: "La nostra Costituzione non contempla un diritto speciale per lo stato di emergenza sul modello dell'art. 48 della Costituzione di Weimar o dell'art. 16 della Costituzione francese, dell'art. 116 della Costituzione spagnola o dell'art. 48 della Costituzione ungherese. Si tratta di una scelta consapevole. Nella Carta costituzionale non si rinvengono clausole di sospensione dei diritti fondamentali da attivarsi nei tempi eccezionali, né previsioni che in tempi di crisi consentano alterazioni nell'assetto dei poteri".

Semplici constatazioni alla portata di tutti i costituzionalisti, certo. Ma queste sottolineature, nel contesto attuale, non possono considerarsi casuali. Stanno a significare, a detta di molti osservatori, una presa di distanza dal modus operandi del presidente del Consiglio.

Appena il giorno dopo, 29 aprile, è la volta di Mattarella. Ma se il presidente della Consulta è piuttosto chiara, il capo dello Stato pare procedere con i piedi di piombo. Su *la Repubblica* del 30 aprile, Claudio Tito non nutre dubbi. Il titolo parla da solo: "L'ombrello del Quirinale sui decreti di Conte. 'Costituzione rispettata'". Scrive: "I princìpi fondamentali della Costituzione non sono messi in discussione. Le procedure fino ad ora, sebbene dettate dall'emergenza, non costituiscono una trasgressione dei dettami sanciti dalla nostra Carta fondamentale". Ancora: "Al di là delle diverse interpretazioni date alle parole di Cartabia, il presidente della Repubblica ha sempre evitato negli ultimi due mesi di intervenire sul ricorso al DPCM. Proprio perché l'iter adottato in questo frangente non può rappresentare una minaccia alla tenuta democratica del Paese e alle garanzie fornite dalla Costituzione. L'emergenza Coronavirus, insomma, non si può trasformare in una emergenza istituzionale".

Ma poi Tito si fa più cauto. Difatti annota: "Non a caso Mattarella ha sistematicamente raccomandato al presidente del Consiglio di mantenere una cautela specifica nei confronti dei diritti costituzionalmente garantiti. Anche in virtù della considerazione che il veicolo 'amministrativo' utilizzato dall'esecutivo presenta delle peculiarità e dei limiti. E fino a questo momento, e in questo contesto specifico, i confini fissati dalla Costituzione – è la posizione del Colle – sono stati rispettati. In caso contrario difficilmente sarebbe mancato un intervento". Tuttavia Tito così conclude, echeggiando, a quanto pare di capire, il pensiero del capo dello Stato: "Il ciclo 'amministrativo', però, deve avere un inizio e una fine. E la fine non può che essere proprio un decreto legge in grado di accorpare tutti i DPCM riguardanti la stessa materia. Si tratta di una procedura adottata da Palazzo Chigi". Con il beneplacito del Quirinale. Perché – è sempre Tito a sottolinearlo – considera questa procedura la soluzione più pratica per affrontare una crisi mutevole e per coinvolgere doverosamente il Parlamento.

Per un Tito che parte in quarta e poi decelera nell'interpretare il pensiero di Mattarella, c'è un osservatore acuto come Marco Bertoncini che, su *Italia Oggi* del 1° maggio, non ha dubbi. Perché, sottolinea, sono filtrate due chiare indicazioni dal Quirinale a proposito dei DPCM a raffica ai quali Conte ci ha abituato. Primo, non desterebbero preoccupazioni sotto il profilo della legittimità costituzionale. Secondo, senza l'avallo del Colle, Conte non avrebbe probabilmente parlato nei suoi interventi alle Camere di "solidi presupposti giuridici" all'origine degli atti che lui, "giurista", ha firmato "in scienza e coscienza". Giurista, sì. Ma civilista e non costituzionalista. Evviva la differenza, avrebbe detto all'inizio della legislatura Mattarella. Quando non aveva ben bene inquadrato il presidente del Consiglio per caso. Almeno allora, perché poi...?

Per ora hanno detto la loro quanti si sono azzardati a interpretare con più o meno fondamento il pensiero del capo dello Stato. E proprio alla vigilia del 1° maggio, quando Mattarella interviene dal Palazzo del Quirinale in occasione della festa del lavoro. Il suo discorso è asciutto, essenziale. Una sua caratteristica. Ma proprio perché non abusa delle parole, a differenza del presidente del Consiglio felicemente in carica, vanno soppesate ben bene. Sulle orme di Luigi Einaudi, non disdegna una predica inutile quando auspica "un responsabile clima di leale collaborazione tra le istituzioni e nelle istituzioni". Tradotto dal latino, tra Stato e regioni e tra governo e Parlamento. A riprova che, secondo il detto popolare, la lingua batte dove il dente duole.

Poi Mattarella va dritto al cuore della questione. Avverte, e le sue parole hanno tutta l'aria di un monito vero e proprio, che "sono necessarie indicazioni – ragionevoli e chiare – da parte delle istituzioni di governo ma, oltre al loro rispetto, è soprattutto decisiva la spontanea capacità di adottare comportamenti coerenti nella comune responsabilità di sicurezza della salute". Insomma, ce n'è per tutti. Per il governo, che deve adottare misure "ragionevoli e chiare". Ragionevoli, pare che dica, perché strumenti normativi flessibili come i DPCM non possono dare più di quello che hanno. Chiare, perché spesso e volentieri molte disposizioni normative sembrano responsi degni della Sibilla cumana.

Alla luce delle considerazioni del capo dello Stato, vanno un po' ridimensionate le tesi degli interpreti di cui sopra. Certo, Mattarella non condanna i DPCM in quanto tali. Ma a ben precise condizioni. Né si può sottacere l'ultima parte dell'intervento. L'appello alla responsabilità rivolto ai cittadini è quanto mai attuale. Perché, da quando si è aperta la fase 2, si sta ballando sul Titanic. In ogni parte d'Italia si fa una gran baldoria, all'insegna della movida. O, per meglio dire, della mala movida. Non si rispettano le distanze tra persone, le mascherine sono un optional. E tutto questo mentre il Belpaese rischia di affondare in un mare di debiti e tra crescenti povertà. Una contraddizione che grida vendetta quella tra chi in tanta tragedia non pensa ad altro che a divertirsi e chi tira la cinghia e fa di tutto per risorgere dalle ceneri come l'araba fenice.

Tre Italie, come la Gallia di Giulio Cesare. L'Italia che non ce la fa ad andare avanti. L'Italia che lavora e produce, vera e propria spina dorsale della Nazione. E l'Italia che, davanti a questa tragedia immane, non trova di meglio che rintanarsi nel Paese dei balocchi. Dando prova di un'intollerabile irresponsabilità. Un'Italia che ricorda, ma centomila volte peggio, i vitelloni all'Alberto Sordi.

Quel che è peggio, le forze dell'ordine e i vigili urbani stanno a guardare come le stelle di Cronin. Perché le disposizioni normative ad hoc non mancano, ma sono ormai considerate nulla più che gride di manzoniana memoria. A riprova che a volte lo Stato è un flatus vocis. Con un ordinamento giuridico che si sbriciola per la disperazione di chi non si sente tutelato, come i residenti delle zone dove spadroneggiano orde di barbari. Caduto pressoché in desuetudine. Un'eresia. Cose da far rivoltare nella tomba un luminare del diritto pubblico come Santi Romano.

Pochi giorni dopo, il 9 maggio, nel messaggio in occasione del settantesimo anniversario della Dichiarazione di Robert Schuman, Mattarella vola alto. Non indugia sulla normativa volta a contenere il Coronavirus. Eppure, tra le righe non è difficile decifrare al meglio le sue parole. Il presidente dice: "Ci troviamo di fronte a una sfida che non ha precedenti per ampiezza e profondità, e dobbiamo saper dare risposte all'altezza di quella lungimiranza che, ancor oggi, rappresenta il patrimonio più prezioso che i Padri fondatori ci hanno lasciato in eredità".

Poi il Presidente soggiunge: "Non è in gioco soltanto la risposta alla crisi epidemica, ma si tratta di un banco di prova fondamentale per il futuro dei nostri popoli e per la stessa stabilità del continente". Sottolinea che "solo più Europa permetterà di affrontare in modo più efficace la pandemia – sfida di dimensioni realmente globali – sul piano della ricerca e della assunzione di misure per la difesa della salute e sul piano della ripresa economica e sociale. Saremmo tutti più in difficoltà se non potessimo disporre di quella necessaria rete di condivisione che lega i nostri popoli attraverso le istituzioni comuni". E così conclude: "Avvertiamo tutti la responsabilità di unirci nel sostegno alle vigorose misure di risposta alla crisi e alle sue conseguenze. Alle misure già decise e a quelle ancora da assumere".

Un messaggio, questo del capo dello Stato, che si presta a una doppia lettura. Da una parte prende lo spunto dal predetto anniversario per auspicare "più Europa". Con evidente riferimento alle tante nuore che sul piano politico si muovono in ordine sparso e non disdegnano di fare la voce grossa. Ma non è con i colpi di teatro a uso domestico che si spuntano risultati positivi. Dall'altra il presidente della Repubblica insiste sulla crisi epidemica per farci capire che il virus circola ancora tra di noi e che perciò occorrono misure adeguate per debellarlo.

Quali? Non lo dice. Ma è chiaro che ogni fonte del diritto è buona, sempre che non superi le colonne d'Ercole della Costituzione. E di lì a poco, come si dirà, non esiterà a prendere posizione sui DPCM, adottati fin qui in quantità industriali, che hanno ancora una loro giustificazione a patto che contengano la "minutaglia" di carattere amministrativo rispetto alle misure più importanti da affidare alla decretazione d'urgenza. Che, sia detto per inciso, danno ben altre garanzie. Perché è sottoposta all'emanazione dell'inquilino del Quirinale, alla conversione in legge da parte delle Camere ed eventualmente al giudizio di costituzionalità della Consulta.

Che Mattarella si sia speso in questo senso in prima persona lo rivela Marco Palombi sul *Fatto Quotidiano* del 16 maggio. Già il titolo parla chiaro: "Mattarella archivia i DPCM: 'Mettete tutto nel decreto'". Una scelta, scrive il giornalista, che, a quanto risulta al *Fatto Quotidiano* da almeno tre fonti diverse, è stata imposta nel corso del pomeriggio dal presidente della Repubblica Sergio Mattarella". Così prosegue: "Il Consiglio dei ministri si era riunito ieri mattina poco prima dell'una per approvare due testi differenti: un decreto legge che assegnava alle Regioni la potestà su come e quando riaprire i vari settori non solo produttivi e un DPCM che disciplinava nel dettaglio come riaprire alcuni settori e quali attività sarebbero comunque state ancora vietate".

A un certo punto, però, il Consiglio dei ministri è sospeso. Perché? Per il semplice motivo, spiega il giornale, che "il capo dello Stato aveva appena ribadito all'esecutivo che il decreto era troppo stringato e il DPCM troppo vasto: sulle questioni che riguardano le libertà costituzionali, in primo luogo quella di movimento, da adesso in poi bisognava passare dai decreti legge e dal confronto con le Camere. Questo il messaggio che Sergio Mattarella ha fatto arrivare al governo. La sospensione – dalle 17 alle 23, ore durante le quali Conte ha visto anche le Regioni e gli enti locali – è servita soprattutto a riscrivere il decreto inglobando moltissime previsioni inizialmente infilate nel DPCM".

Questa la conclusione: "La fase 1 è di certo finita perché la palla passa alle Regioni, ma lo è anche perché Mattarella ha suonato la campanella di fine della ricreazione politica, per così dire: si torna alla normalità, anche legislativa. Non è, ci tengono a spiegare dal Quirinale, uno sgarbo a Conte, che anzi si è subito e di buon grado adeguato alle 'linee guida' del presidente, ma è così che sembrerà". Si badi, una versione accreditata da tre fonti diverse. Perciò credibile, visto e considerato che non è stata smentita.

Ma anche ammesso e non concesso che questa versione non risponda esattamente al vero, è certamente verosimile. Perché è tipica del modus operandi del Presidente. Che spesso preferisce ricorrere alla *moral suasion* nella convinzione che essa ottenga maggiore udienza delle esternazioni di molti suoi predecessori. Ecco che salta fuori il magistrato di persuasione e d'influenza, così ben descritto da Meuccio Ruini nella relazione al progetto della Costituzione. Ma in questo caso salta fuori altresì il professore di diritto costituzionale e parlamentare che, alla scuola di un Vezio Crisafulli, sa bene quale importanza rivesta la gerarchia delle fonti del diritto.

Tra le massime cariche dello Stato si intromettono sull'argomento i partiti. Adesso non è la sola opposizione a contestare i decreti di Conte. Anche la maggioranza ha qualcosa da ridire. Sempre più spesso *apertis verbis*, il PD invita il presidente del Consiglio a riconsiderare l'utilizzo dei suoi decreti e di ricorrere invece ai decreti legge. Che hanno il vantaggio – non ci stancheremo mai di ripeterlo – di coinvolgere il capo dello Stato, che li emana, il Parlamento, che li converte, e la Consulta, che può giudicare costituzionalmente illegittimo sia il provvedimento del governo sia la legge di conversione.

Tanto tuonò che piovve. È vero che la Camera dei deputati respinge l'emendamento del democratico Stefano Ceccanti, che prevedeva un parere, obbligatorio ma non vincolante, da parte delle commissioni parlamentari competenti per materia sugli schemi di DPCM. Perciò prima della loro adozione. Ed è altrettanto vero che la Camera altresì respinge l'emendamento del capogruppo di FDI, Francesco Lollobrigida, che quel parere lo avrebbe voluto non solo obbligatorio ma anche vincolante. Invece passa la "riformulazione" della maggioranza, in forza della quale il presidente del Consiglio si presenta prima dell'adozione del suo decreto davanti alle Camere per illustrarne i contenuti, con l'eventualità di un voto su questi ultimi. Ma sempre ai sensi della "riformulazione" – un emendamento bello e buono –, in caso di urgenza il premier si presenta alle Camere dopo l'adozione del decreto, cioè a babbo morto, entro quindici giorni. Campa cavallo.

Pur tuttavia, batti e ribatti, la Camera nella seduta del 20 maggio approva una mozione – primo firmatario il pentastellato Davide Crippa e sottoscritta altresì da Graziano Delrio e Stefano Ceccanti per il PD, da Maria Elena Boschi e Marco Di Maio per Italia viva, da Vittoria Baldino e Francesco Forciniti per il M5S e da Federico Fornaro per Liberi e uguali – che impegna il governo: 1) a proseguire la propria azione a tutela del diritto alla salute nell'ottica di un corretto equilibrio con la tutela delle libertà personali, nel rispetto dei princìpi di precauzione, adeguatezza e proporzionalità, sì da modulare gli interventi di rango secondario nei limiti temporali e di materia previsti dagli atti normativi di rango primario citati in premessa; 2) a privilegiare lo strumento del decreto legge laddove si tratti di introdurre limiti ai diritti fondamentali e comunque a comunicare tempestivamente al Parlamento ogni tipo di azione intrapresa a tutela della salute pubblica, in ossequio alla centralità dell'assemblea elettiva e nell'ottica di promuovere un suo costante coinvolgimento; 3) ad illustrare preventivamente alle Camere il contenuto dei decreti del Presidente del Consiglio dei ministri da adottare, al fine di tenere conto degli eventuali indirizzi dalle stesse formulati; ove ciò non sia possibile per ragioni di urgenza connesse alla natura delle misure da adottare, a riferire alle Camere ai sensi dell'articolo 2, comma 5, del decreto legge n. 19 del 2020 (cioè nei quindici giorni successivi); 4) a mantenere e determinare, nel rispetto del principio di leale collaborazione istituzionale, unità di orientamento e di intenti con le regioni e con tutti gli enti territoriali coinvolti, nel quadro del principio di unità e di indivisibilità della Repubblica.

Una mozione, questa, che ha la sua importanza sia sotto il profilo istituzionale, sia sotto il profilo politico. Istituzionale perché, dopo svariati "tuoni" verbali ad opera dell'opposizione e sempre più spesso della stessa maggioranza, si mettono nero su bianco alcuni punti fermi in un atto di indirizzo. Atti che in tempi di Coronavirus si erano alquanto rarefatti.

La mozione impegna il governo a operare un bilanciamento tra tutela della salute, privilegiata in un primo tempo, e tutela delle libertà personali, in questa fase denominata 2; a dare la priorità allo strumento del decreto legge piuttosto che a quello del DPCM, in quanto il primo offre garanzie che il secondo per sua natura non può dare; a dar conto ai due rami del Parlamento dei contenuti dei DPCM prima della loro adozione e, in caso di urgenza, a riferire alle Camere entro i quindici giorni successivi all'adozione del DPCM; a collaborare con le regioni entro il perimetro delimitato dall'articolo 5 della Costituzione. E cioè nel quadro di una Repubblica una e indivisibile.

In poche parole, è la stessa maggioranza che con questa mozione intende riequilibrare i rapporti tra legislativo ed esecutivo, sbilanciati negli ultimi tempi sempre più a favore di quest'ultimo.

Importante da un punto di vista squisitamente istituzionale, questo atto d'indirizzo, anche perché in definitiva il presidente del Consiglio, come un disarmato pianista del Far West, si trova – per così dire – tra due fuochi. Capo dello Stato e Parlamento procedono di pari passo e invitano all'unisono Conte a mettere la sordina ai DPCM e a utilizzare al loro posto con sempre maggiore frequenza – sempre che sussistano i requisiti costituzionali della straordinaria necessità e urgenza – lo strumento del decreto legge. E a questo punto il presidente del Consiglio, gli piaccia o no, è tenuto ad adeguarsi.

La mozione è poi importante anche sotto il profilo politico. Messa giù in maniera spiccia, si direbbe che un po' tutti i partiti della maggioranza si fidino – ma fino a un certo punto – del presidente del Consiglio felicemente in carica. Conte può essere considerato a buon diritto una creatura di Di Maio. E per ben due volte. Ma ora Conte sta acquistando sempre più potere. Per di più, dà l'impressione di accostarsi al PD, vista la Babele che regna nell'universo pentastellato. E questo è un motivo di preoccupazione per i Cinque stelle.

Perciò, rispetto all'operato del governo, i grillini adottano la tecnica usata da Ugo La Malfa ai tempi della Prima Repubblica. Una tattica che si può sintetizzare con due sole parole: "Sì ma...". "Pedro, adelante con juicio". Così raccomanda il gran cancelliere Ferrer al suo cocchiere nella bella pagina dei *Promessi sposi.*

A sua volta, il PD certamente sostiene Conte, anche se le sue ascendenze politiche – ammesso e non concesso che le abbia per davvero – non hanno molto a che vedere con il partito di Zingaretti. Ma anche il PD diffida del presidente del Consiglio. Ha acquistato fin troppa sicurezza. Si muove con una certa disinvoltura. Si sposta di continuo ora di qua e ora di là. Insomma, sta acquistando troppo potere. Troppa autonomia. Dopo tutto, a nessuno piace fare i portatori d'acqua gratis et amore dei. E si comincia a pensare che il virus abbia rappresentato la nostra disgrazia e la sua involontaria fortuna. Tant'è vero, come si dirà meglio tra poco, che nelle prime bozze del decreto legge Rilancio c'era un articolo 16, poi cancellato nella versione definitiva, che prevedeva la proroga dello stato di emergenza per altri sei mesi.

Mentre, per quanto riguarda Italia viva, è il caso di dire che si sfondano porte aperte. Non è certo un mistero che Matteo Renzi sia il nemico giurato di Conte, la sua bestia nera. E il fatto singolare è che è stato proprio il suo predecessore fiorentino a propiziare il suo bis a Palazzo Chigi, quando i partiti della futura maggioranza avevano più di una perplessità al riguardo. Nella convinzione che non si può dar vita a un governo del cambiamento, com'è stato denominato il Conte II, con un presidente del Consiglio che per oltre un anno ha avuto l'appoggio – un appoggio altalenante, per il vero – di Matteo Salvini. *Nihil sub sole novi,* del resto. Perché è una specialità dell'ex sindaco di Firenze inimicarsi quelli che lui considera i suoi beneficiati. Si tratti del presidente Mattarella o di Paolo Gentiloni, tanto per non fare nomi e cognomi.

E che cosa dire di LEU? Tra i ministri ha un solo rappresentante nella persona di Roberto Speranza. Come ministro della Salute, ha avuto il suo bel daffare da quando è scoppiata la pandemia. Tuttavia ha dato l'impressione di aver lavorato sotto traccia. E forse per questo ha avuto l'opportunità di capire meglio dei suoi colleghi di governo quali sarebbero stati gli sviluppi della situazione. Ha lavorato spalla a spalla con il presidente del Consiglio. Si è accreditato come il capofila del partito di un rigore al quale Conte ha aderito a modo suo. Tra mille tentennamenti e un passettino in avanti, ma piccolo piccolo. Poco alla volta.

Ai tempi della cosiddetta solidarietà nazionale, tra il 1976 e il 1979, i partiti che sostenevano prima con l'astensione e poi con il voto favorevole i due governi DC guidati da Giulio Andreotti stavano ai remi, mentre il divo Giulio se ne stava bel bello a prendere il sole sul ponte di comando. Adesso la storia sembra ripetersi tale e quale. Speranza – *nomen omen* – lavora nell'ombra, mentre Conte si bea con conferenze stampa a getto continuo sotto i riflettori della TV.

Tant'è che un fine osservatore e autorevole giurista come Sabino Cassese si è domandato perché mai Speranza sia rimasto nell'ombra, visto e considerato che – per dirla con Maurice Hauriou – laddove c'è potere c'è responsabilità. E viceversa. A questo punto il ministro Speranza potrebbe evocare a suo favore, per celia e con un po' di fantasia, il Terzo Stato di Emmanuel-Joseph Sieyès. Lui, Speranza, è tutto. Perché la tutela della salute è di sua stretta competenza. Fino a questo punto, non è stato niente. Con un certo grado di approssimazione e una qualche enfasi, si capisce. Perché il presidente del Consiglio, da quel presenzialista che è, gli ha scippato la scena. E vorrebbe essere qualcosa, perché gli spetta di diritto. Perciò anche Speranza, al pari del suo partito alla sinistra del PD, ha qualche buon motivo per non esaltare il ruolo del presidente del Consiglio.

Tra le tante storture della decretazione d'urgenza, poi, c'è la clausola del "salvo intese" con la quale i decreti sono approvati dal Consiglio dei ministri. O, per la precisione, approvati per modo di dire. Il Consiglio approva la copertina, o la camicia che dir si voglia, e poi le delegazioni dei partiti al governo e i soliti burocrati provvedono a "rivestire" il testo. Si dirà che sovente in passato si è provveduto così.

È vero. Ma quello che poteva apparire l'eccezione in passato, adesso sta diventando la regola. Difatti sono stati approvati "salvo intese" i decreti Dignità, Genova, Rilancio e Semplificazioni. E non mettiamo limiti al malvezzo di Palazzo Chigi. Un malvezzo stigmatizzato da ultimo da Sabino Cassese (*Il Messaggero*, 8 luglio) e da Francesco Clementi (*Il Dubbio*, 9 luglio). Nel frattempo il capo dello Stato se ne sta con la penna in mano per giorni e giorni finché a Palazzo Chigi non si trova la quadra. Ma se tra l'adozione di un decreto e la sua pubblicazione nella Gazzetta Ufficiale trascorre un considerevole numero di giorni, dove mai sta la straordinaria necessità e urgenza, vale a dire il requisito prescritto dalla Costituzione?

Se il governo piange, il Parlamento di sicuro non ride. Parola di Luciano Violante, presidente della Camera dei deputati nella XIII legislatura. In un lucido articolo apparso su *la Repubblica* del 28 giugno, spiega perché da un venticinquennio in qua il Parlamento è depotenziato. E in un'intervista (*La Verità*, 6 luglio) ribadisce che "Il Parlamento è marginale. Il decreto legge sulle semplificazioni, per esempio, affida a un DPCM l'indicazione delle opere strategiche da realizzare. Non ci sono gli strumenti parlamentari per decidere, e il DPCM diventa strumento di governo autonomo rispetto al Parlamento". E ancora: "Oggi i governi dicono al cittadino: dammi le tue libertà, io ti garantisco la vita. E se la vita è a rischio, il cittadino accetta qualsiasi cosa".

Rilievi che fanno riflettere, qui e ora. Soprattutto dopo l'improvvida decisione, a quanto parrebbe, di prorogare fino al 31 dicembre lo stato d'emergenza. Una decisione per il momento sospesa a mezz'aria come il caciocavallo di crociana memoria. Intervistato dal *Fatto Quotidiano* del 13 luglio, Conte infatti dichiara che "sarà una decisione collegiale del governo, che verrà poi sottoposta al doveroso passaggio parlamentare con ampia discussione pubblica". Doveroso per analogia dopo l'approvazione dell'ordine del giorno da parte dell'assemblea di Montecitorio volto a "parlamentarizzare" i DPCM.

Dopo di che il presidente del Consiglio aggiunge con una certa enfasi un po' sospetta: "Questo governo ha dimostrato con i fatti, non a parole, di aver sempre rispettato le Camere, riferendo su ogni decisione e limitando, anche nella fase più acuta dell'emergenza, le misure precauzionali allo stretto necessario, all'insegna dei criteri di adeguatezza e proporzionalità". E il ministro della Salute Speranza, nelle sedute della Camera e del Senato del 14 luglio, come il notaio di Renzo Arbore conferma.

Ma i giuristi sono sempre più critici, che si tratti dei DPCM o della proroga. Sul *Foglio* del 14 luglio hanno da ridire studiosi di diverso orientamento come Michele Ainis, Massimo Luciani, Tommaso Frosini, Alfonso Celotto, così riassunti nel titolo del giornale: "La curva dei contagi scende, quella dei DPCM sale".

Mentre sul *Riformista*, sul *Foglio* e su *Italia Oggi*, sempre del 14 luglio, Sabino Cassese tiene a mettere ancora una volta i puntini sulle "i". Sottolinea che lo stato d'emergenza richiede un attuale stato di emergenza. E ricorda che anche Viktor Orbán cominciò la sua carriera politica su posizioni liberali. Afferma che "il governo sembra sostituito dal suo presidente. Il Parlamento si interessa delle briciole. Il diritto eccezionale prende la mano a quello normale. Sulle riforme, silenzio". E stronca il decreto semplificazione, presentato dal *miles gloriosus* di Palazzo Chigi come "la madre di tutte le riforme". Non è così, obietta Cassese. Perché "non si sburocratizza con un provvedimento di 96 pagine, 48 articoli, approvato tra le 23 della notte e le 4.10 del mattino".

A sua volta il senatore di Forza Italia Andrea Cangini si è preso la briga di contare le misure normative adottate fino ad allora dal governo e sul *Foglio* del 18 luglio osserva che "tra decreti, ordinanze, DPCM e circolari sono stati approvati 310 atti normativi, pochi sono passati dal Parlamento, tutti erano gravati dalla fiducia; l'attività emendativa è stata concentrata in una sola delle due Camere, con implicito congelamento del bicameralismo". Una dantesca selva oscura che compromette la corretta dinamica istituzionale e manda all'aria la certezza del diritto.

Fatto sta che la proroga dello stato di emergenza strada facendo ha perso qualche mese. In un primo tempo si è parlato di sei mesi ma poi di tre mesi: dal 1° agosto al 30 ottobre. E può ben darsi che il Quirinale abbia messo in guardia Palazzo Chigi. D'altra parte non è un mistero che la *moral suasion* è l'arma segreta di Mattarella. Se lo stato d'emergenza dovesse continuare, con DPCM a rotta di collo, allora non sarebbe inappropriato il titolo del recente volume di Paolo Becchi e Giuseppe Palma: democrazia in quarantena.

16

Il divide et impera del primus solus

Se la maggioranza ha qualche motivo di insoddisfazione nei confronti dell'inquilino di Palazzo Chigi, che pensava di poter dominare mentre invece sta accadendo il contrario, si può capire a più forte ragione lo stato d'animo dell'opposizione. A dispetto dei "consigli" e dei moniti del presidente Mattarella, Conte si abbandona alla tecnica del rinvio. All'opposizione promette di continuo che sarà coinvolta. Ma promette tutto e non concede mai. Novello padre Zappata, predica bene e razzola male. Tutto sommato, non gli dispiace affatto che si fronteggino armi al piede guelfi da una parte e ghibellini dall'altra. Perché la contrapposizione frontale rimette in piedi i cocci della maggioranza e allontana – hai visto mai? – l'amaro calice di un governo istituzionale, o qualcosa di simile, come successore del suo traballante ministero. Ma, paradosso dei paradossi, è troppo debole per cadere adesso. Con il virus che ancora si aggira tra di noi. Non c'è un collante migliore, del resto, del pericolo esterno.

La riprova la si è avuta nella seduta della Camera del 21 maggio, dopo l'informativa del presidente del Consiglio sulle misure per la nuova fase relativa all'emergenza epidemiologica da Covid-19. Nel corso della discussione è intervenuto il grillino Riccardo Ricciardi, deputato di prima legislatura e vicecapogruppo molto vicino al presidente della Camera Roberto Fico.

Nativo di Massa. Sanguigno come sanno esserlo i toscani. Regista e attore teatrale laureato in Cinema, musica e teatro all'Università di Pisa. Novello Pietro Micca, ha pensato bene di dare fuoco alle polveri. Non ha infatti trovato di meglio che scagliarsi con virulenza inaudita contro la gestione sanitaria della regione Lombardia in tempi di Coronavirus e mettere sul banco degli imputati il presidente Attilio Fontana e l'intera classe politica leghista.

Può anche darsi che un regista e attore teatrale disoccupato per causa di forza maggiore improvvisi un colpo di teatro per sentirsi vivo. Ma l'ipotesi è poco credibile. Va bene che i grillini – soprattutto da quando Di Maio ha ceduto lo scettro del comando a Vito Crimi, sbeffeggiato da Massimo Bordin con il nomignolo di gerarca minore – procedono sempre più in ordine sparso. E perdono pezzi di continuo, come la macchina di Ridolini, per gli spontanei abbandoni e per le cacciate dei reprobi dal paradiso pentastellato. Ma è poco credibile che un deputato alle prime armi faccia tutto da solo. E allora è persuasiva l'ipotesi che il capogruppo Davide Crippa e lo stesso Crimi siano stati debitamente informati e non abbiano alzato un dito per dissuaderlo.

Né è escluso che lo abbiano mandato allo sbaraglio per non apparire in prima persona. Alla domanda di Francesco Scolaro (*La Nazione*, 23 maggio) se Ricciardi si sia preparato a lungo, risponde: "Non è stato un discorso fatto di impeto. Era stato preparato e centellinato nei giorni precedenti. Limato e pensato". E alla domanda di Alessandro Trocino (*Corriere della Sera*, 23 maggio) se Conte sapeva del suo intervento e chi l'ha letto, risponde: "No. Nessuno. Ne ho discusso con i miei, naturalmente, ma il testo è mio".

Un'operazione a freddo per rompere i ponti, a onor del vero niente più che passerelle sul punto di cedere, tra maggioranza e opposizione. Tutto questo, si capisce, per trarne un tornaconto. Finché maggioranza e opposizione si guarderanno in cagnesco, il governo resterà in piedi. Sia pure tra alti e bassi. Ma se scoppia la pace tra i due contendenti, può darsi che faccia capolino un governo istituzionale nel quale non ci sarebbe alcuno spazio per l'attuale presidente del Consiglio.

È quanto rileva un acuto osservatore, su *la Repubblica* del 22 maggio, come Stefano Folli. Afferma tra l'altro che è difficile pensare che Conte "non sia consapevole di un dato politico: semmai fosse realistica – e oggi non lo è – una qualche forma di intesa parlamentare allargata tra maggioranza e opposizione, non sarebbe lui a gestirla". Ancora: "In fondo, l'appello a ridurre le tensioni e a collaborare sul piano parlamentare è tipico delle fasi di crisi. Lo stesso presidente Mattarella lo ha rivolto a più riprese alle forze politiche. Ma Conte non è il presidente della Repubblica: è un personaggio atipico che guida una maggioranza precaria dal futuro incerto".

Così conclude: "L'appello del premier non va inteso come rivolto a tutta l'opposizione, bensì a quel segmento che potrebbe essere disponibile a condividere il dividendo europeista". Insomma, il premier in definitiva non fa nulla – tutt'al più il minimo sindacale – per instaurare più corretti rapporti tra maggioranza e opposizione. No, ricerca semmai in questo ambito un sostegno di chi si adatti a fare da ruota di scorta. Conte semmai guarda al partito di Berlusconi. Sì, a Forza Italia. Nella convinzione che, se la maggioranza piange – perché le fratture tra partner saltano agli occhi di continuo –, l'opposizione non ride.

Divisa "in partes tres", l'opposizione, come la Gallia di Giulio Cesare. Al di là delle apparenze, ognuno per sé e Iddio per tutti. La leadership di Matteo Salvini non è più salda da quando i sondaggi a favore della Lega scendono di mese in mese. Anche se la Lega continua a essere nei sondaggi il primo partito. Mentre il presidente di FDI, Giorgia Meloni, sta salendo a vista d'occhio.

Adesso punta dritto al 20 per cento e intende non rinunciare a un ruolo di primo piano. Per il momento – parola di Giorgia Meloni – si prefigge l'obiettivo di superare il 15,6 raggiunto da Alleanza nazionale alle elezioni politiche del 1996. E il 15 per cento è una massa critica: o si sale o si scende. E sia Craxi sia Fini sono scesi a rotta di collo. Come che sia, il presidente di FDI è sulla cresta dell'onda.

Un prestigioso quotidiano inglese come *The Times* l'ha inserita tra i venti personaggi che orienteranno il mondo nel 2020. E un insospettabile Luca Ricolfi ha scritto che se la Meloni fosse un uomo a quest'ora sarebbe già presidente del Consiglio. Mentre Berlusconi, memore degli antichi splendori, si consola con la constatazione che senza l'apporto del suo partito il centrodestra non avrà alle prossime elezioni politiche la maggioranza parlamentare per insediarsi al governo.

Durante la requisitoria del grillino Ricciardi, Conte se ne sta mascherato al banco del governo senza battere ciglio. Né in seguito, nel successivo passaggio al Senato, avrà nulla da dire. Se non poche parole di circostanza, quasi per dovere d'ufficio. Si limita a dichiarare: "Troveremo un dialogo con le opposizioni". Al plurale. La qual cosa accredita la tesi di Folli sopra riportata. Conte non auspica un minuetto con l'opposizione. No, gradirebbe tutt'al più servirsi di una ruota di scorta. Allo scopo di rafforzare il governo e indebolire le altre due opposizioni della Lega e di Fratelli d'Italia. Ha imparato alla svelta, Conte, il mestiere di premier. La sua ricorda un po' la tattica di un Andreotti. Insuperabile, ma non altrettanto in strategia.

Il sangue non è acqua. E la Destra ha un album di famiglia che annovera in passato personaggi di qualità. Basti citare Giuseppe Prezzolini, che da giovanissimo si iscrisse alla società degli apoti. Di coloro, cioè, che non la bevono. E da questa benemerita società non si è mai dissociato neppure alla soglia dei cent'anni. Si direbbe che anche Giorgia Meloni, sulle orme del grande intellettuale italiano, si sia iscritta alla predetta società. Lo ha dimostrato nel corso del suo intervento alla Camera poco dopo l'improvvido e provocatorio discorso del grillino Ricciardi. Come nella canzone napoletana, ci sono dei silenzi cantatori.

Lo sa altrettanto bene la Meloni. Visto e considerato che Conte alle parole di Ricciardi non muove né un dito né un capello, rimanendo imperturbabile al suo posto, il presidente di Fratelli d'Italia non perde l'occasione per dire: "Se il presidente del Consiglio Conte vuole smentirmi ha solo un modo per farlo senza troppe chiacchiere e giri di parole: prenda le distanze dall'intervento di Ricciardi, che in aula non ha parlato a titolo personale ma a nome e per conto del Movimento 5 Stelle. E gli applausi e i cori da stadio dei deputati grillini lo confermano". Qualche giorno dopo la Meloni, replicando a Luca Telese, afferma: "Conte fa la parte dello statista auspicando un dialogo che nello stesso momento fa sabotare dal suo partito. Dando però la colpa a noi della rottura. Così lui è quello buono e noi i pericolosi irresponsabili" (*La Verità*, 25 maggio).

Sulla medesima lunghezza d'onda di Folli si pone Massimo Franco. Sul *Corriere della Sera* del 22 maggio scrive infatti: "A essere benevoli, quanto è successo è solo figlio dell'istinto polemico e rozzo del parlamentare grillino autore dell'attacco. A essere maliziosi, risponde alla volontà di tracciare un solco tra maggioranza e opposizione; e di blindare il governo in una coalizione nella quale il protagonismo del M5S cerca di riproporsi nel modo più chiassoso. Forse si tratta di entrambe le cose. Ma sa molto di esorcismo contro la paura di un declino palpabile". E ancora: "Il premier Giuseppe Conte ha respinto l'accusa di avere approvato l'attacco in Parlamento alla sanità lombarda, ma non ha preso le distanze: non può smarcarsi da chi lo ha indicato come premier. Questo spiega anche la sua perdurante ambiguità, almeno in pubblico, sul Meccanismo europeo di stabilità, il MES".

A conferma di quanto si è detto, sul *Quotidiano del Sud* del 23 maggio, lo storico Paolo Pombeni osserva: "La tattica di Conte con le opposizioni sembra essere quella di alternare una proposta di aperture ad un incidente che le renda impossibili. Non basta per pensare che ci sia stato direttamente lui dietro la sceneggiata di Ricciardi, ma per ritenere che l'abbia trovata utile sì". Ancora: "Il premier Conte se l'è cavata lamentando i toni e dissociandosi, ma guardandosi bene dal censurare l'incendiario". Il classico due piccioni con una fava. Si lamenta per i toni per non dispiacere al presidente Mattarella, *vox clamantis in deserto.* Ma neppure censura l'incendiario, perché convinto che quella di Ricciardi non è stata un'iniziativa personale.

Conte, dopo tutto, tiene famiglia. Una famiglia pentastellata. Perciò la proposta del deputato di Italia viva Roberto Giachetti, ma formulata a titolo personale in una lettera al *Messaggero* del 23 maggio, di uno stretto rapporto tra maggioranza e opposizione in sede di conversione del decreto legge Rilancio non avrà seguito. Giachetti proponeva di affidare al defilato leghista Giancarlo Giorgetti la presidenza di un comitato ristretto della commissione Bilancio con il compito di migliorare il provvedimento e di approvarlo con ampio consenso. E, sulla sua proposta, Giachetti ritorna il giorno dopo (*La Stampa*, 24 maggio). Ma invano.

17

Se l'ombrello del capo dello Stato si apre a metà

Dopo aver esaminato il rapporto altalenante maggioranza-opposizione, torniamo alla questione relativa alla normativa concernente il contrasto al Coronavirus. Il presidente della Consulta Cartabia è apparsa, a dir poco, piuttosto perplessa sul modus operandi del presidente del Consiglio. Mentre il capo dello Stato, per usare un termine giornalistico, si direbbe che abbia aperto l'ombrello su una fonte del diritto atipica come il DPCM. Ma le cose stanno veramente così? Siccome non c'è due senza tre, come usa dire, lasciamo – anticipando i tempi e con l'intesa di tornare indietro tra poco – la parola a Conte. Nell'informativa alla Camera del 21 maggio, il premier versa un po' di miele. Non costa nulla e fa bella figura.

Esordisce con queste parole: "Sono qui nuovamente in Parlamento per condividere con voi, i rappresentanti della nazione, gli indirizzi che il Governo sta perseguendo allo scopo di riavviare il motore economico e produttivo del Paese, dopo aver superato la fase più acuta dell'emergenza sanitaria". Due telegrafiche notazioni. La prima. Non è un caso l'uso dell'avverbio nuovamente. Sta a significare che lui non si è mai sottratto al confronto con le Camere. E se questo confronto per qualche tempo si è rarefatto, è solo perché l'epidemia ha consigliato di rallentare i lavori dei due rami del Parlamento. La seconda, conseguenziale alla prima. Quel condividere gli indirizzi di governo con i rappresentanti della Nazione non è casuale. Perché, per l'appunto, i rappresentanti della Nazione si articolano in maggioranza e opposizione.

E veniamo a come la vede, da un punto normativo, Conte. Afferma: "La permanenza di così severe misure limitative oltre il tempo necessario ad invertire la curva del contagio sarebbe, dunque, irragionevole e assolutamente incompatibile con i princìpi della nostra Costituzione. In questa prospettiva, abbiamo inserito le residue limitazioni alle libertà fondamentali, ancora indispensabili per superare completamente la crisi sanitaria, in disposizioni di rango primario, mentre abbiamo riservato alla normazione secondaria esclusivamente le previsioni di maggior dettaglio".

Ancora: "All'interno del quadro normativo disposto con queste norme primarie che, quindi, potrà essere esaminato, modificato, integrato dal Parlamento in sede di conversione del decreto legge, si pone, poi, il DPCM adottato lo scorso 17 maggio. Il provvedimento è stato definito all'esito di un'interlocuzione serrata, costante con le regioni e gli altri enti locali, che ringrazio – voglio qui ringraziare pubblicamente – per l'impegno profuso e per la collaborazione dimostrata. Esso contiene disposizioni specifiche per la riapertura in sicurezza delle attività economiche e sociali, nonché dettagliati protocolli di settore definiti con il supporto del Comitato tecnico-scientifico e il contributo determinante dell'INAIL, di cui sottolineo in questa sede la professionalità e l'impegno". E sottolinea che "questo complesso di norme di rango primario e di rango secondario garantisce la possibilità di ritornare, progressivamente, in sicurezza, al pieno svolgimento della vita economica e sociale".

Ma poi Conte conclude in maniera che definire bizzarra e alquanto autolesionista è dire poco. Dichiara infatti: "Intendiamo rendere più attrattivo il nostro ordinamento giuridico a beneficio delle imprese, rendendo più favorevole l'ambiente normativo, l'assetto della *governance* aziendale, al fine di trattenere o attirare quanti più investimenti possibili nel nostro territorio; e, se del caso, attirarne sempre più".

Al Senato, lo stesso giorno, 21 maggio, Conte dichiara che il decreto legge Rilancio "è un testo certamente complesso, che ha richiesto molto impegno, grande fatica, un lungo iter di elaborazione; supera l'entità di una tradizionale manovra economica, tanto per la portata della sua dotazione finanziaria quanto per l'ampio spettro di interventi che in esso ritroverete".

Poi aggiunge: "Il compito della politica tutta è di lavorare per elaborare un ampio programma di rinascita economico-sociale insieme e con il contributo delle migliori energie del Paese. Il primo tassello di questo progetto riformatore non può che essere una drastica semplificazione della macchina burocratica; un'architettura che, a causa delle sue eccessive complessità, ha rallentato oltre misura l'arrivo a destinazione delle risorse pubbliche stanziate – lo stiamo sperimentando in questi giorni – e, quindi, sta impedendo il rafforzamento del capitale infrastrutturale del Paese". Infine ribadisce: "Vogliamo rendere più attrattivo il nostro ordinamento a beneficio delle imprese".

Tante parole meritevoli di un commento. Conte mena vanto del fatto di aver prosciugato in questa occasione l'ennesimo DPCM a favore del decreto legge pomposamente denominato Rilancio. Per la precisione nel decreto legge, ovverosia nella fonte primaria, il presidente del Consiglio mette le residue limitazioni alle libertà fondamentali codificate dalla nostra Costituzione, mentre nel DPCM – come si è avuta occasione di ricordare in precedenza – inserisce la minutaglia. Ma tutto questo Conte non lo può rivendicare a suo merito per il semplice fatto che non è in larga misura farina del suo sacco. No, è la conseguenza del vero e proprio tiro al bersaglio nei confronti dei decreti del presidente del Consiglio.

Si badi: da parte di tutti. Dell'opposizione, com'è più che comprensibile. Ma anche della maggioranza, e in specialissimo modo del PD, che a più riprese ha affermato, senza tanti complimenti: "Basta con i DPCM". E tanti sono i giuristi che più volte hanno stigmatizzato l'utilizzazione di una fonte del diritto particolarmente atipica, sostitutiva dei regolamenti disciplinati dall'articolo 17 della legge n. 400 del

1988. Ma in questa decisione di Conte ha certamente pesato soprattutto la parola del presidente Mattarella, giustamente preoccupato del fatto che l'eccesso di DPCM si ripercuota negativamente – sia pure limitatamente al periodo dell'emergenza virale – sulla stessa forma di governo. Insomma, Conte si fa bello mettendosi addosso le penne del pavone.

La verità è che la disgrazia epidemica che ci ha colpito si è rivelata – del tutto involontariamente, di sicuro – la "fortuna" di Conte. Come non ci stancheremo di ripetere. Che così ha potuto rafforzare il proprio potere personale. Al punto che c'è chi si è spinto a supporre maliziosamente – come ha fatto il filosofo del diritto Paolo Becchi su *Libero* del 24 maggio – che finché c'è virus per il premier c'è speranza. Perché poi dovrà, finita l'emergenza, lasciare Palazzo Chigi al suo successore.

Una tesi, quella implicitamente adombrata da Becchi, avallata in certo qual modo dallo stesso Conte. Difatti, intervistato da Roberto Sommella (*Milano Finanza*, 23 maggio), il presidente del Consiglio afferma: "Questa emergenza mi ha trasmesso paradossalmente nuove energie: mi ha permesso di toccare con mano il coraggio e il senso di responsabilità di una comunità di milioni di donne e uomini che non si è arresa e che anzi non vede l'ora di rialzarsi e di ripartire più forte di prima". Un Niccolò Machiavelli de noantri. Un Machiavelli, come si è detto, del Tavoliere delle Puglie.

Del resto pensare positivo, per un inquilino di Palazzo Chigi, è un dovere prima ancora che un diritto. Sì, è cresciuto Conte. "Un monocolo in terra caecorum", secondo Ugo Magri. "Un perfetto sconosciuto arrivato dal nulla a Palazzo Chigi. Con due protettori, Padre Pio e Sergio Mattarella. Con qualità che gli permettono di restare a galla, che sarebbe rozzo ignorare. Semplicemente il meno peggio al potere" (*Huffpost*, 23 maggio). Anche se Mattarella non si riconoscerà affatto in queste parole. Difatti lui non intende essere il santo patrono di nessuno. Finché Conte avrà la fiducia delle Camere andrà avanti. Ma il capo dello Stato non intende coprire con la propria personale fiducia chicchessia. E lo ha dimostrato in svariate occasioni particolarmente delicate.

È poi lodevole il proposito di Conte di rendere più attrattivo il nostro ordinamento giuridico a beneficio delle imprese. Ma il premier dovrebbe sapere che la via per l'inferno è lastricata per l'appunto di buoni propositi. E qui proprio non ci siamo. Così un giurista autorevole come Sabino Cassese, sul *Corriere della Sera* del 24 maggio, ancora una volta si vede costretto a deplorare "l'alluvionale, straripante legislazione nazionale". Dopo di che Cassese fa un'affermazione che merita di essere riportata per intero. Questa: "Basta leggere i tanti decreti legge e DPCM degli ultimi mesi per accorgersi che il governo centrale negozia con le regioni, ma si vale dei prefetti, quando si tratta di assicurare l'esecuzione delle proprie decisioni (si ripete una vicenda del periodo fascista, quando Mussolini operava talora tramite i federali, ricorreva altre volte ai prefetti)".

E la voce di Cassese non è certo isolata. Al riguardo è tutta una geremiade. Un ex consigliere parlamentare e *civil servant* di lungo corso come Luigi Tivelli, sul *Dubbio* del 22 maggio, afferma che il decreto Aprile, diventato decreto Rilancio, è come se fosse stato approvato dal Consiglio dei ministri "salvo intese", visto e considerato che ha impiegato una settimana ad approdare al porto della Gazzetta Ufficiale. Quasi, saremmo indotti ad aggiungere, che la distanza chilometrica tra Palazzo Chigi e Quirinale fosse abissale. Si tratta, soggiunge Tivelli, "di un omnibus fatto di ben 256 articoli per 495 pagine e 110.000 parole complessive. Il Care's Act americano, molto più snello, che mobilita ben più risorse e con effetti molto più celeri ed efficaci, contiene un terzo delle parole del decreto rilancio e mentre il decreto rilancio contiene 600 misure, il Care's Act contiene solo 100 misure. L'eccesso di quantità normativa incide anche sulla qualità e sull'applicabilità della normazione".

Dall'ultima ricognizione del Servizio studi della Camera dei deputati sulla produzione normativa aggiornata all'11 maggio, sottolinea Marco Rogari sul *Sole 24 Ore* del 24 maggio, "emerge che le 110 leggi approvate fino a quel momento dalle due Camere (111 ad oggi) risultavano composte da quasi 800mila parole, per la precisione 775.958. Vere e proprie raffiche di termini, quasi a soffiare sulle promesse e sugli annunci di semplificazione arrivati dal Governo, che negli ultimi mesi segnati dall'emergenza Coronavirus fanno da eco al continuo rincorrersi dei decreti legge. Con il rischio di paralizzare, oltre che monopolizzare, i lavori parlamentari".

Non è tutto. Rogari rileva poi che "in calendario i due rami del Parlamento hanno ben 8 provvedimenti urgenti da esaminare e il pericolo-ingorgo è qualcosa di più di una semplice opzione". E conclude: "In tutto dall'inizio della legislatura sono stati già varati ben 57 decreti legge (27 dal 'Conte II') che, insieme alle leggi di bilancio, hanno occupato la maggior parte degli spazi di discussione parlamentare". Non meno critico è il direttore del *Corriere Fiorentino* Paolo Ermini nel suo editoriale del 19 maggio. A proposito del discusso decreto Rilancio, scrive: "Nel momento decisivo in cui si doveva definire come e quando far ripartire gran parte del Paese il governo si è mosso come le canne al vento, senza un orientamento preciso e saldo, nonostante la pletora di task force e di esperti di cui in questi mesi [Conte, *n.d.a.*] si è circondato. Esattamente l'opposto di quanto i cittadini si aspetterebbero. E cioè competenza, chiarezza, coerenza. Quanto al merito, c'era da aspettarsi un discorso che segnasse il percorso di uscita dall'emergenza basata su criteri di massima sicurezza". E invece niente.

D'altra parte l'inquinamento normativo è tale che si è raggiunto il colmo con il "Testo coordinato del decreto-legge 25 marzo 2019, n. 19", pubblicato nella Gazzetta Ufficiale Serie Generale n. 132 del 23 maggio 2020. Per carità di Patria, ci limitiamo a citare soltanto una parte del comma 3 dell'articolo 4, dedicato alle sanzioni e ai controlli. E buona lettura: "Si applicano, per quanto non stabilito dal presente articolo le disposizioni delle sezioni I e II del capo I della Legge 24 novembre 1981, n. 689, in quanto compatibili. Per il pagamento in misura ridotta si applica l'articolo 202, commi 1, 2 2.1, del codice della stHYPERLINK 'http://bd01. Leggid'italia.it'".

Il comma prosegue imperterrito, lungo come un lenzuolo. Ma noi ci rifiutiamo di riportarlo integralmente. Insomma, i sogni di Conte di aiutare le imprese con norme di tal fatta sono destinati a restare nel cassetto. Come le dichiarazioni programmatiche dei presidenti del Consiglio secondo la beffarda definizione di Amintore Fanfani. Uno specialista del ramo, con i suoi sei ministeri.

La cosa più esilarante, tuttavia, è l'"Avvertenza" al testo coordinato del decreto legge che fa bella mostra di sé nella citata Gazzetta Ufficiale. È del seguente tenore: "Il testo coordinato qui pubblicato è stato redatto dal Ministero della giustizia ai sensi dell'articolo 11, comma 1, del testo unico delle disposizioni sulla promulgazione delle leggi, sull'emanazione dei decreti del Presidente della Repubblica italiana, approvato con DPR 28 dicembre 1985, n. 1092, nonché dall'art. 10, commi 2 e 3, del medesimo testo unico".

Non ci sarebbe nulla da eccepire se non la "perla" che il ministero della Giustizia ci offre subito dopo, a riprova che non c'è comicità più insuperabile della comicità involontaria. Il predetto ministero si premura di farci sapere che il testo coordinato è stato redatto "al solo fine di facilitare la lettura sia delle disposizioni del decreto legge, integrate con le modifiche apportate dalla legge di conversione, che di quelle modificate o richiamate nel decreto e trascritte nelle note. Restano invariati il valore e l'efficacia degli atti legislativi qui riportati". E con l'ulteriore avvertenza che "le modifiche apportate dalla legge di conversione sono stampate con caratteri corsivi". Sì, avete capito bene. Che cosa non si fa, in via Arenula, per facilitare la lettura delle disposizioni legislative ai cittadini smarriti in questa selva normativa oscura.

Sia pure obtorto collo, come si diceva, Conte ha svuotato l'ennesimo DPCM a favore del decreto legge Rilancio.

Obtorto collo perché, fosse dipeso da lui, avrebbe proceduto come in passato. E cioè a colpi di DPCM con una filiforme copertura dei decreti legge. Ma il coro dei no e i preziosi suggerimenti del Quirinale hanno dato una svolta a un andazzo deprecabile.

Al coro si è aggiunto il numero uno del Senato, Maria Elisabetta Alberti Casellati. Senza troppi giri di parole, ha detto chiaro e tondo: "Basta con i DPCM calati dall'alto". Da quasi tre mesi, ricorda, lei è in permanenza a Palazzo Madama per garantire la funzionalità dell'istituzione. E aggiunge: "Parlare di centralità del Parlamento agli italiani che si trovano in grande difficoltà sembrerebbe quasi un gioco dialettico. Ma non è così, perché la centralità del Parlamento è un principio costituzionale" (*il Giornale*, 23 maggio).

Una centralità, a onor del vero, che nei tre mesi di febbraio, marzo e aprile si è andata rarefacendo. Perché se è vero che il governo, e in particolare il presidente del Consiglio, hanno fatto un passettino avanti, è altrettanto vero che le Camere hanno dato l'impressione di regredire come i gamberi. Data la preoccupazione dei loro inquilini per la pervasività del virus.

Come si è già rilevato, il decreto Rilancio è stato riveduto e corretto un'infinità di volte. E proprio per questo è slittato di continuo. Ma non tutti i mali vengono per nuocere. Perché da una delle tante bozze che sono circolate liberamente – a riprova che da noi i segreti sono quelli di Pulcinella –, c'era quell'articolo 16 che prevedeva lo stato di emergenza per altri sei mesi. Fino a oltre Natale e l'ultimo dell'anno. Fino al 31 gennaio prossimo venturo. Tanto per tenerci compagnia. Una proroga suggerita al governo dal capo della Protezione civile Angelo Borrelli. Ma, batti e ribatti, alla fine quel codicillo è scomparso. O, meglio, è stato largamente ridimensionato. Nel senso che si sarebbe trattato – ma sarà vero? – di uno spiacevole equivoco.

Valga la testimonianza di un anonimo ministro del PD, citato da Laura Cesaretti sul *Giornale* del 15 maggio. Assicura che il testo è in via di correzione: "Era scritto male. Riguarda solo le Regioni e le contabilità speciali, nel nuovo testo sarà chiaro". Fatto sta che negli scorsi mesi lo stato di emergenza è apparso e scomparso di continuo come i fiumicelli carsici. Un fantasma che si è aggirato a Palazzo Chigi e dintorni.

È di solare evidenza che la correzione non è avvenuta a caso. E non è frutto neppure – c'è da giurarci – di un salutare ripensamento del presidente del Consiglio. Perché è proprio durante l'emergenza che Conte ha l'opportunità di estendere le proprie prerogative. La verità è che diversi costituzionalisti di diverso orientamento – e questo accredita la loro tesi – hanno levato alta e forte la loro voce nei confronti di una proroga dai contorni preoccupanti da un punto di vista non solo politico ma, prima di tutto, giuridico. Perché uno stato di eccezione, per di più previsto da una legge ordinaria, non può ribaltare quelle che sono le regole costituzionali.

Ecco che Francesco Clementi, sul *Sole 24 Ore* del 15 maggio, a proposito della bozza del decreto Rilancio osserva: "La formulazione è tale che sembrerebbe proprio che il Governo proroghi la scadenza dello stato di emergenza all'anno prossimo". E aggiunge: "Se davvero così fosse, si tratterebbe di una decisione molto importante, in latitudine e in longitudine; in sé gravida di rilevanti conseguenze giuridico-normative per tutti noi, come abbiamo scoperto in concreto durante questi mesi di lockdown casalingo".

A sua volta Massimo Villone, sul *Manifesto* del 16 maggio, rileva: "La formulazione è ambigua, non è chiaro a quali emergenze si riferisca ed in specie se comprenda o meno anche quella dichiarata per il Covid-19 dal Consiglio dei ministri il 31 gennaio 2020". E aggiunge: "Qualunque proroga in termini ambigui ed incerti crea inevitabilmente il rischio che la compressione di libertà e diritti continui al di fuori dei criteri di necessità e proporzionalità che dottrina e giurisprudenza pongono come parametro insuperabile per la legittimità costituzionale dei limiti, comunque da chiunque imposti. È dunque comprensibile e giusto che si alzino nel paese attenzione e proteste".

Ancora. Sul *Giornale* del 16 maggio, Ginevra Cerrina Feroni critica la proroga inserita nella bozza del decreto sia sotto il profilo del metodo, sia sotto il profilo del merito. Del metodo, perché giudica incongruente che una misura del genere sia adottata con largo anticipo rispetto alla scadenza del 31 luglio. Del merito, perché "il regime dell'emergenza ha già determinato un impatto pesantissimo su alcuni princìpi fondanti la democrazia rappresentativa e sulle libertà costituzionalmente garantite". Pertanto occorre il tempestivo ripristino delle regole proprie della forma di governo parlamentare.

Mentre Giovanni Guzzetta sottolinea che per una proroga come quella di cui si parla non sarebbe affatto necessario un decreto legge. Difatti basterebbe una banalissima delibera del Consiglio dei ministri, com'è per l'appunto accaduto nella seduta del 31 gennaio scorso (*La Verità*, 25 maggio). In effetti, non si capirebbe perché inserire in un decreto legge una proroga per la quale, come la volta precedente, basterebbe una mera deliberazione del Consiglio dei ministri.

Non basta. Il 15 maggio tredici giuristi dell'Osservatorio permanente sulla legalità costituzionale hanno indirizzato una lettera aperta all'"Illustre Presidente e al Chiarissimo Collega", quale titolare dell'indirizzo politico di garanzia e di controllo, invitandolo a non emanare il decreto legge Rilancio in quanto inciderebbe sull'equilibrio delle istituzioni e ne comprometterebbe il funzionamento. In particolare, affermano i firmatari della missiva, l'articolo 16 della bozza, che prevede una proroga dello stato d'emergenza non meglio specificato, difetterebbe dei requisiti sia dell'urgenza, sia dell'omogeneità.

Ora, se c'è una cosa che Mattarella – nello specifico l'"Illustre Collega" – non ha mai gradito, è di essere tirato per la giacchetta. Soprattutto su questioni come quelle di carattere giuridico-costituzionale nelle quali non ha bisogno di suggerimenti. Non sapremmo dire se Mattarella è intervenuto personalmente e abbia ottenuto la cancellazione della disposizione. Ma non è escluso che tutta la polemica, a voler essere generosi, si basi su uno spiacevole equivoco. E il motivo è quello squadernato da Guzzetta, pienamente condivisibile. A ogni buon conto, tutto è bene quello che finisce bene. Con il senno di poi, per il momento. Solo per il momento.

Ma le cose stanno proprio così? Sul *Messaggero* del 10 luglio campeggia a pagina 5 un titolo che rimette tutto in discussione. Dice: "Emergenza Covid verso la proroga"; "Il governo pronto ad allungare i termini al 31 dicembre: timori per la seconda ondata. Il premier potrà ricorrere a nuovi DPCM. PD e M5S favorevoli al rinvio, il gelo di IV". Nell'articolo si afferma che "la spinta arriva dal Comitato tecnico scientifico e anche al Ministero della Salute sono consapevoli che sarà un passaggio necessario".

A ogni buon conto nella seduta della Camera del 9 luglio, appena il giorno precedente, il costituzionalista PD Stefano Ceccanti mette le mani avanti. Intervenendo nel dibattito sulla conversione in legge del decreto legge 16 maggio n. 33, contenente ulteriori misure urgenti per fronteggiare le misure da Covid-19, dichiara tra l'altro: "Il 31 luglio scade lo stato di emergenza; noi speriamo ardentemente che questo stato di emergenza non debba essere in alcun modo prorogato, ma qualora vi fosse la necessità, invitiamo caldamente il Governo – lo dice anche un ordine del giorno bipartisan del Comitato per la legislazione – a venirlo a spiegare eventualmente in questa sede, ove possibile, o subito dopo, ove la necessità fosse impellente, perché dall'emergenza dobbiamo assolutamente uscire ritornando alla fisiologia democratica". E giù applausi da parte dei deputati del suo partito.

L'ordine del giorno di cui fa parola Ceccanti – sottoscritto dalla leghista Maura Tomasi, dallo stesso Ceccanti, dal renziano Cosimo Ferri e dal berlusconiano Paolo Russo, ma da nessun pentastellato, e approvato dalla Camera – impegna il governo: "1) a rendere, salvo gravi e indifferibili motivi d'urgenza, una preventiva comunicazione alle Camere nel caso in cui si intenda procedere a fronte di un riacutizzarsi dell'epidemia in corso ad una nuova dichiarazione dello stato d'emergenza di rilievo nazionale, al fine di ricevere gli opportuni indirizzi del Parlamento al riguardo, anche con riferimenti alla durata temporale; 2) ad accompagnare la comunicazione con tutti gli elementi tecnico-scientifici a supporto della stessa; 3) nel caso in cui non sia possibile, per gravi e indifferibili motivi d'urgenza, rendere una comunicazione preventiva, a rendere comunicazione successivamente entro un termine temporale ristretto, sempre al fine di ricevere gli opportuni indirizzi parlamentari; 4) sia nel caso di nuova deliberazione dello stato d'emergenza sia nel caso in cui si renda comunque necessario fornire una nuova base legislativa, successiva al 31 luglio 2020 per le materie fin qui disciplinate con DPCM, ad assumere un'apposita iniziativa legislativa, se necessario anche d'urgenza, evitando la mera proroga o differimento, magari nell'ambito di provvedimenti di più ampia portata, di quanto fin qui previsto dal decreto legge n. 19 e dal provvedimento in esame".

In sostanza, come per i DPCM, si vuole "parlamentarizzare" un'eventuale proroga dello stato d'emergenza. E anche in questo caso è Ceccanti, da quell'acuto costituzionalista che è, a farsene promotore. Nel giro di poche ore l'eventualità diventa certezza. Conte, da Venezia dove si sperimenta il Mose, fa sapere di essere intenzionato a prorogare fino al 31 dicembre 2020 lo stato di emergenza. Sarebbe interessante sapere se il presidente del Consiglio abbia informato il capo dello Stato di questo suo intendimento. E in ogni caso se il presidente della Repubblica abbia manifestato la propria opinione.

D'altra parte, come ha notato Ugo Magri, "Ogni qualvolta in passato ha colto rischi di forzature, il presidente della Repubblica si è fatto sentire. In un caso pubblicamente, reclamando a nome dei cittadini 'indicazioni ragionevoli e chiare' (30 aprile 2020); altre volte è intervenuto senza renderlo noto tramite la '*moral suasion*'" (*La Stampa*, 12 luglio).

Il modus operandi sarà lo stesso. Come il primo stato d'emergenza fu deliberato dal Consiglio dei ministri il 31 gennaio 2020 – e solo il decreto legge del 23 febbraio adottò le misure conseguenti –, così si deciderà allo stesso modo prima del 31 luglio. Ma con una novità di non poco conto. Perché, dopo l'approvazione dell'ordine del giorno di cui sopra, Conte si presenterà davanti ai due rami del Parlamento per motivare la decisione che adotterà il Consiglio dei ministri. E non può escludersi che le Camere – contitolari dell'indirizzo politico con il governo – procedano a un voto al riguardo.

Le critiche non si fanno attendere. Così Carlo Fusi afferma che "da adesso Giuseppe Conte diventa il Conducator unico, il detentore di tutte le aspettative, l'accentratore di tutti i poteri ma anche il parafulmine su cui si scaricheranno tutte le tensioni che affollano un equilibrio politico già ultra precario, denso di polemiche, pieno di veleni" (*Il Dubbio*, 11 luglio).

Il sociologo Ricolfi mette sale sulla ferita: "Questo governo ha già dimostrato di non saper governare l'epidemia: l'aggravamento della situazione sanitaria non è dovuto a un meteorite piovuto dal cielo, ma è stato favorito dall'inerzia dell'esecutivo, che proprio così si è costruito le pre-condizioni e il pretesto per invocare un ulteriore aumento dei propri poteri" (*Il Messaggero*, 11 luglio). A riprova che a pensar male si fa peccato ma s'indovina. Data la delicatezza della questione di carattere non solo politico ma anche costituzionale, non è escluso che Mattarella dica la sua al riguardo.

Illuminanti sono poi i rilievi di ordine strettamente giuridico mossi sul *Corriere della Sera* del 12 luglio da Sabino Cassese. Rileva, per cominciare, che manca il presupposto della proroga in quanto non sussiste una condizione attuale di emergenza. Qualora dovesse presentarsi all'improvviso, basterà una sollecita deliberazione ad hoc del Consiglio dei ministri. Inoltre, è bene evitare l'accentramento di tutte le decisioni in capo al presidente del Consiglio, anche perché – argomenta Cassese – "l'accentramento crea colli di bottiglia e rallenta i processi di decisione". Infine, il diritto eccezionale non può diventare la regola. Perché così l'equilibrio tra i poteri va a gambe all'aria. E a soffrirne sono un po' tutti gli altri organi costituzionali: il Parlamento, il capo dello Stato, la Corte costituzionale.

Stavolta è Cassese a parlare a nuora perché le suocere intendano. Le nuore sono i lettori del *Corriere della Sera*, che trarranno beneficio da questa provvidenziale lezione di diritto costituzionale. Mentre le "suocere" stanno a Palazzo Chigi e al Quirinale. E avranno buoni motivi per riflettere. E, se del caso, intervenire.

Ma torniamo alla vexata quaestio della decretazione d'urgenza e dei controversi DPCM. Sul *Dubbio* del 4 giugno Valerio Di Porto, per tanti anni consigliere della Camera dei deputati, dà i numeri. Ma quelli giusti. Cose da farci impallidire. Più si va avanti con la decretazione d'urgenza, per non parlare dei DPCM, più le cose vanno di male in peggio in termini di lunghezza.

Non è una novità. Lo Statuto albertino era composto di appena 84 articoli e di un numero ragionevole di commi. Tutto era ridotto all'essenziale. E, si badi, un provvidenziale articolo – precisamente il 62 – stabiliva che "La lingua italiana è la lingua officiale delle Camere". Mentre il capoverso concedeva la facoltà di servirsi della lingua francese per i membri che appartenevano ai paesi in cui essa è in uso o in risposta ai medesimi.

Nulla di più naturale, si dirà, che stabilire che la lingua ufficiale sia quella italiana. E invece no. Per due motivi. Primo, perché notoriamente lo Statuto fu scritto in francese e tradotto all'istante in italiano. Secondo, perché – per paradossale che possa sembrare – la nostra Costituzione repubblicana della lingua italiana non fa minimamente parola. E forse non si trattò di una omissione che ha il sapore dell'ovvietà, come ha sentenziato bonariamente la Corte costituzionale.

La verità è che il sentimento nazionale era caduto così in basso con la catastrofe bellica che si pensò bene di sorvolare.

Fatto sta che i numeri peggiorano. Si passa dagli 84 articoli dello Statuto ai 139 articoli della nostra Costituzione, ai quali vanno aggiunte le diciotto disposizioni transitorie e finali. Non basta. Ogni articolo è diventato grande e grosso rispetto al passato statutario. I commi si moltiplicano. Tant'è che uno studioso eminente come Arturo Carlo Jemolo, in un aureo libriccino dal titolo *Questa Repubblica: dal '68 alla crisi morale* (Firenze, Le Monnier, 1981), scrive che dal punto di vista stilistico lo Statuto albertino è di gran lunga migliore della Costituzione repubblicana. A dispetto del fatto che nelle ultime battute, su suggerimento di Palmiro Togliatti prontamente accolto dal presidente dell'Assemblea costituente Umberto Terracini, tre illustri letterati vi posero mano. E precisamente Pietro Pancrazi, Antonio Baldini e Concetto Marchesi, il solo dei tre membro della Costituente.

Ma il peggio verrà in seguito. Così la riforma del Titolo V della Parte seconda della Costituzione, dedicato alle regioni province e comuni, approvato nel 2001 dal centrosinistra in assoluta solitudine agli sgoccioli della XIII legislatura nel disperato tentativo di ingraziarsi gli elettori della Lega, fu un disastro da un punto di vista lessicale e di merito. Lessicale, perché i commi dei vari articoli crebbero caoticamente a dismisura. Di merito, o per meglio dire di demerito, perché restringendo le competenze statali, aumentando i poteri legislativi delle regioni e stabilendo tutta una serie di materie concorrenti, ha provocato una grande confusione e assicurato un'infinità di lavoro alla Corte costituzionale.

Una volta posta su un piano inclinato, la legislazione è scivolata sempre più giù in termini di chiarezza. Non si salvano né la riforma costituzionale del centrodestra del 2005, né la riforma costituzionale firmata da Matteo Renzi e Maria Elena Boschi del 2016. Entrambe colate a picco dai rispettivi referendum. Entrambi scritte in una neolingua che con l'italiano ha ben poco a che vedere.

Orbene, Valerio Di Porto mette ulteriore sale sulla piaga della nostra normazione. Al riguardo, i record si sprecano. Il decreto legge 25 giugno 2008 n. 112 sembrava non dovesse essere mai superato. Con i suoi 85 articoli e 491 commi, diventati con la legge di conversione rispettivamente 95 e 491. In effetti, per dodici anni il record regge. Difatti il decreto legge n. 201 del 2011 ha solo (si fa per dire) 50 articoli e 418 commi, cresciuti con la legge di conversione a 58 e 514. Il decreto legge 21 giugno 2013 n. 69 ha 86 articoli e 302 commi; con la conversione in legge gli articoli diventano 122 e i commi 471. Il decreto legge 17 marzo 2020 n. 18 ha 127 articoli e 507 commi, diventati, con la legge di conversione, 171 e 734. Perciò, sottolinea Di Porto, è battuto il record di 718 commi di 12 anni prima.

Tanto per finire in bellezza, la legge di conversione di quest'ultimo decreto e il testo coordinato fanno bella mostra nel supplemento ordinario della Gazzetta Ufficiale del 29 aprile per ben 120 pagine. Il tutto "dalla trama contorta e di improba lettura, sia per la varietà degli argomenti, sia per lo stile di scrittura". Per non parlare del decreto legge "Rilancio", come si dirà tra poco. Con i suoi 266 articoli e i 1049 commi, ai quali si aggiungono – tanto per tener loro compagnia – sette allegati. Insomma, conclude Di Porto, l'altra epidemia micidiale è quella dei commi.

Tuttavia, su quest'ultimo decreto legge si è abbattuto il parere espresso all'unanimità dal Comitato per la legislazione della Camera dei deputati nella seduta del 27 maggio. La relazione del costituzionalista piddino Stefano Ceccanti, che pure è una testa pensante della maggioranza di governo, non potrebbe essere più critica sotto ogni profilo. Sotto il profilo delle dimensioni del provvedimento, per esempio. Pensate, la bellezza di 110.912 parole. Con il risultato di far diventare estremamente difficoltoso l'esame parlamentare, rendendo vana un'adeguata istruttoria legislativa a tutela della qualità della legislazione. Sulla quale ha appuntato la propria attenzione la Corte costituzionale con l'ordinanza

n. 60 del 2020. Poi, sotto il profilo della tutela dell'immediata applicabilità dei testi, compromessa dall'introduzione di aggravi procedurali da parte del Parlamento nei confronti di disposizioni che prevedono benefici e indennità, mentre quest'ultime stanno già trovando attuazione. Vanno inoltre evitate modifiche normative ravvicinate che si confondono e si sovrappongono. Com'è il caso dell'articolo 9 del provvedimento in esame, che si sovrappone all'articolo 4-*bis* del decreto legge n. 19 del 2020, introdotto nel corso dell'esame parlamentare.

E dal momento che le due disposizioni vertono sulla medesima materia, logica vorrebbe che fosse soppresso l'articolo 9 dal momento che l'articolo 4-*bis* risulta di più ampia portata. Infine, conclude Ceccanti, andrebbe tutelato il controllo parlamentare compromesso da procedure anomale sbilanciate sul governo. Com'è il caso dell'articolo 265 comma 8, che in sostanza prevede una sorta di delegificazione attraverso la quale i decreti ministeriali potranno modificare le autorizzazioni legislative di spesa recate dal provvedimento.

Veniamo al parere propriamente detto, che si riporterà in sintesi nelle sue parti essenziali. Sotto il profilo della specificità, dell'omogeneità e dei limiti di contenuto, il decreto legge si configura come un provvedimento a contenuto plurimo, come definito dalla Corte costituzionale nella sentenza n. 244 del 2016, in quanto le molteplici disposizioni presentano una sostanziale omogeneità di scopo. Sotto il profilo della semplicità, chiarezza e proprietà della formulazione, le disposizioni che lasciano a desiderare sono – manco a dirlo – molteplici. Sotto il profilo dell'efficacia del testo per la semplificazione e il riordino della legislazione corrente, idem come sopra. Insomma, una selva normativa oscura che farebbe uscire di senno perfino un filosofo dalle idee chiare e distinte come Cartesio.

Appena il giorno dopo, il 28 maggio, intervistato da Giulia Merlo, Ceccanti ribadisce su *Il Dubbio* che il Parlamento deve ritrovare la giusta centralità ed esercitare il controllo sul decreto legge “Rilancio”. Intanto sono stati presentati in commissione a Montecitorio la bellezza di 10mila emendamenti. Ma il tempo stringe e un esame approfondito non sarà possibile né in commissione né in assemblea. E si verificherà ancora una volta la strage degli innocenti, o presunti tali. Perché il governo more solito porrà la questione di fiducia sul testo e salteranno tutti gli emendamenti. Eccetto quei pochi approvati in commissione e accolti nel maxiemendamento monstre del governo.

18

L'ascesa di un premier a sua insaputa

Conte è un presidente del Consiglio nato per caso. Quasi a sua insaputa. Luigi Di Maio e Matteo Salvini, i leader della costituenda maggioranza, erano d'accordo nel mettersi insieme ma ambivano entrambi alla poltronissima di Palazzo Chigi. E così dal cilindro dei due litiganti è spuntato il terzo uomo. Un prestanome, un premier per finta, nelle intenzioni dei suoi scopritori. Con una pazienza degna di Giobbe, il terzo uomo è stato al gioco. Dopo tutto, *primum vivere deinde philosophari*. In un ruolo marginale, in una sorta di dissociazione schizofrenica tra l'apparenza del comando e tutt'altra realtà, più che vivere Conte è sopravvissuto alla bell'e meglio. Del potere effettivo raccogliendo solo le briciole. Ma poco alla volta la scena è cambiata.

Tra le virtù di Conte c'è la perseveranza e quella di essere un mediatore nato. Anche grazie alla sua professione di avvocato civilista. Tanto più mediatore quanto più Luigi e Matteo litigavano per svariate ragioni. Dal momento che il contratto stipulato assieme era suscettibile di diverse interpretazioni, ognuno dei due tirava la coperta stretta dalla propria parte. Perché, in una sorta di altalena impazzita, a mano a mano che l'uno scendeva l'altro saliva. Più su, sempre più su. E a furia di mediare, zitto zitto piano piano Conte accumulava potere.

Questo sul piano interno. Mentre sul piano internazionale, come si è già detto a suo tempo, Conte non ha avuto rivali. Ben contenti i due di lasciare questa incombenza a uno che sapeva le lingue, vestiva a modo, aveva fatto un corso regolare di studi fino a divenire professore ordinario di diritto civile all'Università di Firenze. A uno che con il sorriso sulle labbra e i modi signorili comincia ad avere dimestichezza con il caro Donald, con la cara Angela, con il caro Emmanuel. Insomma, con i grandi della terra. E, per di più, a prenderci gusto. Un mondo, quello fuori dai confini nazionali, fatto per dispiacere ai due consoli gialloverdi. Paghi di fare la politica del piede in casa, abbaiando di tanto in tanto ai potenti della terra che fanno il bello e il cattivo tempo in Europa e nel mondo.

La maschera, però, Conte la getta nella seduta del Senato del 20 agosto dell'anno scorso. Convinto di avere la partita in mano, Salvini apre la crisi di governo nella matematica certezza di ottenere sui due piedi lo scioglimento anticipato delle Camere e le elezioni anticipate. Ma perché tanta sicurezza? Ce la potremmo cavare adducendo il motivo che spesso il successo, come l'insuccesso, può dare alla testa. Ma la verità è un'altra. Si illude che Nicola Zingaretti gli avrebbe dato una mano. Un paradosso, ma fino a un certo punto. Perché in effetti il segretario del PD è tentato di giocare la carta delle elezioni anticipate per avere a propria disposizione una classe parlamentare fino ad allora di stretta ortodossia renziana. Un peccato d'ingenuità, quello di Salvini. Perché, a pensarci bene, era fuori dalla realtà che Zingaretti per i begli occhi del Capitano della Lega si comportasse come Sansone, pronto a soccombere politicamente parlando per il piacere di portare con sé nella sconfitta i filistei di stretta osservanza renziana.

A questo punto Salvini non poteva contare neppure su Sergio Mattarella. Perché se è vero che una dissociazione tra Paese reale e Paese legale può condurre allo scioglimento delle Camere e alle elezioni anticipate, tutto questo può accadere – torniamo a ripetere – se la dissociazione provoca lo scollamento della maggioranza di governo e la conseguente crisi ministeriale. Non solo, ma il capo dello Stato dovrà altresì accertare, al di là di ogni ragionevole dubbio, che non sussistano le condizioni per un'altra maggioranza di governo. Queste sono le regole della forma di governo parlamentare. Possono piacere o no, ma vanno rispettate a puntino. A cominciare dal primo cittadino dello Stato.

Tuttavia, se il governo Conte dovesse cadere, Mattarella ha già detto e ridetto che non rimarrebbe altro che andare a elezioni. E ha motivato più volte questo suo punto di vista. Infatti, dopo aver sperimentato le due coalizioni, quella giallo-verde e quella giallo-rossa, nessun'altra combinazione parlamentare sarebbe possibile. E un accanimento terapeutico allo scopo di mandare avanti la legislatura non sarebbe concepibile nel modo più assoluto. Solo situazioni del tutto eccezionali potrebbero indurre il capo dello Stato a mutare avviso.

La verità è che Salvini s'infila in un vicolo cieco. Un po' per un'ingenuità che stona in un professionista della politica come lui. E un po' perché Conte, cresciuto a poco a poco sotto traccia per non dare nell'occhio, gli assesta al Senato, nella seduta del 20 agosto, il colpo di grazia. Un discorso, quello di Conte, mirato – come si è detto – non tanto a togliersi i sassolini dalle scarpe, accumulati nel corso dei mesi passati. Quanto piuttosto pronunciato scientemente a freddo, da quell'uomo a sangue ghiaccio che si è dimostrato proprio allora e che si dimostrerà sempre più nel corso del tempo. Quel discorso, un atto d'accusa in piena regola, è la pedana di lancio del suo successo. Si precostituisce i titoli per rimanere sulla poltrona di Palazzo Chigi con una nuova maggioranza.

L'importante è durare, soleva dire Benito Mussolini. E di durata s'intendeva, se è vero che è rimasto in carica per quasi ventun anni. Per la precisione, 7.572 giorni. Il potere rende simpatici e gli avversari poco alla volta si adeguano. Salire sul carro del vincitore, o del presunto tale, è poi una nostra specialità. Non a caso la patria del trasformismo è qui da noi. Cavour, Depretis, Giolitti, lo stesso Mussolini, che si appoggiava ora a questa e ora a quell'altra fazione. Per non parlare di Andreotti, il divo Giulio, un uomo per tutte le stagioni: dal monocolore DC al quadripartito centrista, dalla stagione della solidarietà nazionale tra il 1976 e il 1979 al pentapartito. E nella stagione della cosiddetta solidarietà nazionale, eccetto i missini di Almirante e i radicali di Pannella, stavano tutti assieme più o meno appassionatamente. Due monocolori DC sostenuti dapprima da un mare di astensioni e poi da una maggioranza nata alla luce del sole. Ma chi stava sul ponte di comando era solo lui, Andreotti, mentre gli altri erano condannati ai remi. Contentandosi delle briciole.

Nelle statistiche, dopo tutto, per essere un pivello Conte non sfigura affatto. Nella graduatoria dei governi per durata il presidente del Consiglio in carica si pone all'undicesimo posto su ventinove. Si colloca ben sopra la metà classifica. E non mettiamo limiti alla divina Provvidenza. Meglio di lui hanno fatto Silvio Berlusconi con 3.339 giorni, Giulio Andreotti con 2.678, Alcide De Gasperi con 2.591, Aldo Moro con 2.279, Amintore Fanfani con 1.659, Romano Prodi con 1.608, Bettino Craxi con 1.353, Mariano Rumor con 1.104, Antonio Segni con 1.088 e Matteo Renzi con 1.024 giorni. Un buon piazzamento, insomma, nel bel mezzo – se si eccettua Renzi – della crema della crema della cosiddetta Prima Repubblica.

Può anche darsi che Conte duri oltre la fine del 2020. Nel qual caso sorpasserebbe in durata Renzi e perfino Rumor. E battere Renzi, che dopo aver propiziato il secondo governo Conte ne è divenuto il più acerrimo nemico, non è da tutti. Perché, come ho avuto occasione di dire in altra occasione, solo qualche ingenuo in servizio permanente eccessivo potrebbe sul serio pensare che l'ombelico del mondo sia il birillo centrale del biliardo del Bar Sport di Foligno. Che, per l'appunto, sta al centro dell'Italia, l'Italia al centro dell'Europa e l'Europa a sua volta al centro del mondo intero.

No e poi no. L'ombelico del mondo è lui e solo lui: Matteo Renzi in persona. O almeno lui, che ai dubbi preferisce le certezze incrollabili, ne è fermamente convinto. Anche se, a dar retta ai sondaggi, per lui le cose vanno di male in peggio.

Certo, la maggioranza che appoggia Conte è tutt'altro che coesa. Dà l'impressione di zigzagare di qua e di là senza molto costrutto. Ogni contraente tira l'acqua al proprio mulino e tenta di imporre la propria agenda politica. E in questo i pentastellati, a torto o a ragione considerati degli scappati di casa, spesso hanno il sopravvento sul PD. Sovente costretto a cantare e a portare la croce. Alla distanza politica si aggiunge poi la comune preoccupazione dei partiti della maggioranza per la continua crescita del premier. Conte fa la spola tra i due maggiori partiti. Ora dà soddisfazione all'uno – è il caso del ripudio del MES, che non piace affatto ai Cinque Stelle –, ora dà soddisfazione all'altro, rinunciando in definitiva allo strumento dei DPCM o limitandolo al massimo. D'altra parte, i Cinque stelle hanno mille volti. Non si sa più chi ha lo scettro del comando. Di Maio l'ha ceduto a Crimi, che non è un gigante della politica. E il partito continua a oscillare di qua e di là pericolosamente come un'imbarcazione senza nocchiero.

Tuttavia Conte non si preoccupa più di tanto. Come ha osservato Paolo Pombeni su *Il Quotidiano del Sud* del 13 maggio, il paradosso di questo governo è che più è debole e più è insostituibile. E con qualche buon motivo, spiega lo storico bolognese. A tutti conviene un esecutivo senza forza perché così sono possibili tutti i negoziati in vista delle prossime elezioni. Ma Conte tira dritto, consapevole dei suoi punti di forza. La sua arte nel mediare tra i due litiganti. Il suo presentarsi con quell'aria da Zelig che assume le sembianze, i tic e il carattere dei suoi interlocutori.

Quel piegarsi all'occorrenza come canna al vento in attesa che passi la burrasca. Quell'essere ad un tempo uno e centomila. Quel suo cambiarsi d'abito più in fretta, se del caso, dello stesso Leopoldo Fregoli. Quell'essere tenuto in considerazione da Sergio Mattarella, dopo i dissapori iniziali, perché, pur nella diversità, i due personaggi hanno una grammatica comune. Entrambi prediligono il congiuntivo all'indicativo, tutto il contrario di Di Maio. Che agli amletici dubbi preferisce le certezze incrollabili. Mentre tra persone di cultura, come i due Presidenti, le tempeste del dubbio di mazziniana memoria sono ossigeno per le meningi. A onor del vero, le cose stanno cambiando di mese in mese. Mattarella è sempre eguale a sé stesso. Conte no. Sta acquistando sempre più sicurezza strada facendo. E l'indicativo, presente e futuro, gli piace sempre più.

Infine, non va sottovalutato un fatto. Conte può permettersi il lusso di una maggioranza parlamentare litigiosa, tenuto anche conto che l'appoggio di Matteo Renzi è la classica corda che sostiene l'impiccato, perché il premier è diventato, con l'andare del tempo, più mattarelliano di Mattarella. Mentre quest'ultimo non si sognerebbe mai di definirsi – neppure per scherzo – contiano. Per la semplice ragione che Mattarella, per suo abito mentale, parla con tutti ma non si confonde con nessuno. E poi un presidente della Repubblica è al di sopra della mischia per definizione.

Mattarella sa bene, dall'alto della sua lunga carriera politica e istituzionale, che è tenuto non solo a essere imparziale, ma anche ad apparire tale. Nel corso degli anni il Presidente ha suonato la fisarmonica delle sue prerogative, ora allargandola e ora restringendola a seconda delle circostanze. Però mai e poi mai si sognerebbe di superare le colonne d'Ercole dei suoi poteri così come contemplati dalla Legge fondamentale della Repubblica e dalle convenzioni costituzionali.

A ogni buon conto, il presidente del Consiglio continua la sua navigazione a vista. Schivando a uno a uno gli scogli che gli si parano davanti. Più che tenere a bada l'opposizione, a sua volta divisa quanto più Salvini scende e la Meloni sale nei sondaggi, il presidente del Consiglio deve vedersela con una maggioranza che gli sta con il fucile puntato addosso. Di Maio lo ha sponsorizzato per ben due volte. Senza il suo appoggio non avrebbe potuto formare né il Conte I né il Conte II. Ma da quando sta accumulando sempre più potere, anche in considerazione del fatto che il virus ha avuto come conseguenza la concentrazione della somma del comando nell'esecutivo e di conseguenza in Conte, un po' ne diffida. E, soprattutto, non ne ha più il controllo.

A sua volta il PD lo appoggia, certo. Tanto più quanto più i grillini sono divisi e non si sa chi ne abbia le redini in mano. Ma Zingaretti non ha ancora capito a che gioco il premier sta giocando. E il sospetto è che giochi una partita in proprio. Per non parlare di Renzi, che vorrebbe crocifiggerlo al più presto. Senza mai riuscirci. Come il Gatto Silvestro con la canarina Titti dei cartoni animati.

È un fatto che Conte si muove tra alti e bassi. L'eccesso di presenzialismo non solo non gli giova, ma è anche controproducente. Come si è detto, ai matrimoni vorrebbe essere la sposa e ai funerali il caro estinto. Il 10 maggio all'aeroporto militare di Ciampino riceve in pompa magna Silvia Romano, tornata in Italia dopo diciotto mesi di prigionia in un villaggio del Kenya. Dopo il danno del riscatto, probabilmente oneroso, la beffa di una ragazza che torna in Italia dopo essersi convertita all'Islam. Non si chiama più Silvia ma Aysha, come la moglie di Maometto. E indossa una veste verde datale dai suoi carcerieri e mai dismessa dalla sua liberazione.

Una sequenza filmica, quella dell'arrivo all'aeroporto di Ciampino, che fa il giro del mondo a maggior gloria dei suoi sequestratori. Per di più, Conte mal sopporta che al suo fianco ci sia Di Maio, nonostante tutto ministro degli Esteri. Avrebbe preferito, il presidente del Consiglio, di starsene solo soletto al centro della scena. Mentre non si è fatto vivo il ministro della Difesa Lorenzo Guerini, e la sua assenza non poteva passare inosservata. Buon per lui.

Eccede nello scaricabarile quando gli conviene, Conte. A colpi di decreti legge e DPCM ha limitato fortemente i diritti sanciti dalla nostra Costituzione. Basti pensare all'inviolabilità della libertà personale di cui all'articolo 13, alla libertà di circolare e soggiornare in qualsiasi parte del territorio nazionale di cui all'articolo 16, al diritto di riunione di cui all'articolo 17, al diritto di professare liberamente la propria fede religiosa di cui all'articolo 20. Bene, tutte le misure hanno avuto la copertura degli scienziati e dei tanti consulenti a diverso titolo nominati dal governo. Un esercito. Con il risultato di una sostanziale divaricazione tra il potere del governo e la responsabilità fatta ricadere sovente sugli esperti. D'altra parte le commissioni più sono elefantiache e meno funzionano a dovere.

Altro esempio di scaricabarile si verifica nell'ultima settimana di maggio, quando il ministro per gli Affari regionali e le autonomie Francesco Boccia, che durante l'epidemia ha fatto in continuazione la spola tra lo Stato e le Regioni, ha l'infelice idea di proporre l'arruolamento di decine di migliaia di "assistenti civici" tra gli inoccupati allo scopo di evitare gli assembramenti nelle piazze e nelle strade delle varie città. Assistenti civici non meglio specificati, né carne né pesce. Un'idea che nasce e tramonta in un battibaleno, dopo aver avuto il placet iniziale di Palazzo Chigi. Un'idea presto divenuta la classica figlia di nessuno. Soprattutto dopo il deciso no del ministro dell'Interno Luciana Lamorgese, che tiene a precisare che l'ordine pubblico rientra nella sua piena competenza. Un disappunto che non ha saputo trattenere.

Tanto per cambiare, il presidente della regione Campania Vincenzo De Luca, che Carlo Verdone vorrebbe avere nel suo prossimo film tanto è bravo nel ruolo di attore consumato nell'esercizio dell'ironia, mette sale sulla piaga. Osserva – come riporta l'AGI il 29 maggio – che questi fantomatici assistenti civici non potranno fare la multa a chi non ha la mascherina, a chi non mantiene le distanze, non potranno controllare la movida e il traffico. Ma porteranno in giro la buona novella. Per consolarci, infierisce, "il governo ha deciso di ridare vita dopo otto secoli al movimento di Ubertino da Casale e Jacopone da Todi, un'esperienza mistica con 60mila volontari che andranno in giro con il saio con su scritto 'pentiti, è colpa tua'".

Tuttavia, restiamo nella convinzione che Conte è nato con la camicia. Riceve sostegno, pensate, da chi meno se l'aspetterebbe. È il caso del *manifesto,* quotidiano comunista, che nel suo sito on line il 1° maggio – in coincidenza non si sa quanto casuale con il manifesto degli intellettuali antifascisti del 1° maggio 1925, in contrapposizione al manifesto degli intellettuali fascisti del 21 aprile dello stesso anno – pubblica un manifesto dal titolo "Basta con agguati". Una perorazione in favore di Giuseppe Conte sottoscritta da migliaia di persone. Tra le quali tutti gli intellettuali che non ti aspetteresti. Da Lorenza Carlassarre a Piero Ignazi, da Andrea Pertici a Giacomo Marramao, da Luigi Ferrajoli a Marco Revelli. Tutti personaggi di sinistra che, proprio perché criticato dall'opposizione di centrodestra, all'improvviso stravedono per il presidente del Consiglio in carica. Del quale tutto si potrà dire tranne che, con il suo aplomb, possa fare un tifo sfegatato per l'ultrasinistra. Lui tace, e chi tace acconsente.

Sul *manifesto* del 3 maggio la direttrice Norma Rangeri cerca di dare una spiegazione a un tale consenso. Questa la sua risposta: "Probabilmente con il consenso di una larga parte dell'opinione pubblica verso l'azione antiCovid messa in campo dal governo Conte. Anzi, è probabile che senza questo *background* politico-sociale l'appello non avrebbe avuto un ascolto così rilevante. I firmatari puntano il dito sull'attacco mediatico, pressoché unanime, rivolto al modo in cui è stata affrontata la tragica emergenza sanitaria del paese. Di cui, viceversa, viene riconosciuta 'la prudenza' e 'il buon senso'". Senza per questo pervenire alla conclusione, sottolinea la Rangeri, che quello di Conte sia il migliore dei governi possibili. No, proprio no. La Rangeri non intende recitare la parte del dottor Pangloss. A scarico di coscienza.

Caustico, sul *Quotidiano Nazionale* del 3 maggio 2020, il commento della politologa Sofia Ventura: "Il manifesto pro-Conte ripropone schemi mentali lontani dalla democrazia liberale e che richiamano le modalità dei poteri autocratici, specie se ideologici, di indicare il nemico. Se si voleva stigmatizzare il fatto che alcuni attori politici vogliono provocare la caduta di Conte, obiettivo peraltro legittimo, lo si poteva dire in maniera chiara, invece di fare un bignami del piccolo Vyshinskij".

Il barcollante premier agli inizi del 2020 pende pende come la torre di Pisa ma non vuol mai venire giù. Strano animale, il calabrone Conte. Gli scienziati dicono che non potrebbe volare, e quello non si decide a cascare. Ma questo è affare dei politologi, che sanno niente su tutto e perciò sbagliano spesso e volentieri. Mentre i costituzionalisti sanno tutto su quel "niente" che è la Legge fondamentale della Repubblica e dintorni, e perciò spesso ci azzeccano.

Il 1° giugno Conte festeggia due anni di governo. Piuttosto avventurosi. Perché prima guida (si fa per dire) una coalizione giallo-verde, formata da pentastellati e leghisti. E subito dopo, senza soluzione di continuità, una coalizione giallo-rossa, formata da pentastellati e zingarettiani. Fuori la Lega e dentro il PD. E integrata da Italia viva di Renzi e da LEU di Speranza. Un po' Narciso com'è, Conte si sarà compiaciuto del tratto di strada che è riuscito a fare. Tra alti e bassi. Tra luci e ombre. E, onestamente, non gli si può dare torto. Difatti passa dalla polvere agli altari. Da presidente del Consiglio per caso a premier che, rispetto ai colleghi di governo, più che un primus inter pares, diventa in un battibaleno un primus solus. Un capo del governo vero e proprio, dizione che non si ritrova nella nostra Costituzione. Come non era mai accaduto in passato.

Certo, non è un uomo solo al comando. Come avrebbe voluto essere Salvini nel suo periodo d'oro e come, tutto sommato, non gli dispiacerebbe. Non è un decisore che può fare il bello e il cattivo tempo. Deve vedersela con una maggioranza dove, come accade sempre in tempi di vacche magre, ognuno va per la propria strada alla ricerca del consenso. In previsione di scadenze elettorali che sono state rinviate causa forza maggiore ma che a settembre, alla fine, devono tenersi: elezioni regionali, elezioni comunali e referendum costituzionale sul taglio del numero dei parlamentari. Tuttavia si può decidere se si è, com'è il caso di Conte, un eccellente mediatore. Ascolta tutti, trova un punto d'incontro e va avanti alla sua maniera: un passettino avanti e mezzo passo indietro. Così, per prudenza. Alla scuola della vecchia DC.

La verità è che Conte non ha il tempo neppure per respirare. Non può permettersi il lusso di ripercorrere la sua ascesa politica e di crogiolarcisi. *Maiora premunt.* Preme il presente. E nessuno più di lui si trova in bilico, come un funambolo, tra la tutela della salute e il rilancio dell'economia. Che è come coniugare la botte piena e la moglie ubriaca. Un bel rebus. Anche perché occorre fare i conti con gli irresponsabili, con gli sciamannati della movida. Incuranti della miseria di tante famiglie, incuranti di chi lavora e produce con accanimento nella speranza di risorgere. Irresponsabili che non ascoltano ragioni.

Considerano le mascherine un optional da portare tutt'al più sul collo o sulla testa o sul braccio, una nuova moda, lasciando così scoperti naso e bocca. Non fanno caso agli assembramenti, caricatura del diritto di riunione prescritto dall'articolo 17 della Costituzione. Ma pacificamente e senz'armi? Direi proprio di no. Perché hanno a portata di mano l'arma letale del contagio. E il rischio è quello di provocare, come in effetti sta accadendo un po' dappertutto, focolai d'infezione. Con il rischio di essere costretti tutti noi a stare nuovamente rinchiusi in casa. Sarebbe un disastro sotto il profilo sia sanitario, sia economico.

E se invece le cose non stessero così? E se il virus non fosse più in grado di nuocere non tanto perché lo abbiamo sconfitto con i nostri comportamenti virtuosi, ma perché con il caldo ha perso la sua aggressività? Insomma, chi ha ragione, il direttore di Rianimazione del San Raffaele, Alberto Zangrillo – secondo il quale il pericolo ce lo siamo ormai lasciato dietro le spalle, anche se poi è arrivato Berlusconi a rovinare tutto –, o i tanti suoi colleghi che temono una nuova insorgenza del virus ai primi freddi? E se i competenti del ramo abbracciano la concordia discors, come si dovranno comportare il governo e il presidente del Consiglio? Dovranno puntare tutto sulla ripresa economica o badare anche ai pericoli per la salute?

Perciò con un occhio Conte guarda con non poche preoccupazioni al qui e ora. Ma non può fare a meno d'immaginare che cosa l'attende oltre la siepe. E già, perché la preoccupazione di tutti i governanti è quella di durare. Possibilmente il più a lungo possibile. Gli amici diventano una quadrata legione e gli avversari, poco alla volta, si rarefanno perché si adeguano. Perciò confida che la sua caduta non sia dietro l'angolo. Come si dirà, Conte il 9 agosto 2020, parlando a Ceglie Messapica, ha affermato senza tanti giri di parole che il suo orizzonte è la primavera del 2023, quando finirà questa XVIII legislatura. Troppa grazia? Chi vivrà, vedrà.

Mattarella ha detto e ridetto che in caso di crisi di governo, dal momento che nessuna maggioranza parlamentare sarebbe più possibile, si vedrebbe costretto a sciogliere le Camere. Ma finché resta una minaccia, Conte può aspettare e sperare. Di fronte al pericolo di un tutti a casa, la maggioranza stringerebbe i bulloni e, guardate un po' che fortuna sfacciata, Conte troverebbe negli immancabili "responsabili" altri compagni di strada.

E poi Mattarella avrebbe avuto difficoltà a sciogliere eventualmente prima dell'estate le Camere. Come non ci stancheremo di ripetere, non si potrebbero eleggere nuove Camere con lo stesso numero di parlamentari. Perciò sarà gioco forza aspettare lo svolgimento del referendum costituzionale. E poi si dovranno ridisegnare circoscrizioni e collegi. E poi ci troveremo nel bel mezzo della sessione di bilancio in una situazione economica che mette i brividi. Che si fa, si scioglie e si ricorre all'esercizio provvisorio? Un azzardo fuori dalla realtà.

A conti fatti, l'avvocato del popolo ha motivo per ritenere che durerà almeno fino alla primavera del 2021. Senza per questo porre limiti alla divina Provvidenza. Magari confidando in padre Pio e nella buona sorte, che non lo ha mai abbandonato. Tanto più che di lì a poco, il 3 agosto del 2021, avremo il semestre bianco. Cioè gli ultimi sei mesi del mandato presidenziale nel quale il capo dello Stato – ai sensi dell'articolo 88 capoverso della Costituzione – non potrà più sciogliere le Camere.

Proprio nell'anniversario del 1° giugno, quando ha spento due candeline (le prime due della serie?), c'è chi ne dice bene e chi, per usare un eufemismo, ne dice meno bene. Su *la Repubblica*, per l'appunto del 1° giugno, Ilvo Diamanti vede tutto rose e fiori. Ma con l'aria di chi mette le mani avanti, dice: *relata refero*. E sì, perché Diamanti dopo tutto non fa altro che sondare il Paese. Già il titolo del suo pezzo la dice lunga: "L'emergenza giustifica uno stop alla democrazia per 4 italiani su dieci". Afferma che dalle rilevazioni risulta un grado di fiducia verso il governo elevato, come non si osservava da tempo. Ma veniamo al presidente del Consiglio. Diamanti sottolinea che "c'è l'affermarsi della figura del Capo. Il Capo del Governo, ma anche delle Regioni. Un Capo a cui i cittadini guardano non solo con rispetto, ma con deferenza e obbedienza. Mentre si rivolgono con sospetto e diffidenza nei confronti dei partiti e dei leader di opposizione". Si direbbe un deamicisiano libro "Cuore".

Molte altre cose piuttosto importanti ci dice Diamanti. Come la sostanziale marginalità del Parlamento, stretto tra il timore di assembramenti e il ruolo crescente del capo che si rivolge direttamente ai cittadini grazie ai social. Come la decrescente legittimazione dei parlamentari, ci sentiremmo di aggiungere, man mano che cresce la distanza tra Paese reale e Paese legale. Come un clima di democrazia sospesa avvertita dal 40% degli italiani per il rinvio degli appuntamenti elettorali per il rinnovo dei presidenti e dei consigli di ben sette regioni. Per la precisione, il Veneto, la Liguria, la Campania, la Toscana, le Marche, la Puglia e la Valle d'Aosta. Regioni nelle quali, sia detto per inciso, il centrodestra avrebbe potuto fare cappotto. Con un ulteriore divario tra la gente e il Palazzo. Per non parlare del rinnovo di non pochi consigli comunali.

È come se la gente dicesse: basta democrazia acefala. Senza capo né coda. La maggioranza dei cittadini reclama un "leader forte". Mentre i partiti, come intermediari tra la gente e le istituzioni, sono considerati meno importanti. Le conclusioni di Diamanti sono le seguenti: "È ormai da molti anni che nel Paese è emersa, sempre più forte, la 'voglia di un capo'. Di un 'uomo forte'. Anzi, in passato questa domanda si è espressa in misura più elevata, come hanno rilevato i sondaggi di Demos. Solo due anni fa, nel 2018, era al 64%. D'altronde, negli ultimi vent'anni i partiti si sono, prima, 'personalizzati', per divenire, in seguito, 'partiti personali', come li ha definiti Mauro Calise".

Tutte queste considerazioni ci riportano a Conte. Ma davvero gli italiani stravedono per l'uomo forte? Certo, quando il pericolo batte alle porte è inevitabile stringersi attorno al decisore. Ma gli uomini forti, con la volatilità del voto frutto della volubilità dei nostri concittadini, si logorano l'uno dopo l'altro in uno stormir di fronde. Che fine hanno fatto, tanto per non fare nomi e cognomi, Romano Prodi, il salvatore dell'Ulivo, Mario Monti, che avrebbe dovuto rimettere in sesto ogni cosa, Matteo Renzi, l'uomo che perse il referendum costituzionale e da allora non si riprese, Matteo Salvini, finito nel buco nero del coronavirus dopo essere stato nemico giurato dell'immigrazione irregolare e inflessibile tutore dell'ordine? E anche Silvio Berlusconi, che pure con il 7 e rotti per cento della sua Forza Italia è ancora sulla scena, politicamente parlando non sta troppo bene. Ma gli basta quel 7 per cento per essere determinante nella vittoria del centrodestra alle prossime elezioni politiche. E poi Sua Emittenza, che ha sette vite come i gatti, potrebbe con il suo partito risalire la china.

Ci resta Conte. Per il fatto che duri da più di due anni, i cittadini sono indotti a salutarlo come l'uomo della Provvidenza? Non scherziamo. Certo, l'inquilino di Palazzo Chigi ha sfoderato tutte le sue qualità migliori. Si è giostrato al meglio, commettendo, com'era inevitabile, non pochi errori. Ma di qui a farne un salvatore della Patria ce ne corre. Se proprio dovrà salvare qualcuno, per cominciare dovrà mettere in salvo sé stesso. E poi, ogni volta che si evoca Conte, viene alla mente l'opposizione, la sua bestia nera. Se Diamanti, sondaggi alla mano, ci dice che l'opposizione nella considerazione dei cittadini sta in sott'ordine rispetto a Conte, sarà pure così. Ma non ci persuade affatto.

Conte – al pari di un Prodi, di un Dini, di un Ciampi, di un Monti – è un Giovanni Senzaterra. È un senza partito e perciò costretto a campare sulle spalle altrui. E allora o prima o poi si mette in proprio, come molti sospettano, e ha successo. Viene accreditato addirittura del 14%. O un domani piuttosto prossimo si sentirà il solito interrogativo: "Conte chi?". Un interrogativo, del resto, che non fa più chiudere un occhio a Renzi, l'ombelico del mondo.

A ogni buon conto, al presidente del Consiglio pro tempore sarà piaciuta l'intervista di Romano Prodi al *Corriere della Sera* del 2 giugno. Difatti l'uomo che ha battuto per ben due volte un Berlusconi che appariva invincibile, un Tartarino di Tarascona dei nostri tempi, dice che "i governi cambiano quando c'è un'alternativa". Ma c'è, oggi? Il Professore bolognese lo esclude. Con un argomento che per ora non fa una grinza: "Per capirci: Renzi ha dimostrato che non è certo il momento di far cadere questo esecutivo anche perché il Quirinale aveva fatto sapere che si sarebbe andati subito alle elezioni. E infatti Italia viva è rimasta al suo posto". Anche se, con un tattico senza strategia come il senatore di Scandicci, non si sa mai come andrà a finire.

Né è convincente la tesi che l'opposizione starebbe perdendo smalto a rotta di collo. Non è così. Nessuno nega che nel volgere di pochi mesi la Lega ha perso qualcosa come dieci punti, passando dal 34% al 24 e qualcosa. Ettore Petrolini soleva dire: "A me m'ha rovinato la guera". Con una sola erre, per risparmiare una lettera dell'alfabeto. A Salvini lo ha rovinato il virus. Gli sono mancate le piazze. Gli è mancata la gente. E adesso risalire la china per lui non sarà facile. Ma basta un semplice pallottoliere per concludere che quello che ha perso il Capitano leghista, lo ha pressappoco guadagnato il presidente di Fratelli d'Italia Giorgia Meloni.

Il presidente di Fratelli d'Italia, come avrebbe detto Indro Montanelli con un linguaggio di altri tempi, sta dimostrando di saper portare i pantaloni meglio di tanti uomini. Ogni riferimento non è puramente casuale. A sua volta un insospettabile Luca Ricolfi, come ho già accennato in precedenza, scrive: "Io la vedevo veleggiare verso il 20% già quando era ancora sotto il 10%. La Meloni è una politica di razza, se fosse un uomo sarebbe già da un pezzo alla guida del centrodestra". Mentre la Meloni, intervistata da Alberto Di Majo per *Il Tempo* (2 giugno), si presenta come opposizione propositiva. Dice infatti: "In questa fase di emergenza non abbiamo mai fatto una critica senza avanzare una proposta alternativa. Votiamo tutto ciò che può essere utile agli italiani ma non rinunciamo mai a denunciare quello che non va e a proporre le nostre ricette: insomma siamo un'opposizione seria che si prepara ad andare al governo, non appena ci sarà consentito di votare".

A Salvini e alla Meloni, nel campo dell'opposizione, si aggiunge Berlusconi. Certo, Sua Emittenza non è più quello di una volta, vocato al successo sempre e comunque. Il suo partito, Forza Italia, non ha più lo smalto ma soprattutto i voti di un tempo. Ma, dopo tutto, la matematica non è un'opinione. Se si sommano il 24% di Salvini, il 16% della Meloni e il 7% di Berlusconi, la coalizione oggi all'opposizione raggiunge – tenendoci stretti e senza contare che Fratelli d'Italia è in continua espansione – il 47%. E con un gruzzolo del genere, anche nell'ipotesi che la maggioranza attuale riesca a varare una legge elettorale rigidamente proporzionale, il centrodestra otterrebbe la maggioranza assoluta in entrambi i rami del Parlamento. E probabilmente con un certo margine: forse 350 seggi alla Camera e 190 al Senato. Con il taglio dei parlamentari addirittura il centrodestra potrebbe avere, in proporzione, qualche seggio in più.

A sua volta il sociologo Luca Ricolfi fa precipitare Conte dalle stelle alle stalle. E proprio quello stesso 1° giugno in cui Diamanti vede per il presidente del Consiglio – alla luce delle sue rilevazioni – tutte luci. Intervistato dal direttore di *Libero*, Pietro Senaldi, Ricolfi affonda il dito su tante piaghe. Più che altro vede buio pesto perché il governo, a suo avviso, vive alla giornata tra mille improvvisazioni. Per esempio: "Nessuno ci informa su quali misure si stiano prendendo per neutralizzare i rischi dell'aria condizionata dei treni e degli aerei. E nessuno ci dice con chiarezza se riapriamo perché l'epidemia è sconfitta o per ragioni economiche. La mancanza di trasparenza e verità ha un grande prezzo, perché le persone restano incoscienti dei reali pericoli. C'è stata ideologia all'inizio, nel non voler mettere in quarantena chi arrivava dalla Cina, e c'è oggi, nel riaprire tutti insieme in condizioni diverse". La trasparenza, pensate. Proprio quella della quale Conte ha sempre menato vanto.

Ricolfi insiste: "Quando la paura sparirà, o ci saremo abituati a tollerarla, molti si troveranno senza lavoro, con poco reddito, bassi consumi, molta disperazione". Ancora: "Questo governo sta prendendo con molta allegria soldi che non ha, e prima o poi i mercati, ancor più delle autorità europee, ci chiederanno il conto". Ricolfi non demorde: "Più che ricette di sinistra, il governo sta usando ricette irresponsabili. È quel che succede quando la sinistra, che ha anche una componente riformista e responsabile, per amore del potere si allea con le forze più demagogiche e anti-mercato".

Ecco come conclude: "Gli italiani mi hanno sorpreso per la loro docilità e lo scarso amore per libertà e democrazia. Abbiamo bevuto tutto ciò che le autorità ci dicevano, senza pretendere l'unica cosa che dovevamo pretendere: serietà e trasparenza. Possiamo lamentarci finché vogliamo del governo Conte e della sua 'acostituzionalità' (così lo ha qualificato un giurista eminente come Sabino Cassese), ma resta il fatto che lo abbiamo digerito più che bene, come cittadini e come mass media: in democrazia, ogni popolo ha i governanti (e i giornalisti) che si merita". Per Ricolfi, si direbbe che sbagliando non s'impara. Macché. Per dirla con Leo Longanesi, sbagliando s'impera. E dire che a Conte e all'intero governo i consulenti di un certo spessore non fanno difetto. E, di sicuro, non sono pochi. Si sarà pensato che *melius abundare quam deficere*. C'è chi si è dato la pena di fare un po' di conti. Come Riccardo Pedrizzi, senatore per più legislature che ha tenuto sempre i fari accesi su Palazzo Chigi e dintorni. Così sul *Tempo* del 31 maggio osserva che in seguito all'emergenza virale sono state attivate diverse "task force" per un totale di circa 500 consulenti del governo, del sottogoverno, di ministri e gabinetti. Si tratta, rileva Pedrizzi, di comitati tecnico scientifici, cabine di regia, gruppi di lavoro eccetera. La prima è stata quella insediata dal ministero della Salute il 22 gennaio e formata da 18 membri. A febbraio ecco il comitato tecnico-scientifico di 15 componenti del dipartimento della protezione civile. Poi ancora la cabina di regia governo, enti locali, parti sociali. E chi più ne ha più ne metta.

Ovviamente non poteva mancare un angloamericanismo come "task force". Già, abusare degli anglismi è prova di un provincialismo stigmatizzato un'infinità di volte dalla benemerita Accademia della Crusca. E poi in senso proprio, cito dalla Treccani, è "espressione in uso nelle marine militari per designare un piccolo gruppo di diverse unità militari, di tipo complementare, destinato a compiere, sotto un comando unificato, una specifica missione autonoma di guerra: per es., un gruppo costituito da incrociatori pesanti, navi portaerei, naviglio di scorta e unità logistiche. È stata anche adoperata (per es., nella guerra arabo-israeliana del 1973) per indicare raggruppamenti di forze terrestri con compiti specifici".

Solo in senso estensivo, nel linguaggio aziendale – cito sempre dalla Treccani – task force è un "gruppo di esperti, provenienti da diversi settori aziendali e con diversa esperienza professionale, costituito appositamente per affrontare e risolvere un problema specifico". Il privato che si fa pubblico.

Ma non tutte le ciambelle riescono con il buco. Per esempio, il commissario straordinario per l'emergenza Covid, Domenico Arcuri, ha pensato bene di stabilire in 50 centesimi il prezzo massimo per l'acquisto nelle farmacie di ciascuna mascherina. Definendo liberali da salotto coloro che obiettavano che il prezzo lo stabilisce il mercato in base alla domanda e all'offerta. Fatto sta che le mascherine si sono esaurite in un battibaleno e per diverso tempo sono risultate introvabili.

Chissà mai perché. Con soddisfazione dei liberali, da salotto o no, che hanno potuto legittimamente dire: "Noi l'avevamo detto e siamo stati buoni profeti". E con scorno di Arcuri, che non ha saputo più che pesci pigliare. Ma adesso, finalmente, le mascherine nelle farmacie si possono acquistare con cinquanta centesimi cadauno. E ce ne sono ormai in quantità industriali perché quasi nessuno più le richiede. Nella convinzione che il peggio sia passato.

Il presidente del Consiglio naturalmente risponde per tutte le eventuali manchevolezze dei suoi collaboratori, di qualsiasi livello. In forza del principio che là dove c'è potere, c'è responsabilità. E un governo, e chi lo presiede, vive fin quando gode della fiducia dei due rami del Parlamento e cade quando la fiducia viene meno. Per un esplicito voto di sfiducia su apposita mozione o per fatti concludenti. Perciò Conte, come tutti i suoi predecessori, sa che prima o poi dovrà cadere. Mentre lì, sul Colle più alto di Roma, abita un italiano che per sette anni sa di poter svolgere la propria alta funzione con relativa tranquillità.

Al momento Conte è premiato dai sondaggi. Ma le critiche s'infittiscono. Il presidente emerito della Corte costituzionale Antonio Baldassarre denuncia l'accentramento dei poteri nella persona del presidente del Consiglio, "che li ha esercitati senza un'adeguata interlocuzione, non solo con il Parlamento, ma anche con gli altri poteri e le parti sociali (*Corriere Fiorentino*, 3 giugno). Un penalista autorevole come Franco Coppi auspica "un esecutivo forte, pienamente legittimato, per guidare il paese fuori dal guado. Invece certe iniziative del governo mi sembrano scriteriate, quasi irrazionali" (*Il Foglio*, 3 giugno). E c'è chi sostiene che il presidente del Consiglio e il ministro della Salute dovrebbero rispondere davanti alla magistratura di "delitti colposi contro la salute pubblica", articolo 452 del codice penale, per la loro palese negligenza durante la fase 1 (Paolo Becchi e Giuseppe Palma, *Libero*, 3 giugno). A volte si può essere estremisti per prudenza. Perché non si sa mai come andrà a finire.

Il 3 giugno, nel cortile di Palazzo Chigi, Conte tiene l'ennesima conferenza stampa. Dopo i due interventi di Mattarella in occasione della Festa della Repubblica e a Codogno. Asciutti questi ultimi, dilagante l'altra. Il 1° giugno Conte soffia sulle prime due candeline di governo. Ne ha fatta di strada, il presidente del Consiglio. Adesso vola alto. Più che al presente guarda al futuro, oltre la siepe leopardiana. Che cosa lo aspetta? Sospetto che lui si aspetti un futuro radioso. Ma per propiziarlo deve metterci del suo. Aiutati che il ciel ti aiuta, come si dice. E lui sfoglia il libro dei sogni, come nota Stefano Folli (*la Repubblica*, 4 giugno).

Sì, perché Conte pensa a un programma faraonico. Un piano a lunga scadenza grazie ai soldi che al momento non ha, ma prima o poi ci arriveranno dall'Unione europea. Nemmeno dovesse durare da qui all'eternità. Difatti nel programma c'è di tutto, di più. Perfino quel ponte sullo stretto di Messina che, quando Silvio Berlusconi ne parlò, fu sbeffeggiato come megalomane. Ogni mezzo è buono per durare. Sì, ma fino a quando? L'importante è che passi l'estate senza troppi patemi d'animo. Un'ipotesi plausibile. Anche se i partiti che lo appoggiano cominciano ad avere qualche perplessità sul presidente del Consiglio. Più lui giganteggia in televisione, più i suoi portatori d'acqua rimpiccioliscono a vista d'occhio. Perché i partiti sono diventati poca cosa e i loro leader non sono dei Cavour. Lo stesso presidente Mattarella, per il carattere che lo contraddistingue, comincerà a provare qualche imbarazzo per l'eccessiva esuberanza dell'inquilino di Palazzo Chigi.

Se dovesse superare anche l'estate del 2021 – guardate un po' quanta grazia –, per Conte la strada potrebbe davvero essere tutta in discesa. Perché è azzardata l'ipotesi che si formi un nuovo governo a termine, vale a dire fino alla fine naturale della legislatura. A questo punto nulla sarebbe impossibile. Né che Conte metta su alla bell'e meglio due gruppi parlamentari – alla Camera e al Senato – formati da grillini ed ex grillini, componenti del gruppo misto e "responsabili" pescati qua e là. Come pedana di lancio di un partito di centro che guarda a sinistra, che alle elezioni possa ottenere un risultato a doppia cifra in grado di condizionare la politica nei prossimi anni. Così com'è possibile che Conte guardi più in alto e punti a succedere a Mattarella al Quirinale. Secondo il sospetto che qualcuno ebbe quando in terra di Puglia auspicò la rielezione di Mattarella, magari con un pensierino per sé stesso. Al momento, però, sono sogni di gloria degni di affetti da megalomania. E poi, mai snobbare i detti popolari. Come quello che dice: chi troppo in alto sale cade sovente precipitevolissimevolmente.

Mentre c'è chi, come Claudio Tito su *la Repubblica* del 5 giugno, invita a gettare un'occhiata all'8 novembre, termine entro il quale si terranno le elezioni suppletive nel collegio uninominale Sardegna-03 (Sassari Olbia), vacante a seguito del decesso della senatrice pentastellata Vittoria Bogo Deledda. Perché Conte potrebbe essere candidato e conquistare un seggio a Palazzo Madama. Dove siedono due suoi acerrimi nemici come Matteo Salvini e Matteo Renzi. Ma Renzi, per timore di elezioni anticipate, sembrerebbe propenso a non insistere nei suoi continui penultimatum. Un'ipotesi niente affatto azzardata, quella di un seggio senatoriale per Conte. Perché, come ricorda Tito, il 29 dicembre aveva affidato a *la Repubblica* queste testuali parole: "Dopo questo mio intenso coinvolgimento, non vedo un futuro senza politica". E nessuno ha detto né ai né bai. Semmai si tratta di interpretare questo assoluto silenzio. Chi tace acconsente o implicitamente dice picche?

Al momento, a ogni buon conto, sono solo fantasticherie. Niente più che ipotesi. Difatti le incognite sono tante. Finirà la legislatura alla scadenza naturale? Se così non sarà, avremo, con le elezioni anticipate, una maggioranza parlamentare e un governo di centrodestra? Sondaggi alla mano, la coalizione dovrebbe riscuotere un discreto successo in voti e in seggi, quale che sia la legge elettorale con la quale andremo alle urne. La stessa di oggi o una proporzionale vecchio stile? In caso di elezioni anticipate, al quarto scrutinio, quando il quorum del Parlamento in seduta comune integrato dai delegati regionali si abbasserà dai due terzi dei componenti alla maggioranza assoluta, dal comignolo di Montecitorio uscirà una fumata bianca di centrodestra. E l'eletto o sarà un uomo di partito, possibilmente un po' defilato. O una personalità d'area, come potrebbe essere l'ex magistrato Carlo Nordio.

Se, al contrario, non ci saranno elezioni anticipate e questo governo sarà ancora in carica, Conte avrà non pochi competitori nella marcialonga per il Quirinale. Come Dario Franceschini, Romano Prodi, Walter Veltroni, Pier Ferdinando Casini e chi più ne ha, più ne metta. Mentre appartiene alla fantapolitica, a nostro avviso, la voce che vorrebbe Conte a sindaco di Roma al posto di Virginia Raggi (dopo tutto, sarebbe un avvicendamento tra una grillina e un miracolato pentastellato), e il ministro dell'Economia Roberto Gualtieri a Palazzo Chigi.

Mentre Conte guarda insù, sempre più insù, le critiche nei suoi confronti s'infittiscono. Così il presidente del CENSIS Giuseppe De Rita afferma che, durante la lotta al virus, "il Potere centrale ha avuto uno scatto di verticalizzazione e di concentrazione del Potere nei poteri centrali. Tutto alla Protezione Civile, tutto all'Istituto Superiore di Sanità, tutto ai DPCM, tutto ai decreti". Aggiunge che tutti gli altri hanno dovuto fare polemica per avere un minimo di voce. E poi, conclude, il governo ha comunicato ma non ha informato. "E l'informazione è spiegare, è dare senso ai numeri" (*Il Tempo*, 4 giugno).

Paolo Pombeni sostiene che, con l'ennesima conferenza stampa del 3 giugno, Conte studia da grande timoniere ma ha il problema della ciurma. Sia al governo, sia nella maggioranza. Al governo, perché la squadra non è popolata da giganti. Al punto che Conte – dall'alto della sua cattedra universitaria – non teme rivali. E nella maggioranza perché le inquietudini saltano agli occhi: se i pentastellati rappresentano l'incognita maggiore dopo che Di Maio ha passato le consegne a Crimi, non si può dire che Zingaretti, Renzi e Speranza vadano sempre d'amore e d'accordo (*Il Quotidiano del Sud,* 4 giugno). Il già citato Stefano Folli ironizza sul "piano di rinascita" da Conte così definito, che evoca il piano di rinascita di Licio Gelli. *In cauda venenum,* Augusto Minzolini sostiene che Conte in TV ha scritto l'ennesimo capitolo del romanzo "Giuseppi nel Paese delle meraviglie" (*il Giornale,* 4 giugno).

Ma Conte fa spallucce. Dall'alto della sua cultura dantesca, sembra che dica a sé stesso: "Non ragioniam di lor, ma guarda e passa". Ed è tanto allergico alle critiche da fare un cenno all'opposizione nella conferenza stampa solo a precisa domanda di una giornalista. Certo, l'opposizione sarà invitata agli "stati generali" dell'economia che presto si dovrebbero tenere a Palazzo Chigi. Ma obtorto collo, a dispetto dei "consigli" che Mattarella non si stanca di fornire in proposito a Conte.

Giorgia Meloni non si tira indietro, ma a una condizione: che le riunioni governo-opposizioni si facciano in streaming. "Così gli italiani potranno giudicare. Ci stanno? I signori del M5S, che tanto amano la trasparenza, guarda caso adesso dicono di no..." (*Corriere della Sera,* 5 giugno). Ma, aggiunge, "siamo stati ignorati o derisi o rappresentati come mostri pericolosi" (*La Stampa,* 7 giugno). E Silvio Berlusconi, che pure è il più disponibile al confronto, è sulla stessa lunghezza d'onda. Dichiara: "Ascoltare l'opposizione non può essere solo un gesto di cortesia formale. Deve tradursi nel concordare concretamente le scelte da fare" (*La Stampa,* 5 giugno).

Gli stati generali, pensate. Riuniti per l'ultima volta il 5 maggio 1789, alla vigilia della Rivoluzione francese, per discutere – vedi caso – della gravissima crisi economica e finanziaria che affliggeva il Paese. Giulio Tremonti ne fa una questione di scaramanzia: "Conte evoca 'gli stati generali dell'economia'. Dimentica che hanno portato sfortuna a un noto sovrano francese" (*Corriere della Sera*, 5 giugno). È in buona compagnia. Difatti Alessandro Penati su *la Repubblica* del 7 giugno evoca il fantasma di Luigi XVI. Quasi a dire, sinistramente: "Se ci sei, batti un colpo". Al presidente del Consiglio pro tempore, com'è arcinoto, la Storia piace da morire. Purché la si scriva con la esse maiuscola e lui, che si ama e si contraccambia come Giovanni Spadolini, ne sia l'ombelico. Ma sì, al centro di ogni vicenda che lo riguardi. Dappertutto come il prezzemolo.

D'altra parte, al presidente del Consiglio piacciono le frasi a effetto. Come piacciono a Matteo Renzi. Per vedere l'effetto che fanno. Ed ecco – come nota Filippo Ceccarelli su *la Repubblica* del 5 giugno – "l'arte spericolata di giocoliere verbale: 'l'anno bellissimo', 'il nuovo umanesimo', 'stare lontano per riabbracciarsi di nuovo' e così via". Questo fine dicitore in definitiva la pensa come Gabriele D'Annunzio, il divino Ariel: il verbo è tutto. Già, ma dietro le parole ci sono le cose? Va bene che le parole sono creature divine e vanno onorate come si conviene. Ma la forma si deve accompagnare alla sostanza. Il che, sia detto a trecentosessanta gradi, non sempre avviene. A detta di un anonimo del ramo, un politico ogni giorno deve accendere il fuoco per rendersi visibile. Il guaio è che può capitare che non ci sia legna da ardere. E bisogna arrangiarsi.

Quel riferimento alle "menti brillanti" da coinvolgere è seducente ma anche un'arma a doppio taglio. Certo, qualche bella testa pensante non guasta mai. Soprattutto in tempi di vacche magre come questi. Ma può significare che gli squadroni di consulenti dei quali il governo e in particolar modo il presidente del Consiglio si circondano non bastano. Non sono menti brillanti a sufficienza. Ma se Conte pensa a qualcuno in particolare, perché non l'ha proposto come ministro quando ha formato il suo secondo ministero? Perché, per rinforzare una squadra di governo alquanto modesta, Conte non ha pensato a un rimpasto con belle teste che evidentemente ha sottomano? A ogni buon conto, i nomi ventilati sono di indiscusso prestigio. Come Massimiliano Fuksas, Giuseppe Tornatore e – *last but not the least* – Mario Draghi. Così Tommaso Ciriaco su *la Repubblica* del 5 giugno.

Al momento dell'annuncio, visto e considerato che l'annuncite è il tallone d'Achille del presidente del Consiglio, questi stati generali sembrarono un po' un UFO. Ma sì, un oggetto, o per meglio dire un soggetto, non identificato. Si sarebbe potuto pensare che alla fin fine fosse un espediente per fare ammuina. Certo, il testo contenuto nel regolamento della real marina del regno delle due Sicilie è una patacca. Ma sì, un falso storico. Tuttavia, a volte può sembrare la fotografia degli eventi che si svolgono di questi tempi nel Belpaese. E, perché no, potrebbero adattarsi a meraviglia agli stati generali dell'economia evocati alla vigilia dal presidente del Consiglio.

Basterà riprodurre soltanto una parte del fantomatico regolamento suddetto: "Tutti chilli che stanno a prora vann' a poppa e chilli che stann' a poppa vann'a prora: chilli che stann' a dritta vann' a sinistra e chilli che stanno a sinistra vann' a dritta: tutti chilli che stanno abbasscio vann' ncoppa e chilli che stanno ncoppa vann' bascio passan tutti p'o stesso pertuso: chi nun tene nient' a ffà, s'aremeni a 'cca e a 'llà". Le premesse, per il vero, c'erano tutte.

Non basta. La verità è che gli stati generali dell'economia annunciati da Conte nel corso della conferenza stampa hanno provocato sconcerto nella maggioranza. Nessuno ne sapeva niente. E poi, se ci si dovrà incontrare, ci vorrà pure un'idea per come dovrà muoversi il governo. Invece niente. Parole tante, come al solito. Anche bene impacchettate, per carità. Ma a copertura di un vuoto assoluto. E allora la parola d'ordine è quella che si lancia quando un presidente del Consiglio si muove in assoluta autonomia: "Più collegialità!". Soprattutto il PD ha il sospetto che Conte non la pensi minimamente come Filippo Turati che, rivolto ai suoi compagni socialisti, era solito dire: "Sono il vostro capo e vi seguo". No, più che essere rimorchiato dalla maggioranza, lui intende rimorchiarla. Da quel Machiavelli del Tavoliere delle Puglie che si sta rivelando sempre più.

Ogni volta che vede la mala parata, Conte torna sui propri passi. Senza però dare troppo nell'occhio. L'imperativo categorico in tal caso è lo stesso del manzoniano Conte zio: troncare, sopire. Da quel mediatore alla Gianni Letta che è. E che Iddio ci perdoni per il paragone. Per poi andare avanti. A piccoli passi, ma avanti. Il guaio è che non incanta esponenti del PD dei quali tutto si potrà dire tranne che abbiano studiato dalle Orsoline. Sul *Corriere della Sera* del 6 giugno Francesco Verderami così riassume il messaggio politico degli inquilini del Nazareno, i vari Franceschini, Gualtieri, Guerini e il pacioso Zingaretti, che a volte perde la pazienza: "Se crede di poter ballare da solo per assenza di alternative, commette un clamoroso errore di presunzione, perché il suo ruolo è garantito dalla fiducia che gli viene conferita". Insomma: "Conte non pensi di ballare da solo. Potrebbe incespicare".

Per noi costituzionalisti, la politica è un momento pregiuridico che va "giuridicizzato". Che cosa ci insegnano le rimostranze della maggioranza, e non del solo PD, nei riguardi di Conte? A dispetto delle apparenze, si scontrano due filosofie costituzionali contrapposte che stanno alla base – in eterno bisticcio – della forma di governo parlamentare. Con ogni evidenza, perché gli fa un comodo birbone, Conte la pensa all'inglese. Dove il governo, e per esso il premier, è il comitato direttivo della maggioranza parlamentare. È Downing Street a dare il la alla Camera dei comuni e alla Camera dei lord. In tale contesto il premier è una spanna al di sopra dei propri colleghi di governo. Il PD e compagnia bella la pensano all'italiana. O, se si preferisce, alla francese della Terza e della Quarta Repubblica. Dove la maggioranza sovente è il comitato direttivo e non già esecutivo del governo. Due tesi entrambe legittime, ma destinate a scontrarsi *in saecula saeculorum.* Come si è già avuto modo di rilevare.

La verità è che di Conte, vedete un po' quanta grazia, ce ne sono almeno due. C'è il Conte che guarda sé stesso e si compiace. Come rileva un osservatore acuto come Filippo Ceccarelli, Conte "ha preso gusto e sicurezza, parla sempre più spesso in prima persona, non gli riesce difficile fare il simpatico" (*la Repubblica*, 5 luglio).

Ma c'è anche il Conte come lo vedono gli altri. E il giudizio, sovente, è piuttosto severo. Non solo da parte dell'opposizione e della stessa maggioranza, sempre più insofferente rispetto alle sue alzate d'ingegno senza avvertire nessuno, ma anche da parte di uno storico e giornalista di valore come Paolo Mieli, solitamente pacato, mai sopra le righe. Sul *Corriere della Sera* del 10 luglio scrive: "Giuseppe Conte si sta appalesando come uno dei più straordinari illusionisti della nostra storia. Ipnotizzata la sua (peraltro consenziente) maggioranza, annuncia, dice, si contraddice, rinvia, alla fine poi ricomincia riportandoci al punto di partenza. Non esiste ormai più un solo punto su cui qualcuno nella maggioranza si attenga al principio di realtà".

Torniamo agli stati generali dell'economia. Tanto tuonò che piovve. E piovve a catinelle. Perché in un primo tempo sembrava che tutto dovesse svolgersi scappa e fuggi. In un fine settimana o poco più. Ma strada facendo si è pensato bene di allungare la rappresentazione teatrale a Villa Pamphilj in maniera tale da sembrare che non finisse mai. Difatti i predetti stati generali sono cominciati il 13 e si sono conclusi il 21 giugno. Con la proposta di Conte alla maggioranza di una rimodulazione dell'IVA che è rimasta lettera morta.

Nel circo Barnum di Villa Pamphilj va in scena il più grande spettacolo del mondo. Con un anfitrione di successo come il presidente del Consiglio felicemente in carica. E infatti sprizza felicità da tutti i pori. E non gli si può neppure dare torto. Perché tutti gli ospiti, più o meno illustri, ruotano attorno a lui. Villa Pamphilj, con un po' di fantasia, paragonabile alla Versailles ai tempi del Re Sole. In effetti, c'è di tutto, di più. Il Gotha d'Europa: da Ursula von der Leyen a Christine Lagarde. Sia pure viste da lontano. E poi, di giorno in giorno, tutte quante le categorie produttive. Nessuna esclusa.

Ma non sono state sempre rose e fiori. Tanto per dire, il presidente della Confindustria Carlo Bonomi gli ha rovinato la festa. Difatti ha dichiarato baldanzosamente: "Mi sarei aspettato dal governo un piano dettagliato. Non lo ha fatto, lo faremo noi". Poco prima, intervistato dal giornale francese *Les Echos*, Bonomi aveva affermato: "L'Italia sta scegliendo di favorire l'assistenza invece di liberare l'energia del fattore privato". Facendo sfoggio di urticante ironia, aggiunge: "Mi aspettavo dal governo un piano ben dettagliato con un calendario e obiettivi specifici. Questo piano non l'ho visto e sarei curioso di leggerlo".

A nulla vale la giustificazione di Conte: "La versione definitiva del piano del governo contiene l'indicazione di 187 progetti specifici. Questa non è una kermesse, ma un confronto su progetti specifici". Come al solito, però, non c'è uno straccio di priorità. Tutto è affastellato alla rinfusa. Punto sul vivo, Conte squalifica le critiche di Bonomi come "ansia da prestazione politica". "Regarde qui parle", avrebbe detto Vittorio Emanuele Orlando con il suo francese maccheronico.

Ma ci sono davvero 187 progetti specifici, come sostiene Conte agli stati generali dell'economia? E il cronoprogramma dov'è? Non appena rientrato da Bruxelles, il 21 luglio Conte è ricevuto al Quirinale. E forse non è un caso che Mattarella usi il pungolo. Dice: "L'Italia predisponga in tempi rapidi il piano della ripresa". Gli farà eco una ventina di giorni dopo il commissario europeo per l'economia Paolo

Gentiloni: "Più che cento progetti per dare segnali a tutti, penso sia importante concentrarsi su sette o otto aree di interventi che trascinino il resto". Ma, aggiunge, "devono essere percorsi precisi con spese dettagliate, investimenti, regolamenti, risultati attesi, tempi previsti. Penso di essere tra i più consapevoli di quanto sia difficile, ma senza chiarezza e realismo sarà difficile assicurare il successo di Next Generation Eu" (*Corriere della Sera*, 10 agosto).

Al momento dell'invito alle opposizioni, Conte osserva che Villa Pamphilj è una sede istituzionale. Una sede del governo. Ma oltre al governo c'è un organo costituzionale che si chiama Parlamento. E, anziché privilegiare Villa Pamphilj, si potevano attivare su un disegno di legge governativo udienze conoscitive nelle commissioni competenti. Come accade sovente. Perché non si è scelta questa via? E, prima ancora, perché non si è pensato di utilizzare il CNEL? Ma sì, quel Consiglio dell'economia e del lavoro composto da esperti e rappresentanti delle categorie produttive e organo – come recita la Costituzione – di consulenza delle Camere e del governo. Perché? Per il semplice motivo che non si sarebbero accesi i riflettori dell'opinione pubblica sulla Versailles de noantri.

A ogni modo, l'ascesa di Conte continua. Non basta che i generali siano bravi, debbono essere anche fortunati. Così la pensava Napoleone, che, come tutti i personaggi storici, al presidente del Consiglio piace da morire. E Conte, dopo uno stentato avvio nel giugno 2018, ha dimostrato non solo di avere doti a tutta prima insospettabili, ma anche di essere nato con la camicia. Al Consiglio straordinario europeo di Bruxelles del 17-21 luglio ha difeso con successo l'interesse nazionale. L'Italia ha ottenuto più di qualsiasi altro Paese in considerazione della grave pandemia che l'ha colpita. E cioè, 209 miliardi: 81,4 di sovvenzioni e oltre 127 di prestiti.

Tuttavia, la congiunzione astrale europea ci ha favorito. Perché se la Germania e la Francia non avessero avuto la loro convenienza a venirci incontro, non ci avrebbe arriso il successo in questa misura. Ma è chiaro che il presidente del

Consiglio ci ha messo del suo. Non a caso la sua ascesa è cominciata non in Italia – dove doveva vedersela con Di Maio e Salvini –, ma fuori dai confini nazionali, dove i predetti non intendevano avventurarsi. E a furia di frequentare i grandi della Terra, ormai all'estero Conte si muove come un pesce nell'acqua.

Presentatosi il 22 luglio ai due rami del Parlamento per riferire sui risultati ottenuti a Bruxelles, Conte è stato accolto da un caldo applauso della maggioranza e si è fatto apprezzare per interventi mai sopra le righe, come forse sarebbe stato tentato di fare. In particolare, a Montecitorio ha usato toni come mai in passato. Ha detto, tra l'altro: "Qui non c'è nessun trionfalismo: possiamo dirci soddisfatti di un risultato positivo". Un risultato, ha aggiunto, che "non appartiene ai singoli e certo non appartiene neppure a chi vi parla, ma non appartiene neppure alle forze di maggioranza: appartiene, e lo affermo con orgoglio, a tutto il Paese, all'Italia intera". Insomma, ha trovato le parole giuste.

Già che c'è, e sembra di avvertire l'eco di Mattarella, Conte ringrazia altresì "quelle forze di opposizione che, pur nella diversità delle posizioni, peraltro legittima, pur con legittime critiche, hanno compreso però l'importanza di questo passaggio storico, i beni in gioco, nella prospettiva dell'interesse nazionale". E qui forse il capo dello Stato, con il quale ha conferito prima e dopo l'appuntamento di Bruxelles, avrebbe avuto qualcosa da ridire. Perché ancora una volta il Machiavelli del Tavoliere delle Puglie – è più forte di lui – tende a incunearsi tra le differenze delle opposizioni al fine di trarne un vantaggio. Ma la manovra è fin troppo scoperta e perciò ha l'effetto di rinsaldare il trio Salvini-Meloni-Berlusconi. E poi fa sorridere questo continuo appellarsi alla storia. Anzi, alla Storia. Con la esse maiuscola. Ed ecco "le decisioni di portata storica". Ecco un'Europa "all'altezza della sua storia". E via storicizzando.

Il piano per la ripresa, conclude Conte, "sarà un lavoro collettivo, ci confronteremo con il Parlamento e dobbiamo impegnarci assolutamente in questa direzione". Non a caso Mattarella, nel ricevere il 21 luglio al Quirinale Conte, ha espresso sì soddisfazione e apprezzamento per i risultati ottenuti a Bruxelles. Ma ha altresì raccomandato – ecco che salta fuori il pungolo – "rapidità", "concretezza" ed "efficacia" nel predisporre il suddetto piano. L'Italia dovrà presentarlo alla Commissione europea entro la metà di ottobre. E dovrebbe essere elaborato a Palazzo Chigi dal CIAE, il Comitato interministeriale affari europei, un organismo istituito da Mario Monti una decina di anni fa.

Ora che ha sempre più il vento in poppa, Conte guarda a un futuro che vede rosa. Non a caso dice: "Beh, a questo punto c'è tanto di quel lavoro da fare per spendere i 209 miliardi ottenuti dall'Europa, che inevitabilmente il governo arriverà a fine legislatura. Siamo più forti" (Alberto Gentili, *Il Messaggero*, 22 luglio). Però mai dire gatto finché non ce l'hai nel sacco. Più che dall'opposizione, il presidente del Consiglio dovrà guardarsi dalla propria maggioranza. Dove più d'uno ha parecchio da ridire. Non è un mistero che Di Maio si senta oscurato da Conte. E Zingaretti adesso si accorge che un presidente del Consiglio al quale ha dato un appoggio incondizionato non lo ripaga della medesima moneta.

È di solare evidenza che sull'impiego del Recovery fund il governo dovrà misurarsi passo passo con i due rami del Parlamento, al quale spettano i poteri di indirizzo e di controllo sull'esecutivo. Secondo la regola della nostra forma di governo parlamentare. Conte è perfettamente d'accordo. Ma il timore è che lo sia soprattutto a parole. Usa di continuo l'espressione "confronto", che dice tutto e niente al tempo stesso. Afferma: "Il coinvolgimento del Parlamento sarà totale, come ho già anticipato alle Camere". E ancora: "Il Governo, che ha la responsabilità di elaborare i progetti in armonia con le linee di politica economica e sociale che persegue, si confronterà con il Parlamento" (Emanuela Patta e Manuela Perrone, *Il Sole 24 Ore*, 25 luglio). Ma appena il giorno dopo il presidente del Consiglio corregge il tiro. Dice: "Decide il governo, non il Parlamento, su come impiegare i 209 miliardi del Recovery fund" (Alberto Gentili, *Il Messaggero*, 26 luglio). Ma che Mattarella sia d'accordo su questo modus procedendi, come sostiene Gentili, ci pare improbabile. Perché il Presidente non si è stancato di suggerire a Conte un dialogo più proficuo con il Parlamento e in specialissimo modo con l'opposizione.

Mentre correttamente Conte dichiara che l'idea di una bicamerale – come ha prospettato il leader di Forza Italia Silvio Berlusconi tra le perplessità di Matteo Salvini e di Giorgia Meloni – o di una monocamerale, come appare più probabile, "rimane ovviamente una scelta esclusiva del Parlamento stesso" (Tommaso Ciriaco, *la Repubblica*, 26 luglio).

Sta di fatto che tutti gli attori politici e istituzionali danno una valenza particolarmente forte a quel "confronto". Così maggioranza e opposizione, per una volta in commovente unità d'intenti, pretendono un coinvolgimento pieno del potere legislativo. E i presidenti delle Camere hanno speso parole che non si prestano a equivoci, tanto sono chiare.

Così il presidente della Camera Roberto Fico, in occasione della cerimonia del ventaglio, il 23 luglio dichiara: "Il Parlamento deve dare un atto di indirizzo che dica come spendere i fondi del Recovery fund, indicando quali priorità. Il Parlamento ha il ruolo centrale e prioritario. Troveremo gli strumenti migliori ed adeguati per un atto di indirizzo importante. Qui ci giochiamo il futuro dell'Italia" (*Ansa*, 23 luglio). E l'omologa di Palazzo Madama, Maria Elisabetta Alberti Casellati, è ancora più esplicita. Dichiara: "È il Parlamento che, nella dialettica costruttiva tra maggioranza e opposizione, deve essere il protagonista di ogni tappa del processo decisionale nel piano delle riforme". E stigmatizza il fatto che "il Parlamento è diventato invisibile perché è stato svuotato della funzione legislativa attribuita dalla Costituzione" (Fabrizio Nicotra, *Il Messaggero*, 26 luglio).

Né è da meno Giuliano Amato. Rileva che sui soldi del Recovery fund "c'è un'ovvia responsabilità governativa. Ma è impregnata di indirizzi e richiede un ruolo del Parlamento" (*Huffpost*, 26 luglio). Un avviso forte al "navigante" Conte. Come dice il proverbio, uomo avvisato, mezzo salvato.

Un altro capitolo riguarda poi lo stato d'emergenza, che come i fiumicelli carsici compare e scompare di continuo. A quanto sembra, Conte avrebbe avuto l'intenzione di far approvare la dichiarazione di stato d'emergenza dal Consiglio dei ministri del 22 luglio.

Ma o la diceria non risponde al vero, o Conte ha preso un abbaglio. Perché un ordine del giorno accettato dal governo il 9 luglio – sottoscritto dai deputati Tomasi, Ceccanti, Ferri e Russo – impegna il governo "a rendere, salvo gravi e indifferibili motivi d'urgenza, una preventiva comunicazione alle Camere nel caso in cui si intenda procedere, a fronte di un riacutizzarsi dell'epidemia in corso, ad una nuova dichiarazione dello stato d'emergenza di rilievo nazionale, al fine di ricevere gli opportuni indirizzi del Parlamento al riguardo, anche con riferimento alla durata temporale". Un "alt" bello e buono da parte di un Parlamento non più disposto a fare il portatore d'acqua. Insomma, mai più deleghe in bianco.

Si può capire che l'opposizione salga sulle barricate nella convinzione che la dichiarazione dello stato d'emergenza accrescerebbe ancor più il potere del presidente del Consiglio. Così Giorgia Meloni la giudica "assolutamente immotivata. O ci spiegano perché si debbano prorogare poteri straordinari al premier, quando in nessun Paese europeo si fa, o ci opporremo. Se servisse, il Parlamento voterebbe lo stato di emergenza in 24 ore" (*Corriere della Sera*, 24 luglio).

Tanto tuonò che piovve. Difatti il Consiglio dei ministri, nella seduta del 29 luglio, delibera la proroga dello stato d'emergenza dal 31 luglio al 15 ottobre 2020. Due mesi e mezzo anziché i sei mesi dei quali si era favoleggiato nelle settimane precedenti. Un restringimento dei tempi di sicuro non casuale. Perché Conte, come un pianista in un saloon del Far West, si è trovato in mezzo al fuoco non solo dell'opposizione, ma anche della maggioranza. Ed è altamente probabile che il presidente Mattarella abbia invitato alla moderazione un presidente del Consiglio che avrebbe voluto allungare i tempi della proroga.

Ma prima di varcare il Rubicone, novello Giulio Cesare, Conte annuncia il proprio proposito alle Camere il 27 e il 28 luglio. Ma lo fa con qualche impaccio. Infatti entra in scena dicendo di ritenere "doveroso condividere con il Parlamento questa decisione". Ma aggiungendo incautamente "pur in assenza di un vincolo normativo". Che invece c'è, eccome. Ed è rappresentato dall'ordine del giorno, citato poco sopra, che per l'appunto obbliga l'inquilino di Palazzo Chigi a presentarsi alle Camere per motivare l'intenzione di procedere a una proroga dello stato d'emergenza.

Se comincia male, Conte finisce peggio. Dichiara infatti: "In ogni caso, la mia presenza qui dimostra la massima disponibilità del Governo ad interloquire con il Parlamento, a tenere conto delle indicazioni che perverranno dalle Camere con riferimento alla scelta di prorogare lo stato di emergenza. Nel corso del Consiglio dei ministri che si è concluso questa mattina abbiamo inserito all'ordine del giorno una mera informativa. Non abbiamo adottato ancora nessuna decisione, per rispetto a questo dibattito che si sta sviluppando". Con ogni evidenza, quello che è un preciso dovere lui lo considera una benevola concessione.

Già che c'era, Conte è scivolato di nuovo. Quando ha affermato che, facendo eccezione alla regola, avrebbe replicato – bontà sua – a chi era intervenuto nel dibattito. La replica fa parte del galateo parlamentare. Se non ci fosse, in Parlamento avremmo un dialogo tra sordi. Tuttavia può darsi che Conte si è così abituato a pure e semplici informative al Parlamento dove tutto si conclude con il suo discorso e con quelli dei parlamentari di maggioranza e di opposizione senza arrivare a un voto.

Nei due rami del Parlamento la maggioranza, per non parlare dell'opposizione, ingabbia ben bene il presidente del Consiglio. Difatti presenta risoluzioni, prontamente approvate, che impegnano il governo a definire come termine ultimo per lo stato di emergenza nazionale il 15 ottobre 2020; a definire, altresì, con norma primaria le eventuali misure di limitazione di libertà fondamentali; ad assicurare il pieno coinvolgimento del Parlamento nelle fasi attuative dello stato di emergenza; a promuovere un preciso piano con tutte le azioni necessarie al fine di favorire la sempre più ordinata ripresa delle attività economiche e sociali, garantendo il più tempestivo ritorno alla normalità, nel pieno rispetto delle condizioni sanitarie di sicurezza; ad assicurare a settembre l'ordinato avvio dell'anno scolastico 2020-2021. E così via ingabbiando.

Conte ha tutta l'aria di fare lo gnorri e di sminuire in qualche misura il ruolo del Parlamento. E allora è il deputato del PD Ceccanti a mettere le cose in chiaro, da quel valente costituzionalista che è. Per indorare la pillola, afferma che il PD non è né favorevole né contrario allo stato di emergenza. Perché la questione non può risolversi con un sì o un no secchi. Così imbocca una terza via, che è stato sempre il cavallo di battaglia delle sinistre, fatta di sì ma... Ecco che la maggioranza dà il via libera a un'emergenza di tipo nuovo, come tale non comparabile alla precedente. Come dire, a buon intenditor poche parole.

Tuttavia, non c'è peggior sordo di chi non voglia sentire. Perciò Ceccanti a questo punto abbraccia il *melius abundare quam deficere*. E sottolinea che le risoluzioni approvate dai due rami del Parlamento, assolutamente identiche, si caratterizzano per svariati motivi: perché hanno tempi brevi e certi, sono basate sull'assoluta preminenza delle norme primarie e sul carattere recessivo dei DPCM, sono fondate su limitazioni territoriali e contenutistiche molto limitate e non generalizzate e perché il Parlamento non potrà e non dovrà subire le forti limitazioni di questi mesi.

Dal momento che il presidente del Consiglio è appassionato di storia, la proroga dello stato di emergenza da parte del Consiglio dei ministri sulla maggioranza ha avuto lo stesso effetto che il colpo di Stato del 2 dicembre 1851 di Luigi

Napoleone ebbe sull'Assemblea nazionale. Era così contenta dell'accaduto che stentava a manifestare il proprio entusiasmo. Intendiamoci, Conte non è un golpista. Tra l'altro gli manca *le physique du rôle.* E semmai dovesse paragonarsi a qualcuno, penserebbe a Napoleone, il Grande, e giammai all'altro, Le Petit, che ricorda una casa farmaceutica. E poi la storia – per dirla con il vecchio Marx, a scanso d'equivoci Karl e non Groucho – si manifesta una prima volta in tragedia e una seconda in farsa. E se qui non siamo alla farsa di una proroga dalle settimane contate, poco ci manca.

Per dirla tutta, questa proroga è inutile perché lo stato di emergenza dopo tutto non è altro che un flatus vocis. Difatti per le emergenze la Costituzione, vale a dire una fonte del diritto sovraordinata al codice della protezione civile, istituito dal decreto legislativo n. 1 del 2018, già prevede la decretazione d'urgenza. E per l'appunto è bastato un decreto legge per prorogare le misure che altrimenti sarebbero decadute il 31 luglio. Come ha rilevato Cassese, la proroga è illegittima in quanto carente del presupposto e inopportuna perché provoca solo tensioni. Per di più, aggiungeremmo, è controproducente. Ormai nell'orbe terracqueo siamo una mosca bianca. Soltanto noi dal 1° agosto al 15 ottobre abbiamo convissuto con lo stato d'emergenza. E questo ci ha fatto apparire agli occhi del mondo intero una sorta di lazzaretto. Con danni incalcolabili al turismo e alla ripresa economica.

Alla scuola di Norberto Bobbio, Conte è convinto che la democrazia deve essere una casa di vetro. L'esatto contrario degli *arcana imperii* del tempo che fu. Non a caso il presidente del Consiglio, spesso e volentieri, esalta la trasparenza. Fatto sta che predica bene e razzola male. Perché i verbali delle sedute del Comitato tecnico-scientifico sono saltati fuori, per giunta a spizzichi e bocconi, solo perché il TAR del Lazio, su istanza del Centro Luigi Einaudi, ha così disposto. Perché il governo ha secretato quei verbali? Per il semplice motivo che gli errori di Palazzo Chigi sono stati numerosi. E le critiche non si sono fatte attendere.

Così Cassese ha osservato che in tutta la vicenda il governo è stato "oscillante, debole e incoerente". Con il risultato che "quando la tempesta diminuisce, marinai e passeggeri gli imputano però gli errori di rotta che ha fatto. Se la prima fase gli dà la massima popolarità, la seconda lo fa diventare un capro espiatorio, un parafulmine. Queste vicende insegnano alla classe politica che quello che oggi è un fattore di successo, domani può diventare la causa di insuccessi" (*Il Foglio*, 11 agosto). Un altro giurista autorevole, Enzo Cheli, è altrettanto critico. Osserva infatti che "finita la fase di emergenza più stretta, l'esecutivo farebbe bene a smettere di usare l'artiglieria pesante come DPCM e stato d'emergenza e tornare alle regole ordinarie della legislazione coinvolgendo quanto più possibile l'opposizione" (*Il Messaggero*, 9 agosto). Un allineamento in piena regola con il Quirinale.

Anche gli scienziati hanno da ridire. Basti citare Andrea Crisanti, che si è tanto operato per la regione Veneto, e quando è stato messo incredibilmente da parte sono cominciati i guai per Zaia. In effetti per Crisanti "chiudere tutta l'Italia con il lockdown dell'11 marzo è stato un errore" (*Il Messaggero*, 9 agosto). Fatto sta che non sapremo mai come sarebbe andata nel caso di confinamenti solo parziali, cioè nelle zone del Nord più colpite dal virus. E agli scienziati si aggiungono gli esponenti politici. Così Giorgia Meloni si pone soprattutto due interrogativi: "Come si spiega che dopo il verbale del 3 marzo in cui il CTS invitava a chiudere Alzano e Membro siano trascorsi cinque lunghissimi giorni prima che il governo istituisse l'intera Lombardia come zona arancione?". "Come si spiega il fatto che, a fronte di un parere contrario del Comitato, il 9 marzo Conte decide di chiudere tutta l'Italia senza distinzione?" (*Il Messaggero*, 11 agosto).

Mentre il vicepresidente della Camera Ettore Rosato, coordinatore nazionale di Italia viva, dice basta ai pieni poteri e propone un'inchiesta parlamentare (*Il Messaggero*, 9 agosto). E a parlare, vedi caso, è un deputato della maggioranza. Ma i renziani, per non essere da meno del loro leader, un giorno stanno in maggioranza e il giorno dopo stanno all'opposizione. Ma con giudizio. Dopo averci pensato ben bene, tornano sempre all'ovile. Perché gli conviene. D'altra parte, Conte può trovare motivo di consolazione in Giovanni Giolitti. Che nelle sue Memorie scrive che governare gl'italiani non è impossibile, è inutile. Frase copiata pari pari da Mussolini.

A sua volta un osservatore acuto come Paolo Mieli, echeggiando le parole di Giorgia Meloni, formula un paio di domande cruciali. La prima: "È lecito domandarci come possa accadere che, in un'emergenza del genere, trascorrano quarantotto ore prima che un'informazione di importanza primaria, vitale, giunga all'attenzione dell'uomo che è alla guida del Paese?". La seconda: "Come è potuto succedere che nessuno dei molti esperti del CTS abbia trovato il tempo per telefonare a un ministro, un viceministro, un sottosegretario, un parlamentare di maggioranza per dirgli di mettersi in contatto con il capo del governo e segnalargli che la situazione – in quel di Alzano e Nembro – stava precipitando (anzi, era già precipitata)?" (*Corriere della Sera*, 13 agosto).

Oltre alle indagini in corso della procura di Bergamo sulla gestione dell'epidemia, la procura di Roma ha aperto un fascicolo nei confronti di Conte, Bonafede, Di Maio, Gualtieri, Guerini, Lamorgese e Speranza a seguito di vari esposti. Tuttavia la stessa procura ha precisato che le notizie di reato appaiono "infondate e da archiviare". A tale riguardo il presidente del Consiglio il 13 agosto ha dichiarato: "Abbiamo sempre agito in scienza e coscienza, senza la pretesa di essere infallibili ma nella consapevolezza di dover sbagliare il meno possibile per preservare gli interessi della intera comunità nazionale". Come a dire, solo chi non fa non sbaglia.

A questo punto è legittimo domandarsi perché mai nelle critiche più o meno aperte la maggioranza non sia da meno delle opposizioni. La spiegazione è presto detta. La maggioranza giallo-rossa si era illusa di aver fatto di Conte un prigioniero. Invece, come Pulcinella alla guerra, ne è divenuta ostaggio. Cerca di divincolarsi ma è impotente perché non vede alternative all'attuale inquilino di Palazzo Chigi. Più l'uno va su, più l'altra va giù. E la frustrazione è una cattiva consigliera. Tanto per cambiare, può capitare di tutto: anche niente.

Tra tanti affanni, Conte ogni tanto si concede bagni di folla, che gli piacciono da morire. A Ceglie Messapica, in provincia di Brindisi, l'anno scorso ha fatto discutere la sua proposta di un bis di Mattarella al Quirinale. Il 9 agosto è tornato nella stessa località, che ha dato i natali al portavoce del governo Rocco Casalino, e le sue parole non sono passate inosservate. Un vero e proprio fuoco pirotecnico, il suo.

Il ponte sullo Stretto di Messina, come voleva Silvio Berlusconi? Macché. Di più: un tunnel come quello sotto la Manica. Ma solo dopo aver completato il piano ferroviario. Si dichiara soddisfatto dei suoi ministri. Contento lui... Esclude di fondare un partito. Con tutte le cose da fare, confida di arrivare fino alla primavera del 2023, alla scadenza naturale della legislatura. Questa volta glissa sul Quirinale.

Alla domanda del direttore di *Affari Italiani*, Angelo Maria Perrino, su come voterà nel referendum sul taglio dei parlamentari, dapprima Conte si schermisce: "Non vorrei influenzare...". Ma poi aggiunge: "Voterò a favore". In effetti, così sta scritto nel programma di governo. E, onestamente, non poteva che dire di sì. Ma che un presidente del Consiglio, per di più né deputato né senatore, faccia il tifo per il taglio dei parlamentari, ecco, non è il massimo dell'eleganza. Proprio lui che all'eleganza tanto tiene.

Per dirla tutta, fa il paio con quell'incredibile dichiarazione al Senato dell'allora presidente del Consiglio Matteo Renzi in occasione del dibattito fiduciario. Com'è noto, la riforma costituzionale Renzi-Boschi del governo prevedeva una diversa composizione del Senato e il venir meno del rapporto fiduciario. Perciò Renzi espresse l'augurio – mano nella tasca dei pantaloni come fece nel suo messaggio d'insediamento il presidente del Senato Carlo Luigi Scognamiglio Pasini, succeduto per un solo voto a Giovanni Spadolini – che quella sarebbe stata l'ultima volta nella quale si sarebbe presentato nell'aula di Palazzo Madama. Un'enormità.

Per finire, un azzardo. Il vaccino? Non obbligatorio.

Dico "per finire" per modo di dire. Perché più passa il tempo e più le critiche nei riguardi del governo e del presidente del Consiglio s'infittiscono. Così Michele Ainis denuncia un modo di legiferare che lascia interdetti. E infatti, rileva, il decreto Agosto è stato pubblicato con 24 articoli in più, usciti come Minerva dalla testa di Giove. Per rispettare le forme (e la sostanza) sarebbe stata necessaria una nuova delibera del Consiglio" (*la Repubblica*, 22 agosto). A riprova che se è vero che *ex facto oritur ius*, è altrettanto vero che *ex facto moritur ius*.

A sua volta Cassese stigmatizza il fatto che "ormai il Parlamento è organo di ratifica e peggioramento: riceve decreti legge e li converte in legge, aggiungendovi i 'desiderata' di questo o quel gruppo o ministero. Il recente decreto agosto (si va a un decreto al mese) ha raddoppiato il numero di articoli nel percorso parlamentare. Questo produce paradossi numerosi. Il primo è: troppe leggi, nessun Parlamento" (*Il Dubbio*, 27 agosto). Ovviamente Roberto Fico non la vede così. Ma il Parlamento che il presidente della Camera lumeggia è un po' sospetto. Per così dire, *ad usum delphini*.

A dimostrazione dell'assunto basterà citare tre passaggi della sua intervista al *Corriere della Sera* del 31 agosto. Il primo: "Il Parlamento non si è affatto limitato a ratificare: è intervenuto in modo incisivo sui principali decreti economici durante la crisi, apportando modifiche profonde, spesso condivise dall'intero arco parlamentare". Tuttavia Fico sorvola su due fatti. Per cominciare, il ruolo dell'opposizione è stato marginale in quanto con la posizione della questione di fiducia tutti i suoi emendamenti sono stati azzerati. E poi il Parlamento da bicamerale è diventato in definitiva monocamerale. Perché la Camera intervenuta in seconda battuta si è vista costretta a uniformarsi all'altra in ragione della lunghezza e complessità dei decreti.

Il secondo passaggio: "Sono soddisfatto di come la Camera ha gestito l'emergenza, si è fatto un lavoro enorme". "*Surtout pas trop de zèle*", raccomandava Talleyrand. E poi verrebbe da dire che chi si accontenta gode. Ed ecco il terzo passaggio: "Abbiamo svolto un lavoro significativo per il taglio dei vitalizi degli ex parlamentari, le desecretazioni, l'avvio dei concorsi". A tacer d'altro, non pare un titolo di merito il taglio dei vitalizi deciso dall'ufficio di presidenza di Montecitorio, visto e considerato che l'identica delibera adottata dall'organo omologo di Palazzo Madama è stata pesantemente censurata dalla commissione contenziosa.

Dopo Ainis e Cassese è la volta di Paolo Mieli. Nell'intervista a *La Verità* del 31 agosto, l'ex direttore del *Corriere della Sera* è particolarmente critico. Afferma che "i vari Stati generali, le varie task force, si sono rivelate delle messinscena, per promuovere l'immagine di un governo all'altezza. I problemi concreti non sono stati affrontati". Osserva che "il governo procede al buio, a tentoni e il rischio è grandissimo". E, per farsi e per darci coraggio, lui che di solito misura le parole, prevede che sarà "l'autunno più infernale di sempre". Come avrebbe detto Mike Bongiorno, "Allegria!". Tuttavia Conte può consolarsi evocando quella malalingua di Winston Churchill. Che ammoniva: "Non azzardate previsioni; lasciatele fare agli esperti, che non ne azzeccano una". Ma è una magra consolazione. Perché in effetti di qui a poco può capitare di tutto.

Già, Conte. Che fine ha fatto, si sono domandati in molti, tra fine agosto e i primi di settembre? Proprio lui che per mesi e mesi non ha perduto occasione per mostrarsi in pubblico e dire la sua, all'improvviso tace.

Scomparso. Desaparecido. Due le scuole di pensiero. Secondo l'una, il presidente del Consiglio non si è risparmiato e adesso è stanco. Bisognoso di un po' di riposo.

Secondo l'altra scuola di pensiero, che non è necessariamente alternativa alla prima, è silente per puro calcolo. Perché molti sono i fronti aperti: la pandemia, l'economia, la scuola e via dicendo. Teme che le cose non vadano per il meglio e per nessuna ragione al mondo intende metterci la faccia. Dopo aver accentrato su di sé la somma del potere, anche grazie ai DPCM, ha pensato bene di affidare le tante gatte da pelare ai suoi ministri: a Roberto Speranza, il cui cognome fa bene sperare; a Roberto Gualtieri, come a dire "Hai voluto la bicicletta? E adesso pedala"; a Lucia Azzolina, che ha avuto l'ardire di affermare di essere la persona giusta al posto giusto.

In due sole occasioni Conte ha detto la sua. Ma quasi di sfuggita e, si direbbe, a bassa voce. Quando, a precisa domanda, ha dichiarato che avrebbe votato Sì al referendum confermativo della legge costituzionale sul taglio dei parlamentari. E francamente non avrebbe potuto dire altrimenti dopo che, nella seduta della Camera dell'8 ottobre dell'anno scorso, non aveva nascosto la propria soddisfazione al banco del governo in occasione della votazione definitiva. Certo, è un'anomalia che un presidente del Consiglio, né deputato né senatore, si esprima su una questione che rientra negli *interna corporis acta*. Vale a dire nelle gelose prerogative parlamentari, nelle quali l'esecutivo non avrebbe titolo per mettere bocca. Ma nel nostro Belpaese un po' tutte le regole sono saltate. E non meraviglia più la circostanza che il summenzionato taglio faccia addirittura bella mostra di sé nel programma di governo. Comunque sia, Conte si è ben guardato dal fare campagna a favore del Sì. Ritendendo che talvolta il silenzio ha l'oro in bocca.

E veniamo alla seconda esternazione del presidente del Consiglio. Sia pure di sfuggita, Conte in una occasione ha auspicato che nelle elezioni regionali di settembre – a cominciare dalla sua Puglia – M5S e PD uniscano le loro forze allo scopo di prevalere sugli avversari. Lo ha fatto, si capisce, nella consapevolezza che una sconfitta dei partiti di maggioranza si sarebbe ripercossa negativamente sul governo. Tuttavia le sue sono state parole al vento. Solo nella Liguria l'operazione è andata in porto. Ma, standο già ai sondaggi della vigila elettorale, si è rivelata fallimentare. Perciò Conte ha avuto tutto l'interesse a non spiccicare più parola sull'argomento.

Tuttavia, un personaggio sta diventando l'incubo dei Palazzi romani. E questo personaggio si chiama Mario Draghi, che non fa dormire sonni tranquilli a capi, capetti e caperonzoli di Sua Maestà La Partitocrazia. Giuseppe Conte in primis. Al Meeting di Rimini l'ex presidente della BCE, il 18 agosto, ha pronunciato parole pesanti come macigni. E a buon intenditor poche parole. Ha dichiarato: "Ho imparato che occorrono tre qualità a chi è in posizioni di potere: la conoscenza per cui le decisioni sono basate sui fatti, non soltanto sulle convinzioni; il coraggio che richiedono le decisioni; l'umiltà di capire che il potere che hanno è stato affidato loro non per un uso arbitrario". Quando si dice parlare a nuora con quel che segue.

Ancora. Il 2 settembre, al congresso on line della società di cardiologia Escardio, intervistato dal professor Filippo Crea, Draghi ha affermato: "L'istruzione è la prima spesa produttiva su cui investire. Poi dovrebbero esserci altri temi in cima alla lista delle priorità dei governi come la digitalizzazione, il cambiamento climatico, le infrastrutture produttive e così via. In questo modo i governi creerebbero nuovi posti di lavoro. Dunque se questo processo andrà avanti velocemente i sussidi diminuiranno ma in compenso verranno creati nuovi posti di lavoro. Questo sarebbe un esito molto positivo, soprattutto per i giovani" (*Il Foglio*, 3 settembre).

Dopo di che Draghi si è mosso sulle orme di De Gasperi. Pure lui, dopo aver detto ciò che gli premeva, non ha aggiunto altro. Ma i soliti bene informati sostengono che davanti alla sua bella casa ai Parioli molto spesso parcheggiano auto di personalità di un certo rilievo. Vorrà pur dire qualcosa se perfino a Luigi Di Maio, bontà sua, Draghi ha fatto un'ottima impressione...

Com'era sparito, così Conte è riapparso. E – Rieccolo come a suo tempo l'Amintore Fanfani così ribattezzato da

Indro Montanelli – non si è negato di dire la sua. Dopo tanta astinenza, il presidente del Consiglio il 5 settembre ha esternato prima alla Festa del *Fatto Quotidiano* e poi al Forum Ambrosetti, dove ha assicurato: "Non avremo più lockdown generalizzati".

Tuttavia le cose di maggiore interesse politico Conte le ha dette alla Festa del *Fatto Quotidiano*, intervistato da Antonio Padellaro e Peter Gomez. Ha parlato di scuola nell'imminenza della riapertura; dei verbali del Comitato tecnico scientifico, riservati ma non secretati; dell'inopportunità della riapertura degli stadi; del sofferto dialogo con l'opposizione, o per meglio dire con le opposizioni, all'insegna del divide et impera, tanto è vero che tra i "buoni" mette Forza Italia e anche – a costo di rovinarsi – Fratelli d'Italia, mentre con Salvini ha qualche difficoltà perché quando chiama non è richiamato; delle elezioni regionali che non avrebbero avuto conseguenze sul governo. E ribadisce il sì al referendum confermativo.

All'insegna del *repetita iuvant*, come nel settembre del 2019, poco dopo la formazione del suo secondo ministero, Conte dichiara di vedere con favore la rielezione di Mattarella al Quirinale. Dice esattamente: "Io credo che il presidente Mattarella stia interpretando il suo ruolo in modo impeccabile, in un contesto molto difficile, con grande equilibrio e saggezza. Man mano che vado avanti ne apprezzo sempre di più le qualità solide che non sono esibite, una persona che fa molto bene al Paese. Se ci fossero le condizioni per accettare un secondo mandato io lo vedrei benissimo".

Dulcis in fundo, Draghi: "Avrei visto molto bene Draghi come presidente della Commissione europea e avevo cominciato a lavorarci con alcuni colleghi europei. Ma lui mi disse che era stanco e voleva riposarsi un po'. Credo che lo si tiri in ballo invano". Ancora: "Draghi penso che quando si invoca, lo si tiri per la giacchetta. Non lo vedo come un rivale. È una persona di valore, un'eccellenza espressa dal Paese nei ruoli che ha coperto". Stanchezza o meno, sulla quale si è ironizzato, non c'è dubbio – ha rilevato Francesco Verderami sul *Cor-*

riere della Sera del 6 settembre – "che ambisse a una pausa, dato che aveva appena rifiutato l'offerta di guidare il Fondo monetario internazionale: offerta avanzata in modo condiviso dai grandi della Terra". E perciò – conclude Verderami – "c'è una differenza considerevole tra l'offerta del FMI avanzata in modo 'condiviso' e l'idea di un premier dal peso non rilevante, lanciata senza essere stata concordata". Una polpetta avvelenata, come insinuano le malelingue? Vallo a sapere.

Nel frattempo Mattarella, dall'alto del Colle, indica la diritta via. Il 5 settembre, lo stesso giorno in cui Conte dice la sua su tanti temi all'ordine del giorno, il presidente della Repubblica interviene in videoconferenza al Forum Ambrosetti. Rileva: "Ai Paesi membri [dell'Unione europea, *n.d.a.*] viene offerta una possibilità unica – forse irripetibile – di disporre di risorse consistenti per compiere riforme strutturali in grado non soltanto di garantire l'uscita dalla crisi, ma soprattutto di assicurare prosperità e benessere per le nuove generazioni, con un nuovo modello di crescita più sostenibile". E ancora: "Non dobbiamo compromettere, con scelte errate, la speranza, per chi verrà, di accesso a condizioni sociali ed economiche se non migliori quanto meno pari a quelle di cui noi abbiamo usufruito".

Ecco le sue conclusioni: "Le prossime generazioni guarderanno in modo critico al periodo che stiamo vivendo. Chiederanno come sono state destinate e amministrate somme così ingenti e, nel caso di inattività o scarsa efficacia della nostra azione, si domanderanno perché una generazione che ha potuto godere, per un periodo così lungo, di circostanze favorevoli non sia, invece, riuscita a realizzare infrastrutture essenziali per la crescita e riforme necessarie per l'efficienza del sistema sociale ed economico, accrescendo solo la massa del debito". Insomma, facendo tesoro della lezione di Walter Bagehot, Mattarella non si stanca di incoraggiare e di mettere in guardia. E in queste sue parole si avverte un'eco di quelle pronunciate da Draghi a proposito dei giovani. E forse non si tratta solo di una coincidenza.

19

La pedagogia nazionale di Mattarella

Se il 1° giugno è una data importante per Conte, perché sono due anni che se ne sta tra alti e bassi a Palazzo Chigi, è importante anche per Mattarella. Perché dai giardini del Quirinale pronuncia un importante discorso in occasione del "concerto dedicato alle vittime del coronavirus" nel 74° anniversario della Festa nazionale della Repubblica. La verità è che il capo dello Stato non perde occasione per svolgere la sua funzione pedagogica nella sua veste di rappresentante dell'unità nazionale. E allora facciamo un passo indietro. Pochi giorni prima, il 26 maggio, si segnala la nota dell'ufficio stampa della presidenza della Repubblica sulle vicende inerenti al mondo giudiziario.

La nota per un verso è una lezione vera e propria di diritto costituzionale a uso e consumo di quanti hanno la bella pretesa di tirare il Presidente per la giacchetta. E per un altro verso la nota intende sottolineare le colonne d'Ercole che il capo dello Stato non può e non vuole superare.

Anche se ci troviamo davanti allo strano caso di una Costituzione che, a differenza dello Statuto albertino, è sì rigida e garantita – rigida perché la sua modifica comporta un procedimento parlamentare aggravato da una doppia lettura e da un eventuale referendum, e garantita dalla Corte costituzionale – e nondimeno con una qual certa flessibilità. La scappatoia, nemmeno a dirlo, è l'interpretazione. E i poteri del capo dello Stato disegnati dalla Costituzione vi si prestano al massimo grado in considerazione del fatto della loro sostanziale ambiguità. Del resto vale in ogni caso la massima di Giovanni Giolitti, di Palamidone, secondo il famoso appellativo: "La legge s'interpreta per gli amici e si applica ai nemici". Non a caso la nostra è la patria di Luigi Pirandello. Uno, nessuno e centomila. Così è se vi pare. Per dirne una, quando il Consiglio superiore della magistratura intendeva svolgere un dibattito su alcune dichiarazioni di Bettino Craxi, l'allora presidente della Repubblica Francesco Cossiga minacciò di mandare i carabinieri. E bastò questa minaccia perché il Consiglio addivenisse a più miti consigli.

Mattarella no, è fatto di tutt'altra pasta. Non ama i colpi di teatro. Un po' perché non sono nelle sue corde e un po' perché ritiene – non a torto – che a volte siano controproducenti. Ma nella nota dell'ufficio stampa del Quirinale mette bene i puntini sulle "i" con una durezza senza precedenti. D'altra parte, non si può dire che le sue sdegnate parole rappresentino un fulmine a ciel sereno. Difatti nella sede propria, vale a dire il Consiglio superiore della magistratura, ha già avuto occasione di esprimere con fermezza "il grave sconcerto e la riprovazione per quanto emerso, non appena è apparsa in tutta la sua evidenza la degenerazione del sistema correntizio e l'inammissibile connessione fra politici e magistrati". Uno sdegno giustificato anche dalla circostanza che è proprio lui a presiedere il CSM.

In quella sede istituzionale Mattarella ha sollecitato una riforma legislativa e regolamentare volta a impedire un costume inaccettabile. Una volta indicata la stella polare, non spetta al capo dello Stato attardarsi nei dettagli. Questo è compito del Parlamento. Ma il messaggio – ancorché non rivolto alle Camere ai sensi dell'articolo 87 della Costituzione per scaramanzia, visto e considerato che quei messaggi non sono stati quasi mai tenuti nella debita considerazione – è chiarissimo. E non potrà essere disatteso dal potere legislativo.

Tanto più che Mattarella, pur non attardandosi nei dettagli, indica la meta. Così auspica "una riforma che contribuisca – unitamente al fondamentale e decisivo piano dei comportamenti individuali – a restituire appieno all'Ordine giudiziario il prestigio e la credibilità incrinati da quanto appare, salvaguardando l'indispensabile valore dell'indipendenza della Magistratura, principio base della nostra Costituzione".

Viva vox constitutionis, per dirla con Piero Calamandrei. Che con queste parole salutò il messaggio d'insediamento alla suprema carica dello Stato di Giovanni Gronchi, volto alla piena attuazione della Legge fondamentale della nostra Repubblica, congelata fino ad allora. Ma qui si può notare anche lo stile lessicale di Mattarella. Asciutto, essenziale, scarno, senza fronzoli. Con una predilezione per i sostantivi piuttosto che per gli aggettivi. Che, a suo avviso, vanno usati con estrema parsimonia. Nei suoi discorsi, si ha l'impressione che è tutto un levare piuttosto che mettere. E poi, come soleva dire Alcide De Gasperi, anche Mattarella, quando ha finito di esporre con parole centellinate il proprio pensiero, non ha nulla, ma proprio nulla, da aggiungere. Una *brevitas* che è l'esatto contrario della facondia dell'inquilino di Palazzo Chigi.

A questo punto Mattarella sale in cattedra, una cattedra che gli compete come professore e come capo dello Stato. E impartisce una lezione di diritto costituzionale ai tanti petulanti che chiedono l'impossibile. Ma, per così dire, questa sua lezione vale anche per sé stesso. Per il semplice motivo che anche in questa occasione Mattarella tiene a mettere in chiaro di esercitare a pieno tutte le funzioni che gli sono conferite dalla Costituzione. Ma di non essere affatto intenzionato a sconfinamenti che non gli competono. Perciò si spiegano queste sue affermazioni: "Per quanto superfluo va, peraltro, chiarito che il Presidente della Repubblica si muove – e deve muoversi – nell'ambito dei compiti e secondo le regole previste dalla Costituzione e dalla legge e non può sciogliere il Consiglio Superiore della Magistratura in base a una propria valutazione discrezionale".

Si noti quel "Per quanto superfluo", a disdoro di quanti, fastidiosi come mosche tze-tze, avrebbero la pretesa di tirarlo per la giacchetta senza neppure avere frequentato in fretta e furia un corso serale di diritto costituzionale. Insomma, sia chiaro una volta per tutte: il capo dello Stato, neppure nella sua veste di presidente dell'organo collegiale, ha un potere di scioglimento motu proprio. Come lo ha a ben precise condizioni nei confronti delle Camere, o anche di una sola di esse. Per il CSM, spiega con la pazienza dell'insegnante che si rivolge ad allievi un po' somarelli, c'è la regola e c'è l'eccezione. Dura in carica quattro anni. Ma "può essere sciolto in anticipo soltanto in presenza di una oggettiva impossibilità di funzionamento, condizione che si realizza, in particolare, ove venga meno il numero legale dei suoi componenti". E solo in tal caso il presidente della Repubblica sarà tenuto a convocare entro un mese nuove elezioni dell'intero organo.

A questo proposito, è interessante l'osservazione di un costituzionalista acuto come Valerio Onida. Intervistato per *la Repubblica* del 1° giugno da Liana Milella, che della magistratura conosce vita morte e miracoli, alla domanda se Mattarella escluda di poter sciogliere il CSM, così risponde: "Nell'accenno del presidente allo scioglimento 'ove venga meno il numero legale dei componenti', potrebbe perfino essere letto, volendo, un invito al CSM a considerare l'ipotesi di dimissioni anticipate, motivate dall'opportunità di 'ricominciare da capo' dopo la revisione parlamentare delle norme sull'elezione". Mattarella questo non lo dice. Tanto meno *apertis verbis*. Anzi, lo esclude. Ma c'è modo e modo di dire le cose. E c'è da supporre che Mattarella non si straccerebbe le vesti se il CSM facesse harakiri.

Per quanto concerne un eventuale messaggio alle Camere volto a modificare il sistema di elezione del CSM, poco sopra abbiamo addotto la scaramanzia che lo sconsiglia. Tuttavia Mattarella adduce anche un argomento, per così dire, più solido. Sarebbe un di più, a suo avviso, per il semplice fatto che diverse iniziative legislative sono già state annunciate. E la regola alla quale si è sempre attenuto l'attuale inquilino del Colle è questa: quando il Parlamento discute, o, come in questo caso, si accinge a farlo, il Presidente tace. Ma la lezione di diritto costituzionale non finisce qui. No, continua.

Continua a uso e consumo dei soliti che lo tirano per la giacchetta. E allora ecco la domanda: potrebbe il capo dello Stato esprimersi sul contenuto di affermazioni effettuate da singoli magistrati contro esponenti politici, come per l'appunto è il caso dell'innominato Matteo Salvini? Per quanto gravi e inaccettabili possano essere considerate le predette affermazioni, afferma Mattarella, "sull'intera vicenda sono in corso un procedimento penale e diversi procedimenti disciplinari". Ne consegue, sottolinea il Presidente, che qualunque valutazione da parte sua "potrebbe essere strumentalmente interpretata come una pressione del Quirinale su chi è chiamato a giudicare in sede penale o in sede disciplinare". Insomma, "la giustizia deve fare il suo corso attraverso gli organi e secondo le regole indicate dalla Costituzioni e dalle leggi". Come a dire: *unicuique suum.*

Come si è detto, Onida ha ipotizzato che Mattarella, sotto sotto e senza dare troppo nell'occhio, non avrebbe nulla in contrario a che il CSM tirasse prima del previsto le cuoia. Ma il Presidente guarda anche all'altra faccia della medaglia. E si domanda: che cosa accadrebbe se il CSM pensasse bene di togliere il disturbo? Avremmo, risponde, "un rallentamento, dai tempi imprevedibili, dei procedimenti disciplinari in corso nei confronti dei magistrati incolpati dei comportamenti resi noti, mettendone concretamente a rischio la tempestiva conclusione nei termini previsti dalla legge". Insomma, i pro e i contro si fronteggiano ad armi pari.

A ogni buon conto, un autorevole cattedratico che di giustizia s'intende, come Franco Coppi, una soluzione la squaderna. E lo fa perché, dice, "si è superato ogni limite di decenza". A suo avviso, il presidente della Repubblica dovrebbe rifiutarsi di presiedere il Consiglio superiore della magistratura. Insomma, "servirebbe un gesto forte. Il presidente Mattarella non ha il potere di sciogliere l'organo ma può dire: io non intendo presiedere questo CSM". Un gesto forte, come quello – ricorda Coppi – compiuto da Francesco Cossiga nel dicembre del 1985. Quando ingaggiò un braccio di ferro con l'allora vicepresidente del CSM, Giovanni Galloni, e minacciò di mandare i carabinieri a Palazzo dei Marescialli (*Il Foglio*, 3 giugno).

Non saprei dire se il Presidente prenderà in considerazione l'idea di rifiutarsi di presiedere l'organo, con il probabile risultato di dimissioni in massa. Fatto sta che lo stile di Mattarella non è quello di Cossiga. Ed è caratterialmente allergico a prese di posizione plateali. E poi il Presidente ha sottolineato, come si è detto sopra, gli inconvenienti di uno scioglimento del CSM.

Dulcis in fundo, non ci stancheremo mai di ripetere che politica e istituzioni operano su piani diversi. Come presidente del CSM, avrà occasione di tornare nella sede propria a esprimersi sulle questioni appena esaminate. Altra cosa è essere coinvolti in dibattiti politici che non gli competono. Perché, è il sottinteso, se un arbitro non vola alto, se non appare oltre a essere assolutamente imparziale, non è più credibile. E allora meglio guardare l'eterna palude della politica – della quale parla a diverso titolo Maurice Duverger – dall'alto del Colle ed essere un punto di riferimento per tutti gli italiani.

Il 1° giugno, come si diceva, Mattarella interviene nei giardini del Quirinale in occasione del concerto dedicato alle vittime del coronavirus nel 74° anniversario della Festa nazionale della Repubblica. Un discorso splendido, non a caso lodato dall'intera classe politica, senza eccezione alcuna. Non è una novità se dico che Mattarella, per usare termini scolastici, è più forte nello scritto che nell'orale. Sarà perché dà l'impressione di essere timido e un po' introverso. Di sicuro, riservato.

Come abbiamo già rilevato, non ha l'oratoria tribunizia di un Sandro Pertini, che più che parlare recitava. Da quell'attore di teatro che era. Si immedesimava in Franklin Delano Roosevelt, nel presidente degli Stati Uniti degli anni a cavallo tra i Trenta e i Quaranta. Famoso per i suoi discorsi davanti al caminetto. "L'unica cosa della quale dobbiamo avere paura è la paura stessa", disse il 4 marzo 1933. Per infondere coraggio ai suoi connazionali ai tempi della Grande Crisi del 1929. Come recitava, del resto, Pietro Nenni, suo compagno di partito ma amico-nemico. Regolarmente scriveva i discorsi che il giorno dopo avrebbe improvvisato in piazza. Conversatore affabile, Mattarella. Ma non un fine dicitore.

Né Mattarella può essere paragonato a Carlo Azeglio Ciampi, il cantore della Patria. Per la quale stravedeva a tal punto – avrebbe detto Indro Montanelli – da essere tentato di andarci a letto. A costo di fare un corno a quella peperina della moglie Franca. A differenza di chi – da Salvatore Satta a Ernesto Galli della Loggia – ha sostenuto che con l'8 settembre 1943 è morta la Patria, Ciampi ha ribattuto che dopo l'8 settembre la Patria è risorta dalle ceneri come l'araba fenice.

Strano tipo, Ciampi: un livornese flemmatico come un suddito di Sua Maestà britannica. Che della Patria riscopre i simboli, dal Tricolore all'Inno di Mameli. Ai quali si affianca una lingua italiana che stranamente non fa bella mostra di sé nella Costituzione. Mentre, come si è già sottolineato, compare nello Statuto albertino. Un patriota, Ciampi. Come lo erano gli azionisti, alla cui parrocchia aderì per poco tempo. E lo è in genere la gente di destra. Mentre i comunisti avevano il senso dello Stato, ma non era il nostro Stato. E i cattolici integralisti non avevano dimenticato il vulnus della breccia di Porta Pia. Invece proprio oggi bisogna riscoprire il nostro Risorgimento se non vogliamo diventare una massa amorfa di apolidi.

Il suo splendido discorso non l'ha pronunciato, Mattarella. No, lo ha letto sul gobbo coperto da una pianta alta. In privato è un uomo pieno d'ironia e di osservazioni notevoli. Ma in pubblico non rende al meglio. Legge troppo alla svelta, per una sorta di ansia da prestazione. Le pause nel mezzo delle parole sono fin troppo brevi. Con il risultato, controproducente, che l'ascoltatore rischia di perdere il filo. Però quando poi il discorso lo leggiamo sulla carta è tutt'altra cosa. Ogni parola ha la sua casella giusta. Tutto fila liscio come l'olio. E nel leggerlo molti pensieri si affacciano alla mente di continuo. *Verba volant, scripta manent,* avrà pensato Mattarella anche in questa particolare occasione. Con un discorso che, una volta letto da chi lo ha ascoltato, è un esemplare esercizio di pedagogia nazionale.

Sono toccate, con pathos crescente, tutte le corde giuste. Sa dosare con misura la coincidenza degli opposti. Come l'incertezza e i motivi di speranza. Come il dolore e la volontà di un nuovo inizio. E per l'appunto un nuovo inizio fu la nascita della Repubblica a seguito del referendum istituzionale del 2 giugno 1946. Due milioni di scarto tra i 12 milioni e passa a favore della Repubblica e i 10 milioni e rotti a favore della Monarchia. E la Repubblica divenne la casa di tutti, sulla base "dei valori di libertà, pace e democrazia". Votarono per la Repubblica anche i reduci di Salò – dopo abboccamenti tra il vicesegretario del PFR Pino Romualdi ed emissari di Palmiro Togliatti in vista dell'amnistia – che non potevano perdonare a Vittorio Emanuele III l'arresto di Mussolini nella sua abitazione estiva di Villa Ada, sulla via Salaria. Cosa che non piacque affatto alla moglie, la regina Elena. E lo disse senza giri di parole. Così "la pastora" dette una lezione di regalità al consorte.

Mentre votarono per la Monarchia i primi due presidenti della Repubblica, Enrico De Nicola e Luigi Einaudi. Che s'inchinarono alla Repubblica per le ragioni opposte a quelle squadernate da Francesco Crispi ai suoi tempi. Perché la Repubblica unisce mentre la Monarchia avrebbe diviso. Come si disse a più riprese da parte monarchica, a cominciare da Umberto II, la Repubblica può vincere anche per una manciata di voti, ma la Monarchia o è di tutti o non è.

Le forze politiche di allora, osserva Mattarella, erano divise, distanti e contrapposte su molti punti. Eppure, sottolinea il Presidente, "trovarono il modo di collaborare nella redazione della nostra Costituzione, convergendo nella condivisione di valori e princìpi su cui fondare la nostra democrazia". È vero, all'Assemblea costituente si misurarono, si confrontarono e si contrapposero all'occorrenza le tre culture: la cattolica, la liberale e la socialcomunista. Ma sarà bene precisare che tutta la serie di compromessi ai quali partiti così distanti tra loro sono addivenuti, fu più sulle parole. Per rendersene conto, basterà rileggere il discorso pronunciato da Piero Calamandrei all'Assemblea costituente nella seduta di martedì 4 marzo 1947. Dove esercitò la sua insuperabile ironia soprattutto sulla cosiddetta Costituzione economica, racchiusa negli articoli 41 e seguenti. Dove sia il liberale sia il progressista potevano trovare argomenti a proprio favore.

La verità è che se il blocco socialcomunista avesse vinto alle elezioni del 18 aprile 1948, non ci sarebbe stato neppure bisogno di rivoltare la Costituzione come un guanto allo scopo di farci entrare nel paradiso delle sedicenti democrazie popolari. No, sarebbe bastata per raggiungere il sullodato paradiso un'interpretazione *ad usum delphini*, per così dire. Non a caso allora si auspicava l'arrivo di Baffone. Invece le elezioni furono vinte dalla DC e dai suoi alleati di centro. E avemmo, anziché una Repubblica popolare, una Repubblica liberaldemocratica. Evviva la differenza. Per non parlare della Costituzione sovietica del 1936. Il capitolo X inneggiava a diritti che sappiamo come furono rispettati da Stalin. Quel "Baffone" che i comunisti avrebbero voluto qui da noi. I peccati di memoria dei quali scrive Paolo Mieli sul *Corriere della Sera* del 7 giugno, sono un po' come gli esami per Eduardo De Filippo: non finiscono mai.

Ma in questo dopoguerra si è davvero affermata la mistica dello stare insieme? Personalmente ci permettiamo di dubitarne. L'unità morale è stata davvero il cemento che ha fatto nascere e ha tenuto insieme la nostra Repubblica? Siamo davvero consapevoli di essere legati da un comune destino? Quanti interrogativi. Noi possiamo dubitarne, un capo dello Stato no. Magari le sue parole possono essere interpretate come *wishful thinking*. Desideri scambiati per realtà.

Ma chi rappresenta l'unità nazionale all'occorrenza deve attenersi al *Credo quia absurdum* di Tertulliano.

Ancora un altro interrogativo: ce la faremo a risalire questa drammatica china nella quale ci ha cacciato il Covid-19? Mattarella ne è fermamente convinto. Ma a precise condizioni. Occorreranno coraggio e prudenza al tempo stesso, tempestività e lungimiranza. Nella sua veste di capo spirituale più ancora che temporale della Repubblica, secondo l'efficace definizione di Meuccio Ruini, Mattarella indica all'intera Nazione quella dantesca diritta via che era smarrita. Ma, si sa, gl'italiani danno il meglio quando le cose volgono al peggio. E nel suo discorso l'inquilino del Colle lo testimonia. Dice: "Abbiamo toccato con mano la solidarietà e la generosità, la professionalità, la pazienza, il rispetto delle regole. Abbiamo riscoperto, in tante occasioni, giorno per giorno, doti che, a taluno, sembravano nascoste o appannate, come il senso dello Stato e l'altruismo".

Parole, quelle di Mattarella, che fanno riflettere. La pandemia ci ha reso migliori. Abbiamo scoperto il meglio che c'è in noi. La solidarietà, quando si procedeva all'insegna di ognuno per sé e Iddio per tutti. Abbiamo scoperto la professionalità, una qualità piuttosto rara ai piani alti dello Stato. Abbiamo scoperto il rispetto delle regole, per lo più inclini a farcene un baffo. Abbiamo perfino scoperto – udite, udite – il senso dello Stato, del quale siamo di solito assai carenti. Per non parlare del senso civico, che decresce tanto più si parla a vanvera di educazione civica nelle scuole di ogni ordine e grado. Insomma, per dirla con l'Inno di Mameli, ci siamo scoperti fratelli d'Italia. Proprio noi che, fatte le debite e lodevoli eccezioni, siamo di regola incuranti del nostro passato e indifferenti al nostro futuro, immersi in un non esaltante presente. Senza radici. Nulla più che apolidi, come lamentava un grande italiano come Indro Montanelli.

L'appello rivolto da Mattarella alle istituzioni, a tutte le istituzioni, è pressante. Perché ne va del bene comune, della *salus rei publicae.* Il dovere di tutti, sottolinea il capo dello

Stato, è di essere "all'altezza di quel dolore, di quella speranza, di quel bisogno di fiducia". Il Presidente guarda soprattutto, magari pensando a Conte, alla maggioranza e all'opposizione e ai loro problematici rapporti. Dichiara infatti: "Non si tratta di immaginare di sospendere o annullare la normale dialettica politica. La democrazia vive e si alimenta di confronto fra posizioni diverse. Ma c'è qualcosa che viene prima della politica e che segna il suo limite. Qualcosa che non è disponibile per nessuna maggioranza e per nessuna opposizione: l'unità morale, la condivisione di un unico destino, il sentirsi responsabili l'uno dell'altro. Una generazione con l'altra. Un territorio con l'altro. Un ambiente sociale con l'altro". Non si sarebbe potuto dire meglio.

Un invito, quello di Mattarella, all'unità nazionale. Che coinvolge tutti: maggioranza e opposizione, che dovrebbero trovare una *concordia discors* nell'interesse del Paese; i cittadini, che debbono sentirsi legati da un unico destino e perciò responsabili l'uno dell'altro; le diverse generazioni che si tengono per mano come un arco teso tra passato e futuro; le regioni, che non possono andare in ordine sparso come i virologi dei giorni nostri, perché la Repubblica è mazzinianamente una e indivisibile, sia pure nel rispetto delle autonomie locali, come recita l'articolo 5 della Costituzione; le classi sociali, che come nell'apologo di Menenio Agrippa debbono sentirsi parti essenziali di un unico organismo.

Mattarella fa di più. Ci avverte, qualora ce ne fossimo dimenticati, che non siamo soli. E dopo tanti dissapori più o meno giustificati, abbiamo ritrovato qui e ora l'Europa dei tempi migliori. Un'Europa, sottolinea il Presidente, che "manifesta di aver ritrovato l'autentico spirito della sua integrazione. Si va affermando, sempre più forte, la consapevolezza che la solidarietà tra i Paesi dell'Unione non è una scelta tra le tante ma la sola via possibile per affrontare con successo la crisi più grave che le nostre generazioni abbiano vissuto. Nessun Paese avrà un futuro accettabile senza l'Unione Europea. Neppure il più forte. Neppure il meno colpito dal virus".

In queste ponderate parole si avverte una eco del monito di Ugo La Malfa, secondo il quale se non ci aggrappiamo con le unghie e con i denti all'Europa finiremo per scivolare in Africa. A buon intenditor, con quel che segue.

D'altra parte pochi giorni prima, il 26 maggio, c'era stata una lunga e amichevole telefonata tra il presidente della Repubblica tedesca Frank-Walter Steinmeier e Mattarella nella quale si esprimeva soddisfazione per la piena collaborazione tra Germania e Italia sul piano bilaterale e sulle tematiche europee. E questo per ribadire che la politica estera, oltre che alla Farnesina, si fa – nell'ambito delle rispettive prerogative – al Quirinale e a Palazzo Chigi.

A Codogno, la cittadina tra le più colpite della Lombardia e dove è stato individuato l'infetto numero 1, Mattarella ha ribadito concetti già espressi il giorno prima, nel discorso pronunciato nei giardini del Quirinale. In questa tragedia è venuto fuori – per usare la felice espressione del Presidente – il sommerso del bene. Si è manifestata l'Italia della solidarietà, della civiltà, del coraggio. "In una continuità ideale in cui celebriamo quel che tiene unito il nostro Paese: la sua forza morale". Pur non essendo un grande oratore, Mattarella trova sempre parole giuste che vanno immediatamente a segno. Più usa con parsimonia le parole, più risaltano e colpiscono chi le ascolta. Meglio ancora, chi le legge.

Se è consentito un paragone, l'esatto contrario del presidente del Consiglio. Che anziché togliere, aggiunge. Di tutto, di più. I suoi discorsi, illuminati dalle luci della ribalta televisiva, durano un'infinità e gli ascoltatori finiscono per perdercisi come in un labirinto. Troppo giovane qual è, Conte non ha fatto in tempo ad ascoltare la raccomandazione che il liberale Aldo Bozzi faceva ai suoi giovani amici: "Non ti preoccupare se quando parli in pubblico qualcuno nelle prime file dà una furtiva sbirciata all'orologio. Ti devi invece preoccupare, dopo che hai parlato per un bel po', se qualcuno comincia a scuotere nevroticamente l'orologio temendo che si sia fermato". Una raccomandazione che valeva anche per sé stesso, perché alla Camera dei deputati i discorsi di Bozzi, per molti anni presidente del gruppo liberale, si caratterizzavano per brevità ed efficacia.

Se poi l'autorevolezza di Aldo Bozzi non bastasse, si potrebbe aggiungere il duetto tra il presidente dei deputati di Alleanza nazionale Pinuccio Tatarella e il deputato dello stesso partito Ignazio La Russa, facondo come sanno esserlo gli avvocati penalisti. Ai tempi della XIII legislatura, l'uno dice all'altro: "Domani devi parlare sulla giustizia, che è il tuo cavallo di battaglia". Al che l'altro: "Va bene, non ci sono problemi". E Tatarella, con un sorrisetto bonario e perfido al tempo stesso: "No, non va per niente bene. Parlerai per dichiarazione di voto, e hai solo dieci minuti. Perciò, questa volta, ti devi preparare". Tutto questo, si capisce, a uso e consumo del presidente del Consiglio pro tempore. C'è chi si prepara ben bene e misura le parole, come Mattarella. E c'è chi parla a perdifiato con il rischio di annacquare ogni cosa con le parole. Sia pure – almeno lui! – con perfezione sintattica e rigoroso rispetto per i congiuntivi.

A proposito della brevitas di Mattarella, *Il Foglio* (30 maggio) loda "il modo partecipe e al contempo discreto (solo cinque videomessaggi) con cui il presidente ha accompagnato gli italiani in questi tre mesi di tragica 'guerra' al Covid". E aggiunge: "Crediamo che l'unico 'assistente civico' di cui l'Italia ha bisogno in questo momento sia il suo presidente della Repubblica. Che non guida il governo, non comanda a bacchetta il Parlamento né tantomeno l'economia, ma tiene la barra fissa sulla rotta che conta. Che è innanzitutto, e più che mai, quella dell'Europa".

A volte alla brevitas Mattarella preferisce il silenzio. Ma i suoi silenzi, non ci stancheremo di sottolinearlo, sono cantatori. Sulla scacchiera europea e internazionale. Così su *La Stampa* del 16 luglio, Marcello Sorgi afferma che il capo dello Stato "ha agito nell'ombra, silenzioso come sempre, unico credibile interlocutore di una Merkel preoccupata per gli investitori tedeschi. Inflessibile, azionando ora questo, ora quel ministro di un governo che manifestamente non ha ancora raggiunto la maggiore età".

E il 13 luglio a Trieste, nel dare il benvenuto al presidente sloveno Borut Pahor, Mattarella sottolinea che la storia non si cancella e le esperienze dolorose sofferte dalle popolazioni di queste terre non si dimenticano. Ma l'incontro tra i due Presidenti, afferma il capo dello Stato, segna "una tappa importante nel dialogo tra le culture che contrassegnano queste aree di confine". E ancora una volta il silenzio fa premio perfino sulla brevitas. Quell'omaggio reso alla foiba di Basovizza da Pahor e Mattarella, che nel minuto di raccoglimento si tengono fraternamente per mano, hanno un alto significato simbolico. In quegli istanti Mattarella avrà ripercorso le tappe di una terra di confine martoriata dai totalitarismi. Avrà rievocato i tanti italiani costretti a lasciare le loro case per non essere sudditi di Tito. Avrà ripensato al ritorno pleno iure di Trieste all'Italia, quasi trent'anni dopo l'arrivo dei nostri fanti alla fine del 1918. Lo testimonia assai bene Filippo Ceccarelli su *la Repubblica* del 14 luglio: "Varrà la pena di riflettere sul fatto che Mattarella, fra tutti i politici il più sorvegliato e parco di apparizioni, sia anche quello i cui gesti restano impressi per una solennità che non ha bisogno di chiacchiere tantomeno di orpelli". Così l'omaggio alla foiba di Basovizza si salda all'omaggio al milite ignoto del 2 giugno precedente. Solo, in una piazza silente che evoca per contrasto il chiassoso tempo passato. Degno rappresentante dell'unità nazionale.

In occasione della cerimonia di consegna del ventaglio da parte della stampa parlamentare, il 31 luglio, Mattarella precisa che su taluni punti non gli è consentito esprimersi per rispettare l'imparzialità istituzionale e non entrare nel dibattito politico, come è dovere di chi riveste ruoli di garanzia. Una sottolineatura che si riscontra di continuo nell'esercizio delle sue funzioni. Ma poi esprime l'opinione che uniti si è più forti e si combatte meglio il virus. Come dire che Stato e regioni sono tenuti a una leale collaborazione. E plaude alla ritrovata solidarietà europea.

Un invito, il suo, a fare presto e bene. “Noi italiani siamo chiamati – istituzioni e società – a fare la nostra parte per utilizzare le grandi opportunità presentate. Nell’ambito di un programma tempestivo, concreto ed efficace, di rilancio e di innovazione”. Perché il futuro “richiede determinazione nel rafforzare anzitutto il capitale sociale del nostro Paese”. Programma, dunque, tempestivo, concreto, efficace. E determinazione. Tutte parole non pronunciate a caso. Sono incoraggiamenti e moniti rivolti in primo luogo al governo. Ma anche al Parlamento, titolare, oltre che del potere legislativo, delle funzioni di indirizzo e di controllo sull’esecutivo.

Anche in occasione dell’incontro con i presidenti di regione nel cinquantesimo anniversario di costituzione delle regioni a statuto ordinario, il 4 agosto, Mattarella rimarca tutto ciò che ci unisce. Afferma che le regioni “si sono rivelate un forte elemento di coesione del popolo italiano. Il senso di comune appartenenza alla Repubblica si ritrova al centro di ogni Regione, di ogni Provincia, di ogni Comune”. E sottolinea che “l’esperienza sin qui maturata dimostra, in particolare, come l’autonomia regionale risulti valorizzata dal venire esercitata nel quadro di accordi generali che tengano conto delle esigenze unitarie, di carattere giuridico, economico e sociale, rappresentate dallo Stato”. Insomma, tutto nel segno di una Repubblica una e indivisibile, come stabilisce l’articolo 5 della Costituzione. Della quale il Capo dello Stato, al pari della Corte costituzionale, è garante.

L’11 settembre Mattarella promulga la legge di conversione del decreto legge 16 luglio 2020, n. 76, recante “Misure urgenti per la semplificazione e l’innovazione digitale”. Lo fa soprattutto in considerazione della rilevanza del provvedimento nella difficile congiuntura economica e sociale, come lui stesso sottolinea. Ma promulga a malincuore perché il provvedimento presenta diverse criticità. Al punto da indurre il Presidente a inviare contestualmente una lettera al presidente del Senato Maria Elisabetta Alberti Casellati, al presidente della Camera dei deputati Roberto Fico e al presidente del Consiglio Giuseppe Conte. Una lettera che mette ciascuno di fronte alle proprie responsabilità. Perché questo modo di legiferare non è più tollerabile.

Non è certo la prima volta che il procedimento di formazione delle leggi lascia a desiderare. Tuttavia Mattarella auspica che questa sia l'ultima. In caso contrario, visto e considerato che la politica non si fa con i paternoster, scatterà la censura – questo è l'implicito ma chiaro monito del Presidente – del rinvio di una legge alle Camere con messaggio motivato in vista di una eventuale nuova deliberazione. In effetti, la misura è colma. E Mattarella spiega il perché.

Il provvedimento nasce con 65 articoli e 305 commi, mentre la legge di conversione è composta da 109 articoli e 472 commi. Un'enormità che darà lavoro agli interpreti. Né potrebbe essere motivo di consolazione supporre che tutto questo è avvenuto grazie al dialogo tra maggioranza e opposizione, che rappresenta una rarità a causa delle questioni di fiducia poste di continuo dal governo. La verità è un'altra. Il Consiglio dei ministri approva il decreto legge, più spesso solo la "camicia", salvo intese. E in Parlamento, o meglio nel primo ramo al quale il decreto è inviato perché l'altro è di mera ratifica, le varie componenti della maggioranza ottengono soddisfazione aumentando a dismisura articoli e commi.

Ne consegue che il contenuto della legge di conversione non rispetta il titolo del decreto perché aggiunge una serie di vagoni normativi che con quel titolo hanno ben poco a che fare. Che cosa mai c'entra con la finalità del decreto, si domanda Mattarella, la modifica di quindici articoli del Codice della strada? E il suo, si badi, è solo un esempio. Anche se il più eclatante. Con tanti saluti all'articolo 77 della Costituzione che prescrive il requisito della straordinaria necessità e urgenza. Con tanti saluti alla legge sull'ordinamento della presidenza del Consiglio – la legge n. 400 del 1988 – che prescrive per i decreti l'omogeneità di contenuto. Con tanti saluti alla Corte costituzionale, che in svariate sentenze ha richiamato al rispetto del predetto requisito.

Le responsabilità da noi sono immancabilmente orfane. E il solito Andreotti sosteneva che gl'italiani in segno di contrizione battono il proprio pugno sul petto altrui. Ma c'è un limite a tutto. E non è un caso se Mattarella ha indirizzato il suo monito ai tre Presidenti. I numeri uno di Palazzo Madama e di Montecitorio hanno con ogni evidenza sonnecchiato. Altrimenti avrebbero dovuto dichiarare inammissibili gli emendamenti estranei all'oggetto del decreto. E il presidente del Consiglio, nel porre la questione di fiducia sul testo, avrebbe dovuto vigilare sul rispetto della Costituzione e della legge 400. E invece nulla di tutto questo si è verificato. A tal punto che Mattarella ha detto "BASTA" a caratteri di scatola come in genere non è sua abitudine. A riprova che la misura è colma. Atteso che la *moral suasion* preventiva non ha avuto sempre gli effetti sperati, soprattutto in tema di legislazione, Mattarella si è risolto a una *moral suasion*, per così dire, a posteriori. Come ho osservato su *Il Sole 24 Ore* del 17 settembre.

Mentre il 14 settembre a Vo', inaugurando l'anno scolastico, Mattarella ha tenuto una vera e propria lezione di educazione civica ai tanti studenti presenti nel cortile dell'istituto Gianni Rodari - G. Negri. Ha affermato che la riapertura delle scuole esprime la piena ripresa della vita dell'Italia. E perciò sono giorni di speranza. Ha poi sottolineato che la scuola serve "a formare cittadini consapevoli, a sconfiggere l'ignoranza con la conoscenza, a frenare le paure con la cultura, a condividere le responsabilità". Ancora: "La scuola, la cultura, il confronto continuo sono anche antidoti al virus della violenza e dell'intolleranza".

E l'inno alla scuola il Presidente lo conclude così: "La scuola è davvero un cammino di libertà, verso la conoscenza, verso la piena cittadinanza". Una pagina di pedagogia nazionale anche questa.

La politica estera e comunitaria, com'è arcinoto, non la si fa solo alla Farnesina ma anche a Palazzo Chigi – soprattutto da quando, durante il suo primo ministero, Conte si è fatto un nome proprio fuori dai confini nazionali – e al Quirinale. Il 17 settembre Mattarella riceve a Milano il presidente della Repubblica federale tedesca Frank-Walter Steinmeier, al quale lo lega una consolidata amicizia. E anche grazie a questa grande amicizia si spiega l'opera svolta nell'Unione europea dalla Germania nell'ambito dell'emergenza e delle conseguenze economiche e sociali succedute alla pandemia. In effetti, dichiara Mattarella, la posizione della Germania "è stata decisiva. Tutti ricordiamo l'iniziativa di Berlino e di Parigi per dar vita a quello che è diventato il Recovery fund". Del resto, i contatti tra i due Presidenti sono stati continui in questi mesi. Si sono sentiti ben sei volte, come hanno tenuto a precisare fonti del Quirinale.

Su questo terreno Mattarella si muove a tutto campo. Oltre che con Berlino, frequenti sono i contatti con Parigi. Dopo che il Presidente ha interposto i propri buoni uffici con Emmanuel Macron, all'indomani di quella che, con soave ironia, Ugo Magri definisce la "scampagnata" di Di Maio nella capitale francese per incontrare quegli angioletti dei gilet gialli ai tempi in cui era vicepresidente del Consiglio (*La Stampa*, 18 settembre). E Magri, per l'appunto, ricorda che "toccò a Mattarella farsi penosamente carico di ristabilire le relazioni, con una visita alla mostra leonardesca nel castello di Amboise (2 maggio 2019) che fu decisiva per ricucire lo strappo".

Sono poi pienamente condivisibili le osservazioni di Alessandro Campi sul ruolo svolto da Mattarella in politica estera (*Il Messaggero*, 19 settembre). Pur essendo per formazione meno vocato del suo predecessore Giorgio Napolitano, nota Campi, l'attuale inquilino del Quirinale ha tessuto una fitta trama di relazioni internazionali anche durante i due governi presieduti da Conte e in modo particolare in occasione della pandemia. Durante il primo ministero Conte "toccò a Mattarella offrire garanzie agli alleati del coté atlantico, evitare che si arrivasse ai ferri corti con la UE, impedire l'isolamento diplomatico dell'Italia per eccesso di eccentricità e rimediare ad alcune palesi gaffe". E durante il secondo gabinetto Conte "la tessitura diplomatico-negoziale di Mattarella, riservata per definizione, si è rivelata a dir poco preziosa". Durante la pandemia, poi, il richiamo ai singoli leader e all'Europa unita "ha rappresentato l'impegno preminente del Quirinale". All'attivismo politico mediatico di Conte si è aggiunto, a tutela non di un governo ma dell'Italia, l'operato discreto ma determinante di chi rappresenta l'unità nazionale.

Degna di nota la "chiusa" di Campi: "Più contatti con Berlino, secondo l'indicazione del Colle, invece che inseguire farfalle diplomatiche tra Pechino, Mosca, Tripoli e Caracas". Tanto per mettere il sale sulla coda ai tanti destinatari di questo splendido finale.

20

Per finire

Il teatro della democrazia, vale a dire il nostro Parlamento, è bene che non spenga mai le luci. Perché, einaudianamente, è consigliabile che anche i cittadini conoscano prima di deliberare. Ed è un vero peccato che, soprattutto nei mesi di marzo e aprile di quest'anno, le luci si siano parecchio abbassate per il timore del contagio. Ma va reso merito al presidente del Senato Casellati e all'omologo della Camera Fico di non essersi rassegnati al lavoro agile. Ossia al lavoro da casa. Se i parlamentari sono tenuti a distanza, il Parlamento diventa un'altra cosa. Se le luci della ribalta si spegnessero una dopo l'altra, correremmo un brutto rischio. Perché Montecitorio e Palazzo Madama si potrebbero trasformare in musei nei quali i visitatori avrebbero modo di riflettere sulla civiltà del tempo andato.

Anche se, siamo giusti, non è un bel vedere causa Covid deputati piazzati un po' in aula, un po' relegati nelle tribune e un po' disseminati nel Transatlantico. Interdetto alla stampa parlamentare, come agli inizi del secolo scorso. Scene – quelle dei deputati un po' qua e un po' là, al pari dei senatori – di una tristezza infinita. Perché la politica non si fa solo in commissione e in assemblea, ma anche passeggiando su e giù a braccetto con un collega per cercare di risolvere un problema. O dandosi appuntamento nella Corea, il corridoio parallelo al Transatlantico dove minori sono gli occhi indiscreti. O in salette di commissione deserte, dove s'incontrarono almeno un paio di volte Enrico Berlinguer e Giorgio Almirante, come racconta in un bel libro Antonio Padellaro.

Tutto il contrario, invece, si può dire del Colle. Se il palcoscenico del Quirinale è vuoto e il Presidente se ne sta dietro le quinte, è un buon segno. Vuol dire che non c'è da stare all'erta. Significa che non siamo in stato di precrisi o di crisi ministeriale. E tutto procede per il meglio. Si fa per dire. Perché nessuno come noi italiani riesce a complicarsi la vita, divisi come siamo tra guelfi e ghibellini.

Andreotti la vedeva diversamente. Uomo della cosiddetta Prima Repubblica, qual era dalla testa ai piedi, sosteneva che se l'Italia si spacca, non si divide in due ma va in mille pezzi. Tuttavia il divo Giulio è stato smentito dall'altrettanto cosiddetta Seconda Repubblica, la quale nel 1994 – grazie al sistema elettorale battezzato da Giovanni Sartori Mattarellum, per tre quarti maggioritario con collegi uninominali a un turno come nel Regno Unito e per il restante quarto proporzionale, e alla discesa in campo di Silvio Berlusconi per contrastare la gioiosa macchina da guerra di Achille Occhetto – ci ha regalato la bicicletta del bipolarismo e ha consentito agli elettori di scegliersi maggioranza e governo. Non è stata una conquista da poco.

Certo, come costituzionalisti, egoisticamente ci dispiace che sul palcoscenico del Quirinale sia calato il sipario. Ma, vedrete, prima o poi il sipario si solleverà di nuovo. È solo questione di tempo. Alle fatiche di Sisifo, del resto, Mattarella ha fatto l'abitudine. Non a caso si è iscritto all'Accademia del Cimento.

Montanelli sosteneva che in Italia può capitare di tutto: anche niente. Non è successo niente, quanto meno rispetto alle aspettative del centrodestra. L'unica regione strappata al centrosinistra, le Marche, per merito della Meloni. Ma questo risultato elettorale ha avuto immediati riflessi sul piano delle istituzioni. Alla luce dei sondaggi, Conte ha temuto il peggio. Il voto, invece, lo ha rafforzato. Tant'è che, senza farsi pregare, ha subito dichiarato urbi et orbi che rimarrà in sella fino alla scadenza naturale della legislatura. Proprio così: "Durerò fino al 2023". Non solo l'opposizione ma perfino qualche segmento della maggioranza non hanno fatto, per usare un eufemismo, salti di gioia. Nel timore che più lui sale e più loro scendono. Non a caso, PD e M5S reclamano, per usare un lessico da Prima Repubblica, "più collegialità".

Sul *Corriere della Sera* del 21 settembre Francesco Verderami sottolinea assai bene una situazione ambivalente come le facce di Giano. Osserva: "Le urne non erano ancora chiuse che già si metteva le medaglie al collo. Conte – unico caso di vincitore che non partecipa alla competizione – ieri si è congratulato con sé stesso mentre indossava il premio per il successo del referendum ottenuto da Di Maio e quello per le Regionali ottenuto da Zingaretti". Ma poi aggiunge: "Non c'è dubbio che il voto stabilizzi il governo, ma se è vero che le medaglie hanno due facce, l'altro risvolto della sfida elettorale impone al premier di porre attenzione di qui in avanti alle iniziative dei partiti che lo sorreggono e alle reazioni delle Camere che gli danno la fiducia".

Tutto è fermo e tutto è in movimento. Se Conte e Zingaretti sono al settimo cielo, Di Maio è in caduta libera. E la Caporetto pentastellata, soprattutto dopo il sì al referendum costituzionale, potrebbe indurre in tentazione diversi parlamentari grillini. Con la speranza di salvare in futuro il seggio passando a un centrodestra che, elezione dopo elezione, avanza. A ogni buon conto, all'anomalia politica rappresentata da un Parlamento sempre meno espressivo del Paese reale, si aggiunge l'anomalia istituzionale di un Parlamento i cui componenti contrastano con il responso referendario.

Ma queste anomalie, che saltano subito all'occhio, non sono sufficienti per indurre il capo dello Stato a un anticipato scioglimento delle Camere. La regola della forma di governo parlamentare è chiara: finché sussiste una maggioranza, il governo ha titolo per andare avanti. E anche nell'ipotesi che il centrodestra avesse fatto cappotto un po' dappertutto – come ha rilevato tra gli altri Ugo Magri su *La Stampa* del 30 agosto e del 21 settembre – solo un collasso della maggioranza avrebbe potuto propiziare un ritorno anticipato alle urne.

Stando così le cose, Mattarella, nelle sue vesti di commissario alle crisi ministeriali non ha motivo di affacciarsi sul palcoscenico del Quirinale. Mentre l'altro Mattarella, il rappresentante dell'unità nazionale, continuerà a esercitare la sua funzione pedagogica. Sotto quest'ultimo profilo, non c'è dubbio che il Presidente avrà ancora molte cose da dire e da fare.

Più che sul palcoscenico, dietro le quinte del Quirinale.

Indice dei nomi

Finito di stampare nel mese di gennaio 2021

presso PRINTBEE.IT - Noventa Padovana (PD)

per conto di Edizioni La Vela - Lucca

MISTO
Carta da fonti gestite
in maniera responsabile
FSC® C021939